张建松 李辉◎著

成功企业必备

麦肯锡

逻辑思维

经济日报出版社

图书在版编目（CIP）数据

　　成功企业必备：麦肯锡逻辑思维 / 张建松，李辉著 .

-- 北京：经济日报出版社，2017.10

　　ISBN 978-7-5196-0217-8

　　Ⅰ . ①成⋯　　Ⅱ . ①张⋯ ②李⋯　　Ⅲ . ①企业管理　Ⅳ . ① F272

中国版本图书馆 CIP 数据核字（2017）第 254581 号

成功企业必备：麦肯锡逻辑思维

作　　者	张建松　李　辉
责任编辑	张建国
出版发行	经济日报出版社
地　　址	北京市西城区白纸坊东街 2 号 710（邮政编码：100032）
电　　话	010-63567683（编辑部）
	010-63588446　63516959（发行部）
网　　址	www.edpbook.com.cn
E - mail	edpbook@126.com
经　　销	全国新华书店
印　　刷	廊坊市海涛印刷有限公司
开　　本	710×1000 毫米　1/16
印　　张	16.25
字　　数	240 千字
版　　次	2018 年 2 月第一版
印　　次	2018 年 2 月第二次印刷
书　　号	ISBN 978-7-5196-0217-8
定　　价	49.80 元

前言

　　"逻辑"这门学问可以说是历史悠久，它有着自身成熟的理论体系，但又是应用性极强的一门技术，这种理论加实际操作能力对于逻辑思维初学者形成了双重的困难。如何克服这种困难，如何在一本书中既讲清基本的、必备的理论知识，又能够使读者能够快速从容上手操作，成为一名逻辑思维达人，这是本书要解决的。

　　多年的知识积累和实务工作经验，浓缩成这本书奉献于您的面前，她采用了大量的图表与案例分析，行文深入浅出、图文并茂，将枯燥生硬的理论知识用诙谐幽默、浅显直白的口语娓娓道来。本书抛开深奥的理论化条文，除了必备的基础理论知识介绍外，绝不贪多求全，特别强调实务操作、快速上手，绝不囿于示意与演示，更注重实战展示——从如何分析概念、如何判断问题、到进行脚本分析、到选择替代方案、预测情景，到解决理想型问题、提高决策质量——你学到的是完全真实的、步进式的运用逻辑思维分析、解决问题的全过程。相应跟随着本书的介绍，你的逻辑思维学习之旅一定会成为一种难忘的幸福体验。

　　因受作者水平和成书时间所限，本书难免存有疏漏和不当之处，敬请指正。

目录

第**3**章 逻辑分析的策略

第二部分 从问题发现至问题解决

第**4**章 以分析发现问题

第**5**章 脚本分析法

第6章　制定替代方案

第7章　选择解决策略

第三部分　　开启情境模式，占据决策制高点

第8章　预测情境

第 *9* 章　情境的结构化

第 *1O* 章　情境中的客户与团队

第 *11* 章　解决理想型问题

第12章　如何提高决策质量

第一部分　麦肯锡的分析原理

　　麦肯锡咨询公司成立于 1926 年，由芝加哥大学教授詹姆斯·麦肯锡创立。逻辑分析是麦肯锡咨询公司进行企业咨询管理顾问工作的原则依据，运用逻辑思维，公司帮助世界级领先的企业机构实现战略定位、营销策略、整体与业务单元战略、组织架构等领域的持久稳定。

第 1 章
分析的逻辑基础

　　分析问题主要基于逻辑思维，人们在认识事物时，借助于概念、判断、推理等思维形式，进行抽象思维。作为认识的高级阶段，逻辑思维能让人对事物的认识从感性阶段上升为理性阶段。透过事物的现象把握事物的本质，进而认识客观世界。遵循逻辑规则进行逻辑分析的思维方式，也被称为"抽象思维（Abstract Thinking）"或"闭上眼睛的思维"。

1.1 逻辑：一切从概念入手

认识对象包括自然界、人类社会、精神领域的各种事物。认识对象的属性指事物的性质，以及事物与事物之间的关系。认识对象的特有属性指该事物区别于其他事物的性质。例如人区别于其他哺乳动物的特有属性是人类大脑极度发达，有语言、能思维、能制造和使用生产工具。认识对象的本质属性是指决定一事物之所以成为该事物而不是其他事物的属性。例如水具有液体、无色、无味的非本质属性，而水由两个氢原子和一个氧原子构成则是其本质属性。

麦肯锡合伙人罗伯特认为，概念将单一词语连接起来，概念是语句的思想内容。任何概念都能通过语词表达，但并非所有的语词都表达概念。

1.1.1 麦肯锡车祸面试分析

一位麦肯锡合伙人向面试者问了一个问题："沃尔沃（Volvo）是美国最安全的汽车。据一份美国政府报告表示：在美国，相比其他品牌的车，在沃尔沃品牌的汽车中，死亡的人数更少。"

麦肯锡合伙人要求面试者在5分钟之内陈述这一论据的正确性、合理性、逻辑性。

这个问题，只有参考答案，而无标准答案。一名优秀的被面试者，如果无法想到合适的思路，不如从概念着手吧。

此语境下的"安全的车"的概念：人不是在车中死亡。但是有可能乘客（在车外）之后才去世，或者受重伤。

如果一个安全的车能够是让更少的人在车中死亡，那么接下来就需要考虑下列问题：

（1）沃尔沃在路上的车的数量。如果沃尔沃在路上行驶的车比其他品牌的车更少，那么在同等条件下，在沃尔沃车中的死亡人数也应该会更少。因此，我们需要品牌车的总量以及市场份额。

（2）在车中乘客的数量。如果一辆车只能承载一名（驾驶者）人员，那么与其他承载大量人员相比，由于事故而导致的死亡数量会低许多。为了让这条假设真实，我们需要得到不同品牌车的承载量数量。

（3）车祸的数量。或许沃尔沃发生的事故比较多，但是其内部设计比较好，以致于事故发生了，而人还活着。为了使这一点成立，我们需要车祸的数量数据。此外，还需要从里程数、司机等角度来分析。回过头来，反观此面试题目会发现，一切皆源于对概念的逻辑分析。

1.1.2　怎样喝到免费的黑啤酒

杰姆斯到加利福尼亚州中央谷地旅行，经过长途跋涉，饥渴难耐，好不容易找到了一家酒馆。"老板，请问汉堡包多少钱一个？""三美元一个，先生！""请给我拿两个。"

老板给了杰姆斯两个汉堡包，杰姆斯又问："请问，黑啤酒多少钱一瓶？""6 美元一瓶，先生！""现在我渴得厉害，我想用两个汉堡包换一瓶黑啤酒，可以吗？老板！""当然可以。"老板爽快地说。

老板收起了汉堡包，拿来一瓶黑啤酒，杰姆斯扬起头一饮而尽，嘴巴一擦，然后背起背包就要往外走。老板急忙叫住他，客气地说："先生……"杰姆斯打断了老板的话，不耐烦地说："我可不想在这儿住下，难道我不能继续我的旅程吗？""不，先生，您还没有付啤酒钱呢？""我不是用汉堡包换的啤酒吗？""可是汉堡包钱您也未付啊，先生！""我没有吃你的汉堡包，为什么要我付汉堡包钱啊？""是啊，他没有吃我的汉堡包。"老板想，一时竟找不出对方的差错，只能任杰姆斯扬长而去。

杰姆斯把"没有付钱的汉堡包"偷换为"已付钱的汉堡包"，从而用汉堡包兑换了黑啤酒；又把"用汉堡包兑换到的黑啤酒"和"用来兑换黑啤的汉堡包"这两个相等的概念（因为二者是等价兑换，在此视为相等的概念）混淆为不同的概念。这样一来，当酒馆的老板要求付款时，他就能够"顺理成章"把话题从"没付钱"转移为"没吃"，从而达到赖账不付钱的目的。

概念有内涵和外延之分，概念的内涵与外延之间具有反变关系。即：一个概念的外延越大，则它的内涵越少；一个概念的外延越小，则它的内涵越多。反之，一个概念的内涵越多，则外延越小；一个概念的内涵越少，则外延越大。

1.1.3 IBM 经典面试题

与麦肯锡合作的客户多是行业领先的企业，如排在《财富》杂志前 500 强的公司。这些公司分布于汽车、银行、能源、保健、保险、制造、公共事业、零售、电信和交通等各行各业。世界排名前 100 家的公司中 70% 左右是麦肯锡的客户，其中包括美国电话电报公司（AT&T 公司）、花旗银行、柯达公司、壳牌公司、西门子公司、雀巢公司、奔驰汽车公司等。当然 IBM 也是其中之一，我们从 IBM 面试题中，就可以看出麦肯锡逻辑分析的影子。

进入"蓝色巨人"IBM 公司是每个 IT 人的梦想，以 IBM 公司一道面试题为例，看看其是如何保证高素质人才的加入，并以此作为企业持续竞争力的。

街区住了 50 户人家，每一户人家都有一条狗；在这 50 条狗中，有生了病的狗（这种病不会传染）；大家需要找出病狗；每一户人家都可以观察其他的 49 条狗，以判断它们是否生病，但是自己家的狗不能由自己这家人观察；各户人家不能就观察后所得结果进行沟通，也不能通知病狗的主人。

主人一旦推算出自己家的狗是病狗，就要枪毙自己的狗，而且每户人家只有权利枪毙自己家的狗，没有权利打死其他人的狗；第一天，第二天都没有枪响；到了第三天，街区传来一阵枪声，请问有几条病狗，如何推算得出？

这道题可以从概念出发，进行推论。第一种推论：假设只有 1 条病狗，当病狗的主人看到其他狗都没有病的时候，就知道自己的狗有病，那么第一天晚上他就会开枪。可是第一天没有枪响，说明病狗数大于 1。

假设有两条病狗，病狗的主人会看到 1 条病狗，而第一天他没有听到枪响，由此得知病狗数大于 1，那么病狗的主人会知道自己的狗是病狗，所以第二天会有枪响。然而第二天也没有枪响，说明病狗数大于 2。由此推理，因为第三天有枪响，说明街区共有 3 条病狗。

概念的限制是指通过增加内涵以缩小外延，如：公园——湿地公园——纽约湿地公园。概念的限制根据是概念的内涵与外延之间的反变关系，从一个外延较大的概念过渡到外延较小的概念。通过增加限定性的词语，如在名词前加定语，动词、形容词前加状语，一直到限制的极限：单独概念。如：文学家——伟大的文学家——文艺复兴时期伟大的文学家——威廉·莎士比亚，到威廉·莎士比亚这里就不能再进行限制了。

弄清概念是一切逻辑分析的基础。一些人正是抓住对方对概念认识的不足，进行诡辩，或者偷换概念，混淆概念等，耍一些违反逻辑的花招。这时，如果主体从概念出发，进行概念的条分缕析，最终会发现对方的逻辑错误。

1.2 分析问题的基础：逻辑思考

麦肯锡全球副董事合伙人 Amy（艾米）说："麦肯锡员工解决问题的能力很强，但解决问题并不是最核心的能力，而是在于他们运用思考问题的方法。"

众所周知，逻辑思考可以是强的、弱的或者不成立的。根据逻辑思维进行推理，即为逻辑思考的过程。逻辑思考是分析问题的基础，推理由逻辑关系构成。逻辑思考是用一个或多个观点支持另一个观点。只有当逻辑主体使用一个或多个观点支持另一观点时，逻辑思考的过程才得以成立。

1.2.1 该丢下哪个科学家

有奖问答：轮船沉没，幸运的是，有三位关系世界兴亡命运的乘客活下来了，他们都随海水漂到一处荒岛，只等待出现合适的逃生机会把他们带离荒岛。时间慢慢地过去了，终于出现了一艘船，可是船上只能载两个人。而这三位乘客之中，一个是拯救人类因环境污染而面临灭绝的环保专家，一个是挽救地球防止全球性核战争的核专家，一个是能让世界脱离饥荒的粮食专家，如果必须抛弃其中1个，那么请问该丢下哪一个科学家？

这是英国一家报纸举行的活动，答对了可以获得丰厚的奖金。问题登出之后，信件如雪片般飞来。最终巨额奖金花落一个小男孩。他的答案是：谁最胖就丢下谁。在回答这道题时，几乎所有人都从3个科学家如果活下来，能够为人类带来的长久利益出发分析问题，然而，却忽略了一个最简单的逻辑问题：扔下其中一个，是否能保证其他2个，乃至全船的人员存活？从这个角度出发，考虑生死存亡的问题时，主体应该从最大的存活可能性出发，而不是最大的收益。

1.2.2 判断逻辑关系是否成立

下面举一个强逻辑思考的例子，其内容如下。

所有人都是哺乳动物，并且戴维·莫里兹是人类，因此，戴维·莫里兹是哺乳动物。

这是一个强逻辑思考过程：如果作为依据的观点（"所有人都是哺乳动物"+"戴维·莫里兹是人类"）是正确的，那么它们要支持的观点（"戴维·莫里兹是哺乳动物"）也一定是正确的。

那么请看第二个例子。

没有来自新南威尔士州的羊毛是粗糙的，因此，没有来自澳大利亚的羊毛是粗糙的。

在这一案例中，观点之间的逻辑关系是弱的，因为被提供的这个原因（"没有来自新南威尔士州的羊毛是粗糙的"）可能是正确的，但是它要支持的观点（"没有来自澳大利亚的羊毛是粗糙的"）并不是完全正确的。

不过，这种情况并不是最"强词夺理"的。在有些情况下，用来支持一个观点的其他观点与希望达到的观点本身都是正确的，可是逻辑关系仍然不能成立。例如"没有绵羊是狗，因此，所有老鼠都是动物。"在这句话中，因为"因此"出现在两个观点之间，所以很明显"没有绵羊是狗"被用作"所有老鼠都是动物"的一个原因。但它实际上并不是。虽然这两个观点恰好都是正确的，但它们之间的逻辑关系仍然不成立。

还有一种情况涉及到错误的观点。

所有绵羊都是白色的，因此，美国总统的宠物狗来自菲律宾。

在这个例子中，两个观点之间毫无关系，而且两个观点本身也不是正确的。因此，它们构成的逻辑关系不能成立。

逻辑关系是否成立是逻辑思考的主题。逻辑思考的实际用途：在刑事诉讼中，主体可以判断被告是否有罪，应该如何提供不在场证明；在日常生活领域，主体可以推论孩子上哪所大学最好，到底应不应该出国留学；在理财投资领域，主体可以判断银行提供的多种理财方案哪种最适合自己；在业务领域，主体可以决定选用哪一家公关公司，采用哪种营销策略……

运用逻辑思维分析问题时，首先要分清正确与错误的观点。为了更好地进行逻辑思考，主体应该占有尽可能多的正确观点，而且这些观点之间的逻辑关系都是成立的。逻辑思维正是实现这一情况的一个工具。其次，保持对知识的好奇心是学习逻辑思考的一种方法。

1.2.3　用逻辑分析征服客户

麦肯锡咨询公司业务人员 Mary（玛丽）认为：如果自己想说服客户采纳自己的意见，或者与自己达成合作关系，采用逻辑思考分析问题、为对方解决问题，比单纯夸耀自己的优势更有效果。

美国一家广告公司的销售总监本·达菲获知一家烟草公司在寻求广告代理商，这是一单几百万美元的大生意。本·达菲立即发动所有的资源争取到了与客户见面的机会。后来，本·达菲苦思冥想，究竟该怎样获得这单生意呢？

如果夸耀自己的公司，谈论自己的产品设计，讲解无微不至的售后服务，这些问题之前的广告公司肯定都传达过了，既然生意还未谈成，说明自己在这些方面下功夫也不能保证成功。于是，本·达菲决定列出 10 件客户可能关心的事情。第二天一早醒来，本·达菲在这 10 个问题后写下了自己的解决办法。

上午 10 点，本·达菲与客户面谈。客户并没有显出多少耐心，就说自己列了个清单，询问本·达菲有没有从这些方面思考，如果没有的话，也就没有必要谈这单生意了。当本·达菲接过这张清单时，惊人的事情发生了，双方所列的 10 个问题中有 7 个完全一致。于是本·达菲将自己提前拟定的问题和解决方案呈给客户。最终，本·达菲得到了这单生意。此后，本·达菲所在的这家广告公司与美国烟草公司结成了 20 多年的合作关系。

只要主体在日常生活、经济、文化领域中遇到一些问题，并且希望以更好的方式进行解决，逻辑思考就有用武之地。谁都不可避免会遇到一些问题，例如，不知道该选择哪一家广告代理商，不知道该在哪一个城市发展事业，或者仅仅是在晚餐该在家里吃还是在外面吃之间做出选择，而你想要说服家人到新开的法式餐厅吃大餐。要想解决这些问题，逻辑思考的能力是必需的。

1.3 是直觉，基于客观事实和原理概念

麦肯锡咨询公司合伙人、哈佛大学心理学教授 William 说："从心理学角度出发，逻辑思维基于事物的客观事实和原理概念进行评价。例如沃伦·巴菲特、比尔·盖茨是典型的逻辑思考者。直觉是基于认知，以事物给予主体主观的内在刺激（而非客观事实）给予评价，史蒂夫·乔布斯、阿道夫·希特勒是直觉思考者的典型代表。"

通常，逻辑和直觉在一个人的思维模式中成负相关，一个变量越小，另一个变量则越大。或者大部分人只拥有一种思维模式（天才除外）。那么，如果主体有过充分的阅历，必然会在某个时刻意识到这一点：逻辑思维与直觉之间是如何平衡的？

1.3.1　卡片选择实验

卡片选择实验充分说明逻辑思维并不是人类与生俱来的思维模式。实验过程如下：研究人员告诉实验对象，每张卡片都有一面为数字，一面为字母，问实验对象，如果要检验规则"每个元音字母对应的另一面都是奇数"，那么需要检验哪几张卡片？这时，桌面上放着四张卡片，朝上的那一面分别写着"A""K""4""7"。你会选择哪几张卡片？

考虑下面这种情况：酒吧里有一行 4 人，已知其中 2 个人分别点了一杯橘子汁和一杯白兰地，另外 2 人分别为 16 岁和 22 岁。同时假设当地规定18 岁以上的人才能喝酒，请问如果你要检查其中是否有人违反了规定，你要检查谁？显然，人脑在处理抽象问题的时候，会比处理具体问题的时候更慢，并且，此时依赖直觉会更容易出错。因此，逻辑不是人类的基本思维架构，正确回答第二个问题的人会比较多。因为第二个问题比较具体。至于数字，字母这种抽象的东西，人脑并不擅长处理此类问题。

为什么人类的思维模式并不是逻辑的？因为人脑不是电脑，人脑并没有发展出一种完全适合逻辑计算的结构，而且很多完备的算法并没有进行多项式排列的时间。然而，基于逻辑的判断更有利于人们做出正确的决策，逻辑作为一种理性思维方式，是一种思考的工具。人们需要利用这种思维工具，提高判断的正确性。

因为目前，我们做出的很多判断都是不完整的判断，当质检人员判断一批产品的质量，出于时间成本的考量，必然会采用抽样而不是一一检测的方式。法庭定罪也是如此，法官通过一个不完全的信息，作出一个可能是错误的判断，所以不可避免会有一些人对判决结果提出异议。

1.3.2　谷歌如何选择管理模式

人们更多地需要依赖逻辑。逻辑非直觉，主要基于客观的事实和原理概念。因为比起直觉，逻辑思考需要花费更多的时间，也更为高级。所以，通过学习不断提高逻辑思考能力，成为每个人做出正确决策的可靠途径。对企业管理者尤其如此。

例如稳居全球最受欢迎雇主榜首的美国谷歌公司，在大多数同类公司采用扁平化管理（flat organization）的时候，从自身实际情况出发，进行层级管理。扁平化管理有诸多的优点，员工在其中感受到的地位相对平等，每个人都能感受并承担相同的责任感，而且，简单的管理架构，简明的管理层，都有助于创意执行的有效性。对于需要创意的高科技公司，扁平化管理似乎是不二之选。

但是谷歌发现，随着公司规模的不断扩大，扁平化管理并不总是有效，让员工了解自己的角色和目标，成就专才而不是通才，激发员工力争上游的积极性，在这些方面，层级管理（hierarchical organization）有其不可替代的优势。

谷歌公司是全球最大搜索引擎公司，员工规模达到了5.36万。据美国最具影响力的商业杂志Fast Company的统计，在谷歌内部5.36万名员工中，有超过5000名经理、1000名总监、100名副总裁，因此仅仅是处于管理架构中段的每位经理，都需要负责超过30个汇报。

不过问题在于，在谷歌有一个明确的规定，每一个人都可以独立开展一个项目，只要这个项目被认为具有足够的吸引力和执行可靠度。这个时候，经理的存在似乎对项目的帮助并不大。于是很多人开始抱怨："这（谷歌）是一个由工程师建立、也是为工程师而建立的公司……我们的时间应该花在设计和除bug上，而不是不停地与上司打交道，或者监督别人的工作。"

在谷歌内部，人们认为反反复复的磋商和汇报，大大拉低了公司的执行效率，这样的管理体制对公司的发展弊大于利。曾经在谷歌任职的艾特·瓦尔玛说："谷歌的管理体制让人非常泄气：在谷歌工作时，你会对一个项目非常有热情，你为此付出了非常多的努力。但是在这样一间大公司，项目要执行前需要经过无数人（上级）的意见，因此你要花大量的时间和上面的人沟通，让他们接受你的想法。但最后可能他们根本不明白你的想法有多酷，仅仅单从自己的成见就改变了整个项目的方向。"于是他选择到移动支付公司Square市场部工作。

谷歌也曾经试图进行扁平化管理。2002年，谷歌进行了一项改革：废除层级管理体制，在全公司实行扁平化管理。原本是为了激发创新，因为当初谷歌轻信，只要赋予全公司上下所有人共同的话语权，实行共同管理，就能为创新提供最有效的保障。

不过很快，谷歌就意识到了自己的草率，一批又一批的工程师们蜂拥来到拉里·佩奇（谷歌创始人，谷歌 CEO）的办公室，每人手里都拿着一堆包括费用报告、意见冲突在内的相关文件，让公司从上至下都乱了套。谷歌很快意识到，这是一次非常不成功的改革。这次直觉性的尝试立马被迫终止，谷歌恢复了层级管理体制。

适合大多数公司的管理体制并不适合于每一家公司，如果公司依赖于直觉进行判断，很可能会让公司走进管理不善的境地。而只有基于客观事实和原理概念进行判断，依赖于逻辑思维，才有可能进行正确的分析，得出更可靠的分析结果。

1.4　判断逻辑：判断问题的性质

人们每天都会面临很多选择，需要做出很多判断。劳累了一天，晚餐吃什么？今天圣诞节，要不要去看一场电影？大学毕业了，是到纽约的律师事务所工作，还是回家乡米德尔顿镇当个中学老师？选择哪一个人共度一生，投资哪一只股票？在做判断的时候，逻辑思维的重要性突显，因为人们都希望自己的收益最大化。

1.4.1　苏珊才是真正的股神

沃伦 21 岁从哥伦比亚大学金融系毕业，之后在纽约求职却四处碰壁，只能回到家乡内布拉斯加州省会一家证券公司上班，过了一年，沃伦遇到了让他心动的汤普森小姐，决定向汤普森小姐求婚。

汤普森小姐问他，没有房子可怎么办？沃伦说，加上工作这一年以及大学时候赚的钱，我一共存了1万美元，我给你两个选择，一是我们可以在这里买一所小房子，二是我们先不买房，而是拿这笔钱来做投资，等过几年投资赚了钱我们买一套大别墅。汤普森小姐说："好，我相信你，我选择第二项。"

于是，两人租了一套两室一厅的老公寓就结婚了，晚上睡觉都能听到天花板里的老鼠在开派对。结婚一年，两人的第一个孩子出生了，但还是没买房。到了结婚的第四年，沃伦的事业终于有了点起色，与朋友合伙开了一家投资公司。两人结婚的第六年，终于如愿拿出30万美元在奥马哈买下一座灰色小楼，全家搬了进去。

很快，沃伦就赚到了自己人生中第一个100万，之后，投资生意越做越好，钱赚的越来越多。终于，沃伦的钱多得花也花不完，一不小心就成了世界首富。相信聪明的你已经猜到了故事中的小伙子是谁了吧，没错，他就是股神巴菲特。那个不要新房而是支持未婚夫投资的汤普森小姐，就是巴菲特的结发妻子苏珊·汤普森。不过至今，巴菲特仍然住在那栋灰色小楼里，继续着自己的投资生意和慈善事业。

可见，股神巴菲特的夫人苏珊才是真正的股神。她选择投资丈夫巴菲特的未来，而不是一套房子。也因此，苏珊为巴菲特做了这一辈子最重要也是最正确的一次投资决策。试想如果当年苏珊选择的是买房子，那么巴菲特的神话也许终将改写，现代市场就会少了一个传奇。

1.4.2 判断是与非

无论你怎样教动物照镜子，或者怎样启迪它们，动物都不会知道镜子里面就是自己。因为，在动物的大脑中没有一个独立的思维系统，而只有人是具有独立思维的生命，人的思维决定人的各种行为和采取的行动。人的思维也决定人最终是否行动以及采取何种行动。

在具有不同管理思维的人的管理和带领下，企业会形成不同的定位，朝着不同的方向发展。因为，具有不同管理思维的管理者会做出不同的管理判断，采取不同的管理方式。也就是说，管理思维决定管理者的管理态度和管理行为，进而决定整个企业的外在发展。

当然，无论何种管理思维，都要形成一种共识：进行企业管理，是非化判断必不可少，管理者必须明确是非对错，这是开展管理工作的前提；通过判断问题的性质，企业管理者能够建立起一套完整的价值体系；然后在是非化的基础之上，将被判断为"是"的部分行为进行归纳，使之融于企业的价值体系之中，形成企业全体员工都必须坚持的工作逻辑。对于被判断为"非"的部分，企业管理者需要明确告知员工其性质，以减少类似问题再次发生的可能性。

人类并不是天生具备正确进行是非判断的能力，也不会在行为上表现出能够进行是非判断，因此，个人很容易受到来自周围环境的影响，成长为符合当时环境下的人。因为人的思维具有可塑性，个人对是非的判断也具有可塑性，通过环境的改变，个人往往能实现是非判断能力、标准的改善。因此，引导他人正确地判断是非，进行是非判断训练是可能而且必要的。

人们进行选择的时候，采用逻辑判断问题的性质，是一种更可信的判断方法。无论是关于日常生活的选择，还是企业管理的决策，逻辑判断都有利于人们做出合理的决定。使用逻辑明确问题的性质，才能更好地分析问题，进而做出判断。

1.5 推理逻辑：因果链与逆向推理

有时逻辑分析产生于各种突发事件。麦肯锡要求员工在推理的过程中，要有因有果。这个要求源于一次沉痛的教训。

麦肯锡公司曾为一家重要的大客户做咨询。咨询结束的时侯，麦肯锡的项目负责人在电梯间里遇见了对方的董事长，该董事长问麦肯锡的项目负责人："你能不能说一下现在的结果呢？"由于该项目负责人没有准备，而且即使有准备，也无法在电梯从30层到1层的30秒钟内把结果说清楚。最终，麦肯锡失去了这一重要客户。

从此，麦肯锡要求公司员工凡事要在最短的时间内把结果表达清楚，凡事要直奔主题、直奔结果。麦肯锡认为，一般情况下人们最多记得住一二三，记不住四五六，所以凡事要归纳在3条以内。这就是如今在商界流传甚广的"30秒钟电梯理论"。

我们反观这一案例，其实就是一个推理逻辑。对方董事长已经给出结论，只需要项目负责人找出三个原因或方法即可。

当我们回归到推理本身，也需要及时找出因果关系。运用逻辑思维进行推理，主要基于原因与结果之间的关联性进行分析。任何一个可接受的思维，必须具备逻辑上的关联性和理由的支持。原因与结果之间的逻辑关联强度与推理结果正确与否成正相关：原因与结果之间的逻辑关联性越强，推理结果越正确。

1.5.1 判断逻辑关联性的高低

例如，长期大量吸烟与肺癌的发生有很强的关联（已有研究证明：长期大量吸烟者患肺癌的几率高出不吸烟者的10~20倍），因此人们反对吸烟。在这个例子中，原因（吸烟与肺癌之间有关联）与结果（人们反对吸烟）之间的逻辑关系，揭示了逻辑关联性的特点。当人们说某一个结果是由何种原因得出时，指的就是逻辑关联性。

逻辑关联性也有程度高低之分。例如，加利福尼亚处于美国西海岸，美国西海岸的任何一个州都有阳光海滩，因此，加利福尼亚也有阳光海滩。这句话的逻辑关联性非常高，因为原因有力地支持了结果：如果原因为真，结果必定为真。相反，下面的例子逻辑关联性就比较低，虽然原因为真，但是结果并一定为真。加利福尼亚有阳光海滩，夏威夷和佛罗里达也是如此，所以，美国的大多数州都有阳光海滩。

还有一个原因与结果没有任何逻辑关联性的例子：加利福尼亚处于美国西海岸，所以，吸烟有害健康。人们进行推理，需要掌握具有良好逻辑关联性的信息。可接受的信息对于人们的逻辑思维能力十分关键。在进行推理时，任何一个逻辑关联性程度不高的信息都会成为逻辑思考的缺陷。

掌握推理逻辑，需要根据因果链分析问题，解决问题。当企业面临困境时，追根溯源，运用逻辑推理找出问题出现的原因，对症下药，才能让企业重返轨道。蓝色巨人 IBM 曾经主导计算机行业几十年，不过到 20 世纪 90 年代，随着戴尔和捷威等公司推出低价 PC 的发展战略，IBM 的市场份额很快被抢占。1992 年，对 IBM 来说，这是灾难性的一年，财年年度统计亏损 49.7 亿美元，是当时美国历史上年度最大的公司亏损。

这一事件给了 IBM 沉重一击，公司被迫意识到，正是自己的固步自封，局限于目前的管理格局，才导致如今的困难局面。1993 年，IBM 聘请 Nabisco 前 CEO 路易斯·格斯纳出任 CEO，路易斯·格斯纳迅速调整 IBM 的经营战略，提出了一个复兴 IBM 的计划，将业务重点从硬件移到软件和服务的开发提供，为企业构建计算机网络。

同时，路易斯·格斯纳将原来臃肿不堪的统筹部，分拆为几个独立的业务部门，涵盖保险、零售、运输、医疗保健，以及金融等产业。经过管理格局的突破重建，IBM 已经发展成为拥有 30 多万员工，业务遍及全球 160 多个国家和地区的世界最大的 IT 公司。

1.5.2　突破逻辑推理的局限

尽管如今动物表演已被认为是不人道的，但毫无疑问，还是有很多马戏团靠训练各种动物做一些滑稽表演赚得盆满钵满，其中就有目前世界上最大的哺乳动物——大象。然而你知道吗，能够拴住这个重达 5 吨的庞然大物的，只是区区一条麻绳！在不表演的时候，这些大象看起来就像心甘情愿地被一条麻绳控制在木桩周围。

原因何在？大象原本生活在热带雨林或者热带稀树草原上，可是一旦被人类捕捉到，就会被粗粗的铁链拴住，刚开始，这些小象绝对不会服气，而是横冲直撞，直到皮被磨破，鲜血直流，疼痛让小象知道，挣扎是没有用的，只有心甘情愿地放弃逃跑，才能不那么痛苦。于是，小象用大脑记住了挣扎带来的痛苦，就再也不挣扎了。

为了获得食物和水，小象学会了各种表演。后来，即使小象的体形已经长大了几十倍，成为力大无穷的大象，它还是被一条麻绳拴住不敢挣脱。大象没有意识到，拴住它的，不是外在的小小麻绳，而是心中无形的锁链。

其实我们人类又何尝不是如此，许多看似无法突破的障碍，追根溯源，都可以在内心找到根源，而要想突破内在和外在的限制，只有跳出推理逻辑的局限性，才能突破管理格局。曾经福特汽车公司面临业绩不佳的困境，分公司任副总经理的李·艾柯卡正在寻求解决方法。

李·艾柯卡确信，只要推出一款创新型的小汽车，就能明显改善公司业绩，他确定客户的意见是决定此项措施成败的关键。然后，他便开始绘制战略蓝图。如何设计这款新车？步骤如下：

客户买车之前都会试驾，要让潜在客户试驾，就必须让汽车开进交易展厅。而吸引汽车交易展厅负责人的方法是对新车开展大量优质的商业推广，吸引展厅负责人对新车型的兴趣。所以，艾柯卡·劳伦斯必须在营销活动之前做好小汽车，送进汽车交易展厅。

为了实现这一目的，李·艾柯卡知道自己需要得到公司内市场营销和生产部门的全力配合。同时，还需要公司高级行政人员决定生产汽车模型所需的厂商、人力、设备及原材料。当李·艾柯卡一一确定了为实现目的需要征求同意的人员名单后，便开始从头向前推进。半年后，福特公司推出了一款名叫野马的新型车，之后野马开始风行一时。野马的成功也使李·艾柯卡一跃成为福特公司小汽车和卡车集团的副总裁。

无论是因果思维，还是逆向推理，原因与结果之间的关联性都是进行逻辑推理的可靠性保证。值得注意的一点是，如果因为因果链而陷入惯性思维的误区，局限于推理逻辑，则走向了逻辑推理的反面。

1.6　麦肯锡投资分析法

1.6.1　诺贝尔基金会起死回生

诺贝尔基金会每年发布五个诺贝尔奖项，每个奖项的奖励金额为100万美元，所以每年诺贝尔基金会会支付500万美元的奖金。如果按常理来推算，诺贝尔基金会会倒闭，因为其基金总额是固定的，总会有发完的那一天。

诺贝尔基金会于1896年成立，由诺贝尔捐献980万美元建立。由于该基金成立的目的是用于支付奖金。为了使这批基金增值，基金会设置了一些的投资范围，不过整体看来，这笔资金被限制在安全且有固定收益的投资上，例如银行存款与公债，不允许用于有风险的投资，尤其不允许投资于股票或房地产，那样会使基金处于价格涨跌的高风险之中。

这种保本重于报酬率、安全至上的投资原则，的确是稳健的做法，避免了基金损失的情况。但牺牲报酬率的结果是，随着每年奖金的发放与基金会运作的开销，历经50多年后，该基金会的资产只剩下300多万美元。

为应对这一不利局面，诺贝尔基金会找到了麦肯锡咨询公司。面对这样一个问题，麦肯锡公司迅速地组成了一个团队，并且投入到工作之中。在做了充分的研究工作之后，这个团队分析了投资回报率的数据关系，并给予了一定的指导。

于是诺贝尔基金会将原先只准存放在银行和买公券的资金转向投资股票和房地产。于是奇迹发生了，20多年过后，基金会总额已超过1亿美元。

1.6.2　巴菲特定律的由来

我们从诺贝尔基金会的案例中，看到麦肯锡咨询公司在投资领域做的不错，其实在投资分析上，巴菲特做的更胜一筹。

"股神""巴菲特定律""巴菲特午餐""巴菲特股东大会"……巴菲特以投资理财大师的身份进入公众的视野，因此，探究其投资分析法，是揭开股神神秘面纱的第一步。众所周知，一夜爆红的神话并不适用于巴菲特的成名故事。

当初巴菲特之所以买下伯克希尔·哈撒韦公司，只是因为从统计数字上看它的价格很便宜。在接手的最初10年中，公司几乎没有一点的赢利，净亏损却在不断增加。不过，"雪茄烟蒂式的投资"最终被证明大获成功。

靠着白手起家，巴菲特把生意越做越大。从巴菲特收购濒临破产的伯克希尔公司的后10年开始，其持有的伯克希尔公司股票市值飙升了1.8万倍，达到令人咋舌的215800美元/股，被称为世界最昂贵的股票。在伯克希尔公司总部奥马哈，粗略估计有200名左右巴菲特级的亿万富翁，他们都曾在巴菲特的劝说下投资于该公司。

雪茄烟蒂式投资，后来被人们总结为巴菲特定律，不仅被誉为投资界的圣经，还成为众多投资者热捧的投资风向标。巴菲特定律成立的前提，是基于逻辑的判断——股票的内在价值。巴菲特一直以来坚持的投资方法是价值投资法。

价值投资指先计算企业的内在价值，等到一个低折扣价时才买入该股票。尽量"以50美分的价格买到1美元的东西"，因为其中有50美分的安全边际，将投资亏损的可能性降到最低。价值投资的精髓在于，低价买进，高价卖出。巴菲特之所以能稳居"股神"宝座，就在于他一直是价值投资的忠实拥护者。

2014年，伯克希尔公司以260亿美元收购美国伯灵顿北方圣太菲路运输公司就是很好的例证。当时，任何一个经济预测者都不会认为在经济衰退时收购一家铁路公司是明智的决定，媒体也说，巴菲特在铁路上"下了一个大赌注"。

但巴菲特从来不会做自己不知道的事。在此之前，巴菲特查阅了大量资料，他知道根据近年该公司的运行状况来看，这家公司运转良好，该公司所在的行业准入标准很高，而且该公司一直是铁路行业的领导者之一。

同时，巴菲特对美国的人口以及人们对铁路行业的需求量数据做了一个详细的研究，按照公里数衡量，美国有 3 亿 1000 万人口，伯灵顿铁路的货运量占整个跨城联运的 11%，在未来的 50 年乃至更久，美国的人口都会一直增加，货运量也会随之增加，铁路一直都是非常高效的运输方式。

巴菲特分析，铁路是运输货物既省钱又有效率的方式，且在未来十几年内情况都不会有太大变化。因此巴菲特认为这个投资是一种比较稳健的投资，最终能从中获益。如今伯灵顿北方圣太菲路运输公司占据了伯克希尔净利润的 20%，巴菲特又一次证明了自己的股神称号绝非浪得虚名。

巴菲特投资的是价值，所以敢于"在别人恐惧的时候贪婪，在别人贪婪的时候恐惧"。正如"fat pitch"，等待一块大肥肉，寻找一家未来注定带来可观收益的公司，等待合适的时机，通常是出现合理的价格时，进行收购。

巴菲特常说，在投资界，恐惧和贪婪就像两种有极强传染性的灾难，它们的偶尔爆发永远伴随着投资市场。而且，这两种传染病爆发的时间、引发市场混乱的后果、持续的时期以及传染程度等都是难以预料的。因此，作为一名投资者，永远无法预测市场中任何一种灾难的降临或离去。只有坚持适度的原则和目标，在别人贪婪的时候恐惧，而在别人恐惧的时候贪婪。

GEICO 已经发展成为美国第四大私人客户汽车保险公司，投保的客户超过 600 万人，盈利 70 亿美元。可是当初巴菲特决定投资时，该公司濒临破产边缘，经理人杰克·伯恩力挽狂澜，只需 1 美元的留存收益就可以创造 3.12 美元的市值增长，迎来了巨大的安全边际。

在此之前，巴菲特花了 10 年研究老牌的汽车保险公司，最终选择了这个看起来岌岌可危的公司，开始了人生中的第一笔投资，在之后的 20 年里，该公司实现了 23 亿美元的盈利，增值 50 倍。

1.6.3　大家都抛时我买进

巴菲特始终坚持在大家都抛时我买进的投资策略，就像在经历了波及全球的金融危机之后，整个资本市场都沉浸在一片恐慌和混乱之中，而巴菲特却认为，过去的两三年时间是投资的绝佳时期，为大量资金的利用提供了一个极好的机会，因为对于投资者来说，恐慌气氛就是他们的最好朋友。像这样赚钱的重大机遇难得一见，就像天上掉金子，你肯定要拿一个大桶而不是顶针去接。

在市场疲弱时，投资者应该趁早买入，抓住良机。巴菲特说："如果你要等到知更鸟报春，那时春天已经结束了。"如果我们持有的股票大幅跳水了，相信我们的本能会跳出来说：马上割肉，因为那意味着亏损，但是巴菲特的回答是：并非如此。

如果投资者以每股 80 美元的价格买入大西洋和太平洋茶叶公司的股票，在 1936 年的股市暴跌中，该公司的股价跌到了最低点的 36 美元，这时，最明智的做法不是抛售股票，而是只需静静地等待着。因为，当股价跌到 36 美元时，已经远远低于该股票的内在价值了，这是十分荒谬的情况，不可能维持长久。果然，这种情形没能持续一年，它的股价就上涨了 2.26 倍，每股为 117.5 美元。

相反，在大家都买时我不买，巴菲特认为，那些只在市场评论一片乐观时才进行投资的人，最后往往会为之付出极高的代价，就像去买一种没有意义的安慰。遇到这种情况，就应该耐心地等待，如果你能在人人都在买进时做到按兵不动，那么等到人人都抛售时，你才有机会买进。

巴菲特的投资分析法是：首先，你要常常与自己的天性对抗，因为天性往往会使你做出错误的投资决策。然后，你要常常走出去了解外界环境，当感到市场环境越来越贪婪时，你要勇于说"no"；如果感到市场都沉浸在一片恐慌或者沮丧状态之中，你要勇于说"yes"。实际上，这种投资哲学相当于一种新时代的减压哲学。运用这种投资哲学，投资者很有可能创造财富人生。

第2章

逻辑分析的方法

麦肯锡的合伙人们经常与事件、数据打交道，强项便是逻辑分析。在进行逻辑分析时，需要掌握一定的方法。本章从企业战略分析、企业营销策略分析、具体业务分析、组织策略分析、收益性分析法五个方面讲解企业生产、管理、营销过程中需要掌握的理论，以及对应的方法。

2.1　企业战略分析：3C

如何在竞争对手如云的情况下打开市场？让自己与众不同。这就是战略定位的意义所在。麦肯锡合伙人皮特认为："只有找到具有攻击性的市场准定位，以这个战略定位为攻破市场的核心，告诉消费者为什么他应该选择你的而不是其他公司的产品。"战略定位是一个"自上而下"的过程，目的在于通过管理层的一系列策略，实现"差异化"。

企业进行战略分析的 3C 理论，指的是企业从消费者（Consumer）、公司自身（Corporation）、竞争对手（Competition）三个方面找出差异性，根据企业的类型和发展战略，从而确定企业核心竞争力要素（如图 2-1 所示）。

3C 理论并非由麦肯锡咨询公司提出，但是麦肯锡咨询公司却是强有力的实践者。沃尔玛与麦肯锡咨询公司有合作，不少逻辑分析的方法源自麦肯锡公司的导入。

以大型连锁超市沃尔玛为例。从美国阿肯色州北部本顿维尔小镇的一家夫妻店，到世界 500 强之首的大型跨国零售帝国，沃尔玛的创始人山姆·沃

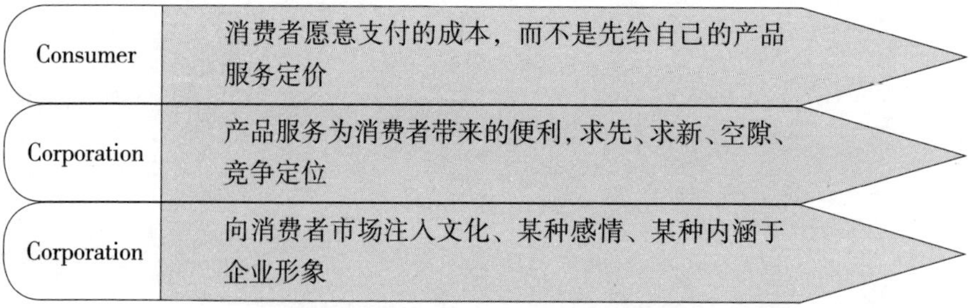

Consumer	消费者愿意支付的成本，而不是先给自己的产品服务定价
Corporation	产品服务为消费者带来的便利，求先、求新、空隙、竞争定位
Corporation	向消费者市场注入文化、某种感情、某种内涵于企业形象

图 2-1　企业战略分析 3C 理论

尔顿白手起家，从一开始，就把"售价最低、保证满意"作为沃尔玛折扣店的经营理念。

不到10年，沃尔玛就从一个乡村小镇的小杂货店迅速成长为美国最大的区域性零售商，之后又发展为美国最大的折扣连锁超市，并且以每年40%递增的销售额发展成为全美销售额第一的零售超市，后来就一直雄居美国零售业榜首，走向世界，成为全球零售第一。

那么，究竟是什么使得沃尔玛在短短30年时间打败业内所有巨头，创造零售业史上最辉煌的战绩呢？之所以能在与众多竞争对手的角逐中脱颖而出，具有如此强劲的扩张能力和赢利能力，首先要从沃尔玛的企业战略定位说起。

2.1.1　天天平价，顾客至上

沃尔玛的标语是"Save money，Live better"，无论是商标，还是购物袋，"天天平价，始终如一"的口号都无时无刻不在顾客眼前出现，这也是沃尔玛给顾客的第一印象。当然，这句口号不是说说而已。

事实上，沃尔玛是连锁零售业中的成本控制专家，从进货、物流运输、零售场地，到人力管理等方面坚持低成本战略，始终以最低的价格为顾客提供最优质的商品。沃尔玛坚持，"我们争取做到，每件商品都保证让您满意！"沃尔玛承诺，顾客购买任意商品如果不满意，都可以在1个月内全额退款。"帮顾客节省每一分钱"，这就是沃尔玛的宗旨。

沃尔玛坚持顾客至上，企业准则有两条：第一条，顾客永远是对的。第二条，顾客如有错误，请参看第一条。顾客的需要就是沃尔玛得以存在和发展的不竭动力，因此，在沃尔玛发生了这样一个广为传颂的故事。一位顾客到沃尔玛采购一种特殊型油漆，店中正好缺货，部门经理得知后亲自带这位顾客来到马路对面的油漆店购买。

从卖场、货架的设计，到商品陈列和环境构造，沃尔玛一直以满足顾客需要为首要考虑，免费停车、咨询，一次性购物满2000元可提供送货上门服务，设置"山姆休闲廊"，在价格竞争中，沃尔玛长期奉行薄利多销的经营方针，是名副其实的全球最大公司，也是深得消费者信赖的大型超市。

2.2.2 与军方媲美的信息系统

沃尔玛的信息技术系统先进程度仅次于美国的军方系统，总部的服务器比微软还多。通过高速计算机，全球的沃尔玛分店直接与本顿维尔总部相连。每售出一件货物，都会通过分店的收银台激光扫描器自动存入计算机系统。

而且，一旦某种货物库存减少到一定数量，分店的计算机会自动发出信号，提醒分店及时向总部发出进货要求，而且还可以自动订货。从分店发出订单的那一刻，直到货物出现在分店超市的货架上，整个过程不得超过24小时。

供应商可以直接进入到沃尔玛的采购系统，完成"零售链接"。在这个过程中，供应商可以随时了解销售情况，预测货物需求量，从而决定供应生产情况，降低供应成本，整个流程都是一个"无缝"的过程。

2.2.3 远超对手的物流配送系统

在零售业的整个物流过程中，运输一直是成本最贵的一个环节，为了降低运输成本，沃尔玛设置的新零售场地必须设在现有的配送中心的周围，不仅可以缩短送货时间，也大大降低送货成本。一般而言，从任何一个配送中心出发，都可以在一天之内到达在配送中心的辐射范围内的商店。

通过沃尔玛的网络通讯系统，各分店的订单信息传送到配送中心，经过整合，配送中心正式向供应商订货。货物可以直接到达订货的分店，也可以经由配送中心送往各分店。而且，为了节约时间，沃尔玛采用的运货卡车采用交叉配送 CD（Cross Docking）的作业方式，进货的同时直接出货，没有入库储存和分拣环节，效率极高。

沃尔玛的物流成本仅占销售额的 1.3%，其最大竞争对手凯马特、西尔斯的物流成本占销售额的比例分别是 8.75%、5%，而整个行业的物流成本一般占销售额的 10% 左右，至于快速消费的食品行业，这个比例要达到 20%~30%（如表2-1所示）。

表 2-1 沃尔玛激起竞争对手的物流成本占销售额比例

	物流成本占销售额比例	物流成本（销售额按 250 亿美元）
沃尔玛	1.3%	3.25 亿美元
凯马特	8.75%	21.875 亿美元
西尔斯	5%	12.5 亿美元

从 1950 年创始之初，沃尔玛每隔 10 年就在销售额和门店数上迈上一个新台阶，一路过关斩将，先是超过占据全美折扣百货业榜首达 10 年之久的凯玛特（KMART），后又超过自二战后就位列美国首位的老百货业盟主西尔斯（SEARS）。到 2002 年，沃尔玛一举夺下美国乃至世界的第一把金交椅，直到今天，仍然不曾停下步伐。

进行企业战略分析，是企业进行生产、管理、营销的前提。只有运用 3C 理论分析企业的战略，在消费者、公司自身、竞争者这三个方面改进企业，使之不断符合企业发展的需求，才能实现企业的目标，增强企业适应市场的能力。

2.2 营销策略分析：4P

营销是 21 世纪的终极杠杆。营销策略是企业从客户需求出发，综合协调产品（（Product）、价格（Price）、渠道（Place）、促销（Promotion）四种手段，有计划地组织各项经营活动，为客户提供满意的商品和服务从而实现企业目标的过程。

4P 营销策略组合理论诞生于 1960 年，由美国市场营销管理大师杰罗姆·麦卡锡提出。作为营销策略组合的经典理论，4P 理论是现代市场营销理论最具划时代意义的变革。从此，营销管理成为企业管理的一部分，涉及的领域远远比销售更广。4P 理论是营销管理理论的基石，奠定了营销策略组合在市场营销理论中的重要地位（如图 2-2 所示）。

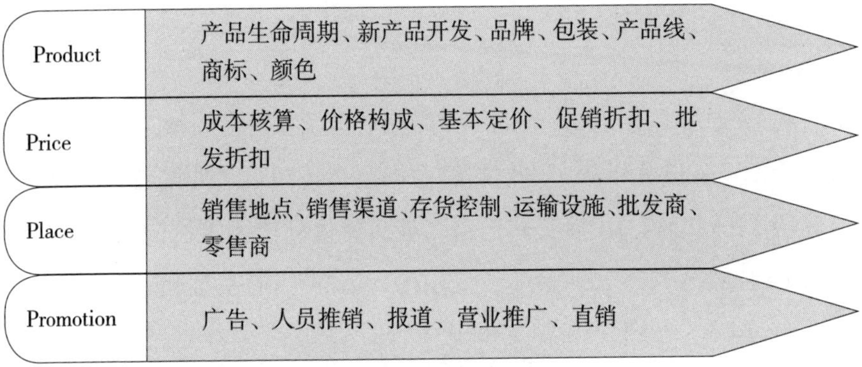

Product	产品生命周期、新产品开发、品牌、包装、产品线、商标、颜色
Price	成本核算、价格构成、基本定价、促销折扣、批发折扣
Place	销售地点、销售渠道、存货控制、运输设施、批发商、零售商
Promotion	广告、人员推销、报道、营业推广、直销

图 2-2 4P 营销组合理论

麦肯锡创始人威廉·贝恩曾对 4P 理论评论说："4P 理论作为一个基本却实用的理论应用于我们所服务的客户中，因为这项理论更简洁、有效。"据麦肯锡的一位工作人员说，这一理论也是公司对员工的一项培训课程。我们以可口可乐公司为例，看 4P 理论的威力。

可口可乐公司是目前全球最大的饮料厂商，每天吸引 17 亿人次的消费者尽享旗下产品，每秒卖出 1.9 万瓶饮料。可口可乐公司全球雇员人数达到了 12.9 万人，以惊人的 1790 亿美元市值排名 2015 年财富世界 500 强企业第 232 位。作为当今全球最古老的知名品牌之一，从 1886 年在美国乔治亚州亚特兰大市诞生之初，可口可乐公司就知道运用营销组合策略的重要性。

2.2.1 7X 绝密配方

可口可乐公司前 CEO 罗伯特·伍德拉夫说："可口可乐 99.61% 是碳酸、糖浆和水。如果不进行广告宣传，那还有谁会喝它呢？"成立之初，可口可乐的广告预算已达 10 万美元，如今可口可乐每年在全球的广告费超过 6 亿美元。

可口可乐创始人阿萨·钱德勒很神圣地宣布，可口可乐之所以有如此独特的风味，是因为其研发出了一种秘密配方。这种秘密配方的主要成分是一种名为"7X"的特殊物质，让可口可乐与众不同。

为了营造这份秘密配方的神秘性，可口可乐公司假借媒体人之口，在各大报纸上散布关于获取秘密配方的方法。故事版本为，可口可乐的的秘密配方被存放在世界某地一家信用极佳的银行里，世界上只有7个人知道具体是哪一家银行。而且，这7人之中，有5人持有存配方的保险柜钥匙，而另两人知道密码。因此，只有当5把钥匙同时转动，并对准密码后，保险柜才能被开启。

一时间，无论是街头巷尾，还是各大新闻媒体，甚至是美国高校的研究机构，都在议论这个神秘的"7X"到底为何物，"7X"到底藏在世界的哪个角落。可口可乐也在这场全美"解密"中迅速提升了知名度，博得无数消费者的关注。"7X不可破译"，"7X是永远的秘密"，然而，所谓的"7X"也许根本不存在。

2.2.2 传递正能量

可口可乐还将影响力进一步扩展至人们日常生活的点点滴滴，力求在消费者的视线内无所不在。在情人节，可口可乐公司设计推出了一款隐形自动贩卖机，当情侣经过时，原本平坦的路边突然出现一段浪漫的巨型广告，自动贩卖机贩卖机现出原形。贩卖机的人工智能系统在询问了每对情侣的姓名之后，会将这对情侣的名字印上瓶身，打造出专属于这对情侣的爱情饮料。

可口可乐公司将超市条形码扫描系统进行改装，于是，当消费者将一瓶可口可乐拿到收银台扫描时，会听到欢乐的"噔噔噔噔噔"经典音乐。几乎每一位消费者听到可口可乐穿过扫描仪时唱起的歌曲，都会绽放出惊喜的笑容。

为庆祝彩虹之国南非成立20周年，可口可乐公司在南非最大城市约翰内斯堡上空架起了一座"天然"彩虹桥。可口可乐此举不仅是为了赢得南非人民的好感，更寓意彩虹总在风雨后。

为了传递幸福，迪拜可口可乐与扬罗必凯广告公司合作，研发出了一种能够用可口可乐瓶盖充当通话费的电话亭。一个可口可乐瓶盖可以打3分钟国际电话。许多到迪拜打工的南亚劳动力在这种电话亭前排起了长队，听到家人的声音，工人们都露出了开心的笑容。

而在新加坡，可口可乐公司联合奥美广告公司，共同打造了一项传递快乐的活动。为了让新加坡2500名建筑工人分享快乐，各大工地出现了无数架装载着红色箱子的遥控飞机，带着可口可乐和激励人心的话语从天而降。

可口可乐还将温暖带给北欧城市瑞典乌普萨拉。当乘客走到乌普萨拉街头的可口可乐公交站台，旁边的可乐自动售货机便会在黑暗中亮起明亮的红光。可口可乐的广告牌会播放瑞典夏季草甸美景，伴随着欢乐的鸟鸣和一朵朵鲜花的投影，以及有加热功能的广告灯，让人感觉阳光明媚，温暖如夏。

2.2.3　与百事的合作促销策略

在促销策略上，虽然可口可乐面临众多的竞争对手（以百事可乐为代表），但是，在今天的商业世界，唯一的真理是，没有永恒的敌人，只有永恒的利益。当消费者进入沃尔玛时，永远不会看到可口可乐和百事可乐同时在促销。

很多消费者以为这是因为两者不共戴天，其实两家公司这样做的原因，正是因为采取了促销的合作策略。有人统计，在连续52周内，每一周，可口可乐与百事可乐必有一个牌子搞促销，且两者从不同时促销，也没有哪一周都不促销。如果选择同时促销的竞争策略，毫无疑问，只会两败俱伤，而选择交替促销，则是双赢的策略。具体请看下面的博弈分析表2-2所示。

表2-2　可口可乐与百事可乐交替促销对比

可口可乐 \ 百事可乐	促销	不促销
促销	−1，−1	4，−2
不促销	−2，4	0，0

在任意一周，两家公司可以选择的策略是促销或者不促销。如果都不促销，则对两家公司都没有影响，此时收益均为0。如果只有可口可乐进行促销，则可口可乐的收益为4，而百事可乐则为负收益−2。因为促销不

仅能为可口可乐带来更多收益，还会吸引原本是百事可乐忠实主顾中对价格敏感的那一部分人。然而，如果两家公司同时促销，那么，不仅两家公司不会获得额外利润，而且必须承担因促销带来的利润损失，因此双方均为负收益 −1。

　　企业应该从产品、价格、渠道、促销这四个方面分析营销策略，制定营销方案，开展营销活动。在营销为王的时代，运用 4P 理论进行营销策略的分析和改善，对于企业的市场推广活动有指导意义。4P 理论也是现代市场企业营销的基石。

2.3　具体业务分析：五力

　　麦肯锡咨询公司的一份报告指出："为了预测竞争对手的行动，并捷足先登，就必须了解其战略专家和决策者的思维方式。"

　　报告同时给出了具体的方法："2008 年爆发的全球金融危机令人痛苦而又明白无误地向人们表明，我们生活在一个相互依存的商业世界里。在寒气袭人的时期和萧条的市场中，一家企业战略的成功通常在很大程度上取决于其竞争对手的战略。例如，在金融动乱时期，一家银行的前景——甚至生存——常常取决于其竞争对手近期的并购行为。"

　　当然根据具体的情况，竞争策略可以灵活多变。接下来，我们更深入地去了解竞争策略。企业开展具体业务，主要为了与竞争对手在业务层次上进行竞争，因此，具体业务分析是指企业的优势竞争策略。具体业务分析的五力模型（如图 2-3 所示）由哈佛商学院的教授迈克尔·波特提出，指的是生产替代品的其他企业（Competitive rivalry），供应商的议价能力（The power of suppliers），购买者的议价能力（The power of buyers），潜在新进入者的威

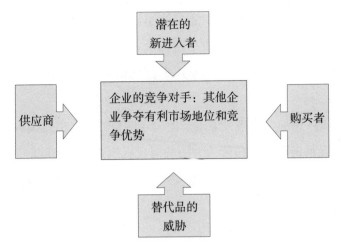

图 2-3　波特五力模型理论

胁（The threat of entry），替代品的威胁（The threat of substitutes）。

企业竞争优势是企业价值链的一环，和供应商、生产商和消费者的价值链相连，构成一个完整的产业链。优势竞争策略是企业夺取、占据市场，在与竞争对手抢占市场过程中保持领先地位的首选方法。通过总成本领先、差异化、专一化战略，企业寻求优势要素，并充分利用优势要素，迅速发展壮大，在与其他企业竞争中获胜。

以美国通用汽车公司为例，其战略业务单元为"做普通工人买得起的微型汽车"。作为把持汽车全球产销量之冠时间最长的汽车企业，2015 年 5 月 4 日，通用汽车宣布率先实现了 5 亿辆汽车生产工作，这对汽车企业而言，具有里程碑式的意义，也意味着通用汽车成为总产销规模最大的车企，超过丰田和大众之和。

自从 1908 年成立到 1927 年以来，通用汽车一直是全世界最大的汽车公司，并在 1964 年率先突破 1 亿产销大关，1978 年突破 2 亿大关，1991 年突破 3 亿大关，2003 年突破 4 亿辆大关，通用汽车一直是车企行业的领军企业，也是车企总产量的冠军级企业。

影响通用汽车战略定位的因素主要来自供应商、购买者、潜在的市场新进入者，以及生产替代品的其他企业。

2.3.1　供应商质量规定体系

供应商，也叫厂商，是直接向零售商提供商品及有关服务的个人或法人。在新的市场环境下，管理好与供应链上游供应商的关系，体现了关系营销的思想，无论是竞争式还是双赢式，在供应链环境下，供应商管理维护着客户、中间商和供应商之间的偏好信息，对确保成功的交易和合作起着至关重要的作用。

作为全球最大的汽车公司，通用汽车在评估与选择供应商时，有一套供应商质量要求规定体系（如表 2-3 所示）。

表 2-3　通用汽车供应商质量要求规定体系

实力	响应速度	质量管理	时间控制	成本控制
·技术 ·容量 ·竞争力	·销售服务 ·质量反应速度 ·对防范问题的反应 ·对改进工作的兴趣	·效率 ·产品设计 ·质量保证程序	·交货期的长短 ·交货是否准时	·设计费用 ·制造费用 ·维护费用 ·运输费用 ·保管费用

通用汽车公布的部分优秀供应商名单：Active Aero Group、ABC Group、Coastal Automotive、EMS-CHEMIE AG、FedEx Corporation、GNS Automotive、SL Corporation（如图 2-4 所示）。

2.3.2　氢能源战略领先竞争对手

生产替代品的其他企业，来自不同行业的两个企业，也有可能因为所生产的产品互为替代品，而产生相互竞争。这就不是同一行业内部的竞争行为，而是来自生产替代品的行业外部的竞争压力，在这种情况下，需要本行业的所有企业采取共同措施以及集体行动，共同应对生产替代品的其他企业。当前研发性价比高、款式新颖而且低碳环保的节能型汽车是全球车企行业面临的最大挑战。

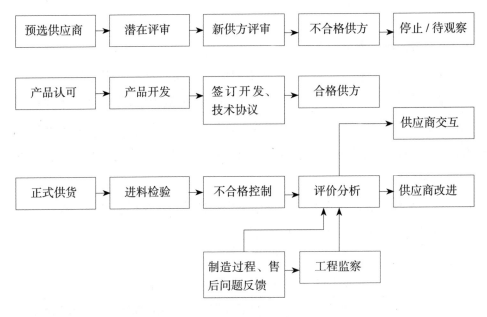

图 2-4　通用汽车 - 供应商关系示意图

从 2010 年开始，通用汽车就在凯迪拉克和土星系列轿车、Crossover（交叉车型）和轻卡中率先选配高燃油经济性的柴油机，以及一系列采用新能源的产品开发应用计划。

为了实现汽车与自然的和谐发展，通用汽车欧洲公司发布了全新的环境战略，应用新技术，提高内燃机效率，采取多样化的能源利用手段，在短期内降低二氧化碳排放量，最终的目标是实现零排放。

由于替代品生产者的侵入，通用汽车的产品售价和获利潜力都受到限制，因此通用汽车投资超过 10 亿美元开发氢动力燃料技术，让氢能源战略走出实验室，通过为新车型匹配新发动机等实践，实现氢能源汽车的量产。

2.3.3　海外市场、新兴市场的发掘

一次完整的销售过程，其中最关键的环节就是购买者的购买，购买者主要通过压价，以及要求提供更高的产品或服务质量，从而影响行业中现有企业的赢利能力。作为一家目标市场定位为全球的汽车企业，如何与本土因规模较小、成本较低而极具价格优势的卖方行业竞争，是通用汽车这样的跨国大型企

业面临的一大问题，毕竟原装进口汽车必须在购买方分流中分得一杯羹。

美国、日本等国家的汽车工业，普遍存在着产能过剩的问题，如何在这些市场中吸引购买者的目光，获得购买者的青睐，是通用汽车面临的又一难题。通用汽车销售量的70%来自海外市场，因为不同市场有不同的需求，所以通用汽车会根据市场的发达程度提供车型，同时，新兴市场的基础设施发展程度也不一样，例如一个国家研发能力、供应商体系、道路状况等水平也不一样。

中国市场是通用汽车重点关注的新兴市场，因为从2010年开始，中国市场就超越北美成为通用汽车最大的市场。中国对通用汽车的产品计划和产品有越来越多的发言权和影响力，为了赶上中国市场的发展速度，通用汽车时刻关注中国消费者的需求，同时尊重他们的消费需求，努力提供最好的产品，稳定扩大中国市场的步伐。

2.3.4 混合动力汽车行销全球

潜在新进入者，汽车行业内部各企业之间，既存在着竞争关系。更有一种相互联系的紧密合作关系，因为彼此之间的利益是一致的，整个汽车企业的发展战略也是一致的。而那些潜在的新进入者，会与现有企业产生冲突与对抗现象，进而加大现有企业之间的竞争强度。除了价格、广告、产品介绍等因素，还包括售后服务、车型等，都会影响竞争强度。

混合动力汽车是目前汽车行业都在争夺的一块市场，通用汽车耗费几十亿美元研发沃兰电动汽车，仅仅用于部件光电池和温度调控的费用就达2万美元。制造一辆汽车员工成本4000~5000美元，用于广告上的投入是5000美元，节油效果高达70%~85%，普通工人几个月的工资就可以买到，十分具有优势，这也是通用汽车能够行销全球的秘诀。

企业的优势竞争策略与营销策略、组织策略、收益性分析，同属于企业战略体系的一部分，以企业总体战略为指导。竞争战略主要是指管理具体战略经营单位的计划与行动。竞争战略就是企业竞争的谋略，核心在于通过解决客户需求、竞争对手产品及本企业产品之间的关系，奠定并维持本企业产品在市场上的特定地位。

2.4 组织策略分析：7S

企业组织建设是根据企业战略目标，通过合理企业的管理要素，明确其活动条件和范围，使之形成相对稳定而科学的管理体系。麦肯锡7S模型（如图2-5所示），是麦肯锡咨询公司提出的企业组织建设七要素，包括结构（Structure）、制度（System）、风格（Style）、员工（Staff）、技能（Skill）、战略（Strategy）、共同的价值观（Shared values）。

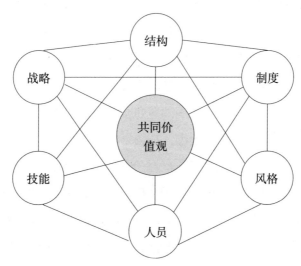

图 2-5 麦肯锡 7S 模型理论

以美国通用电气公司为例。通用电气公司是世界上最大的多元化技术服务公司，作为一家大型跨国公司，通用电气的业务遍及全球100多个国家，员工总数超过31万人。虽然通用电气的经营范围涉及器材、航空、商业等多个领域，是目前世界上少有的成功实施多元化战略的企业。

2.4.1 扁平化组织结构

通用电气公司董事长兼CEO杰克·韦尔奇从一上任就意识到，如果不改变企业的组织结构，那么花再多的钱打广告、搞宣传都对挽救通用电气的颓势无济于事。于是，韦尔奇着手进行了大刀阔斧的管理改革。

10年之间，韦尔奇裁撤了超过350个部门，缩减了7个管理层级，使之由原来的12层锐减到5层，此外，韦尔奇将原来的130名副总裁缩减至13名，副总裁裁汰率达90%，这在当时是前无古人的，相信极有可能也后无来者。这一番改革极大减少了通用电气的官僚主义，同时，管理的灵活性得到明显提高（如图2-6所示）。

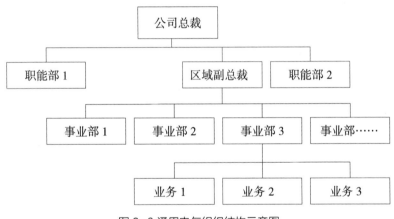

图2-6 通用电气组织结构示意图

在传统的层级结构组织中，各层级之间有着明确的界限，上级不被允许越级指挥，下级绝不可以越级请示汇报。不过，人们发现，按照这种组织结构，IBM总裁的指令如果要下达给最基层的工作人员执行，不得不通过18个管理层，这样一来，抛开时间上的成本不说，单是信息在传递过程中能否维持保真性，以及维持保真性的程度就值得商榷。

这时，扁平化布局应运而生。原先增加管理层次，形成的金字塔状组织形式，通过"压缩"形成扁平状的组织形式。通过扁平式结构，企业的组织架构编排成长方形状。原来不得不纵向发展管理层次的形式，变成了趋向于管理幅度的横向扩展。

2.4.2　人才培养

然而扁平化对于通用电气是灵丹妙药，对另一些企业而言似乎并没有这么神奇。归根结底就是企业人才没有得到应有的重视。按照韦尔奇的说法，优秀人才成就伟大公司。在韦尔奇时代，与大量削减员工数并行的，就是加强人才培养。

在那段时期，"造人"计划得到了通用电气前所未有的重视。韦尔奇工作的重中之重，就是无论花多少时间，都要与人力资源部一起，培养大批优秀管理人才。韦尔奇的努力颇有成效，通用电气公司因此被誉为"经理人的西点军校"。韦尔奇认为，缺乏坚实的人才基础，无论是六西格玛还是扁平化，都拯救不了通用电气。

扁平化组织的基本工作单位是一个团体，企业实行目标管理。随着决策权的下放，员工必须实行个人和企业的目标管理，自主决策，并为之负责。这样的结果是，每一个员工都在实际上成为了企业的主人。

扁平化组织的中心是以工作流程，围绕明确目标的"核心流程"，各成员共同为之努力，而不是以各自的部门职能为依据承担相应的工作。在扁平化组织中，各职能部门的职责逐渐淡化，员工们都以企业总体职责目标为自己的责任。

2.4.3　文化制度建设

扁平化改造能否成功，重点取决于企业内部的沟通顺畅与否。沟通的效率高低与企业能否取得持续的成功直接挂钩。根据对咨询公司的研究，一个有着持续优异表现的企业，内部沟通相对良好，企业内形成了一种开诚布公的讨论氛围，即使讨论的是对企业和员工而言最为困难，甚至最令领导者难堪的问题。

要形成这种利于沟通的企业内部环境，需要强大而健康的企业文化，为员工提供一个能够顺畅沟通的氛围。扁平化布局的企业并不排斥文化建设，相反，通过对文化的培植，不仅在企业内部形成自由、平等的风气，凝聚人心，还可以将文化力量转化为物质实力，增强企业竞争力。

韦尔奇总结通用电气公司成功的经验时说，比起多元化的业务，成就通用电气的还有统一的企业文化，坚信"梦想启动未来"和"想到，做到"。在通用电器工作的每一个人，都不会对企业的价值观有所怀疑，更不会违背。所以，在通用电器，统一的文化的作用，代替了统一的业务，帮助企业实现健康的发展。

作为企业生存、竞争、发展的灵魂，企业文化涵盖的内容十分广泛，同时也为企业的发展通过源源不断的动力。企业文化的核心是企业的精神和价值观。所谓价值观，是指在生产经营过程中，领导者、管理者、员工持有的价值观念（如图 2-7 所示）。

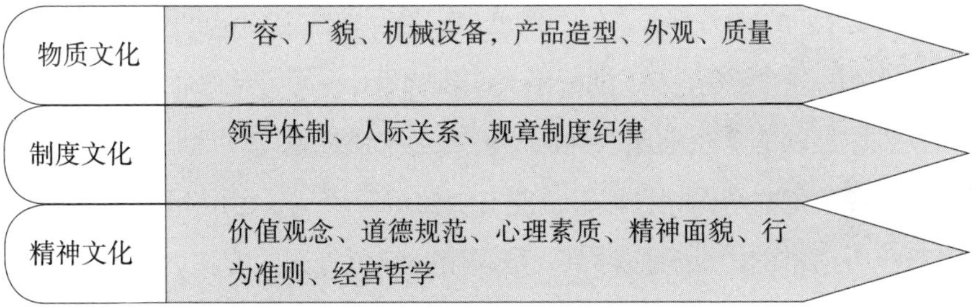

物质文化	厂容、厂貌、机械设备，产品造型、外观、质量
制度文化	领导体制、人际关系、规章制度纪律
精神文化	价值观念、道德规范、心理素质、精神面貌、行为准则、经营哲学

图 2-7　企业文化制度建设的三个层次

在企业中，扁平化布局就有利于信息的渗透和扩散，由此建立一个学习型组织。假设人是"自我实现人"，除了有社会需求外，还渴望充分表现自己的能力，并且发挥自己的潜力。所以，建立分权的决策参与制度，为员工选择具有挑战性的工作，就可以满足起自我实现的需要。这种以"地方为主"的扁平化布局，鼓励员工自我实现，形成相互理解、相互学习、互动思考、协调合作的组织集体，进而产生巨大而持久的创造力。

合理的组织架构能够保证组织内部信息传导效率和真实性，决策得到高效执行，组织部门科学合理。部门间责任划分明确，避免因企业内耗导致的各种企业病。同时，企业组织结构的变革能够有效维持企业的正常运作，最大限度地释放企业的能量，发挥组织的协同效应，最终达到"1+1>2"的高效运营状态。

2.5 收益性策略分析：MECE

MECE 分析法由麦肯锡咨询公司的首位女咨询顾问芭芭拉·明托提出，是将一个工作项目分解为多个工作任务，并确保各部分既保持各自的独立性，又确保所有部分的完整性。作为麦肯锡逻辑思维过程的一条基本准则，MECE分析法既要求问题的各部分在同一维度上"相互独立（Mutually Exclusive）"，又要求总体的"完全穷尽（Collectively Exhaustive）"，全面而周密。

收益性反映的是企业赚取利润的能力。收益性越高，说明企业赚取的利润越多，资产资本结构越合理，企业安全性相对较高。运用 MECE 进行收益性策略分析通常的做法有两种，一是采用类似鱼骨图的方法，首先确立主要问题，然后进行层层分解，直到找出所有疑问。二是利用头脑风暴法，确立主要问题后，围绕这个中心进行发散思维，找出所有可能的原因。

2.5.1 MECE 之鱼骨图分析法

以南林炼油厂为例，公司采用鱼骨图分析法解析其市场营销问题。该炼油厂产品存在的主要问题是在市场中所占份额少。根据现场调查，该炼油厂市场营销问题的原因，可以概括为 5 类，包括人员、渠道、广告、竞争以及其他因素（如图 2-8 所示）。

其中每一类因素下，又包含若干造成这些原因的可能因素，例如营销人员数量少、提炼出的销售点少、缺少宣传策略、进口油广告攻势等。将 5 类原因及其相关因素分别以鱼骨分布态势展开，形成 MECE 思维分析图。

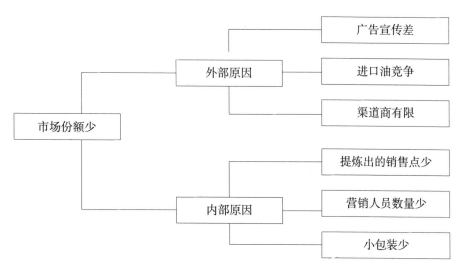

图 2-8 运用 MECE 分析南林炼油厂收益性策略

然后，营销团队需要找出产生问题的主要原因。为此，公司根据现场调查的数据，计算出每种原因，或者相关因素在产生问题过程中占到的比例，用百分数表示。例如，通过计算发现，"营销人员数量少"这个因素，在产生问题过程中占比35%，而"广告宣传差"占比为18%，"小包装少"占比为25%，这三者在产生问题过程中占到了78%的比重。因此可以认为这三个因素是导致该炼油厂产品市场份额少的主要原因。

从企业层面来看，收益性分析主要从企业损益表反映出来。但是，企业损益表只能反映企业的盈亏额，而不能从中判断因果关系和好坏程度。因此，可以采用 MECE 分析法，利用财务报表中的有关项目之间的联系，评价企业的收益性。

2.5.2 MECE 之头脑风暴法

以惠普公司为例，说明采用头脑风暴法进行 MECE 收益性策略分析的具体做法。惠普是入主世界上第一个高科技工业园斯坦福研究园的第一批公司之一，也是硅谷最有名的公司，本身代表着硅谷神话。长久以来，惠普和硅谷、斯坦福工业园这三个名字都紧紧地联系在一起，惠普也是斯坦福大学学生工作的首选。

惠普的创始人是威廉·休利特和大卫·帕卡德，他们身上体现出来的开拓者精神，以及两人最早工作的车库，都被赋予了创业的象征意义。后来，惠普将业务扩展至数码影像、医疗设备、计算机和打印机等版块，成为全球最大的信息科技公司之一，为全世界的用户提供计算机和资讯服务。

根据 2015 年 2 月 25 日惠普发布的 2015 财年第一财季财报（如表 2-4 所示），惠普第一财季调整后每股收益和营收均不及华尔街分析师的预期。利润仅占公司资产收益率（利润／资产）的 4.8%，占净利率（利润／营业收入）的 4.6%。

表 2-4　惠普 2015 财年第一财季财报

2015 财年	第一季度营收	与去年同期	运营利润率	总营收
个人系统集团	85.44 亿美元	基本持平	3.7%	140.87 亿美元
企业集团	69.81 亿美元	基本持平	15.6%	
软件部门	8.71 亿美元	下滑 5%	18.0%	
金融服务部门	8.03 亿美元	下滑 8%	11.2%	
总成本和支出	249.19 亿美元	低 12.38 亿美元		
现金流	7.44 亿美元	下滑 75%		

2007 年以来，惠普深陷"质量门"，股价暴跌，两天市值蒸发超百亿美元。惠普高层紧急启动调查组开展分析调查。结果显示，"质量门"暴露了惠普存在由来已久的管理漏洞。

在 TMT（Technology，Media，Telecom）产业中，每一个细分市场都会随着环境的变化而发生改变，特别是在科技领域，技术的发展日新月异，任何一个微小的变化都可能引起 10 倍速的变化，进而导致整个行业竞争格局发生改变。这也是惠普必须面对和解决的难题，应对的挑战。

伴随着软件的崛起和硬件的衰落这个不可逆转的趋势，惠普正在不断调整自己的发展策略。2014 年 10 月 6 日，惠普宣布，于 2015 年财年年底完成一拆为二，成为两家独立的"财富 500 强"上市公司，一家主营企业硬件与软件服务，一家主营 PC 和打印机业务。

一只火鸡之所以能享受每日准点喂食的幸福生活，是因为逃不掉留到感恩节被宰杀的命运。同样，一个企业如果沉迷于当前稳定的业绩，就此止步不前，那么最终会被市场所吞灭。企业必须始终关注收益，运用 MECE 进行收益性策略分析（如图 2-9 所示）。

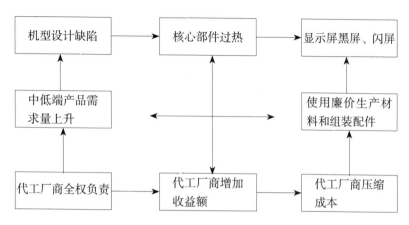

图 2-9　运用 MECE 分析惠普收益性策略

2.6　女王的新装：普拉达

提起普拉达，倒三角形铁皮标志一定会在人们脑海中浮现，因为普拉达标识已经构成了品牌联想，品牌形象深入人心，这也是普拉达的品牌价值，是普拉达的无形资产和竞争优势。2014 年，普拉达公司以市值 140 亿欧元领跑意大利奢侈品行业。普拉达以其高端定位和持之以恒的品质追求，成为成功女性的好伴侣。每一个穿上普拉达的女性，都会由内而外散发出女王气质，成为当之无愧的女强人。

1913 年，第一家普拉达精品店在意大利米兰著名的玻璃穹顶购物中心——维多利亚二世拱廊顺利开张，马里奥·普拉达瞄准了当时日渐繁荣的欧美交通和商业贸易，成功把普拉达发展为一家专营皮具和进口商品的家族品牌店。

2.6.1　标识来自意大利皇室盾徽

为了挑选奢华的旅行用品和相关配饰，马里奥的足迹踏遍欧洲，找寻精美的箱包、服装等，供意大利上层社会享用。后来，普拉达门店开始出售一些自己制作的精致旅行箱包和相关配饰。

不久，这家精品店的名字就在欧洲贵族和上流社会人士之间流传开来。随着名气的攀升，普拉达于1919年成为意大利皇室旅行用品的指定供应商，被授予意大利皇室塞沃家族盾徽和结绳标记的使用资格，成为普拉达品牌标识中的一部分。

渐渐地，普拉达成为代代相传的家族企业，名号传遍了整个欧洲。不过到了20世纪70年代，由于时尚圈环境发生了巨大变迁，普拉达在此过程中几近破产边缘。直到普拉达家族的第二代掌门人，马里奥·普拉达的孙女缪西娅·普拉达接手之后，普拉达才正式迈向全新的里程碑，成为享誉全球的奢华品牌。

缪西娅成功将普拉达从奄奄一息的家族品牌，塑造成世界时尚界的典范。作为普拉达的灵魂设计师，缪西娅将目光从传统的皮革面料，转向质轻耐用的空军降落伞专用尼龙布料，打造出黑色尼龙包，并一炮而红。

缪西娅的先生帕吉欧·贝尔特利出任普拉达的首席执行官，缪西娅负责设计，丈夫帕吉欧则负责经营。帕吉欧是一位充满创造力的企业家，建立了全球分销渠道和批量生产系统，他还巧妙地将现代化的先进技术融入到普拉达传统的品牌理念中，实现了传统与现代的完美结合，使普拉达成为经典时尚的代名词。

2.6.2　掀起少即是多的时尚革命

一直以来，手提包和鞋子并没有受到时尚圈的重视，但是普拉达却成功把这些搭配附属品推为公司的主角。通过规模化的专业制造程序和精细化小型作坊，普拉达相继推出风靡一时的尼龙手袋、皮鞋、女装，之后又推出男装、休闲运动装。

20 世纪 90 年代，普拉达主导了一场"Less is More（少即是多）"的时尚革命，致力于极简主义设计理念，推出制服美学般的简约摩登设计，在古典主义中注入时尚元素。1992 年，普拉达推出年轻副线品牌 MIU MIU，全力扩展自己的精品王国，将品牌版图拓展到全球。

普拉达的设计理念是，无论揉合了多少设计元素和风格，一定要能让人一眼就发现它们属于同一品牌，这也是普拉达的品牌策略。超越所谓的理性价值观，普拉达营造出一种有故事的品牌文化，通过机能与美学的融合，保持高贵而神秘的品牌理念，这是普拉达在与一众顶级奢侈品牌的角逐中脱颖而出的秘诀。

普拉达生产的每一件产品都保证让人感到舒适无比，因为所有产品都由代表着意大利最高水准的工厂制作。即使在创业初期，当时交通不甚便捷，马里奥仍然会坚持从英国进口纯银，从中国进口最好的鱼皮，从波西米亚进口水晶。为了保证每一件产品的高品质，马里奥亲自设计皮具，然后将图样交给以严谨态度著称的德国厂家生产，力求完美。

普拉达与时俱进，融合户外运动与时髦的设计，与一流的原料生产商合作，选用最高级的面料，设计推出真正的运动服。在强调品牌风格年轻化的同时，普拉达从来不敢对高品质和耐用的水准有丝毫松懈，推出简单摩登又不失经典怀旧风情的产品。

普拉达完整的售后服务系统，是其至今仍然坚守的传统。直到现在，几乎每隔几年，全球都会掀起一阵普拉达抢购风潮。普拉达的品牌口号是"女人喜欢普拉达"，当然，普拉达确实做到了这一点，成为最懂女人的品牌。

2.6.3 定位高端与细分市场

普拉达以高级皮革制品发家，并一直坚持品牌的高端定位。在价格上，普拉达要比大众品牌贵上十几倍乃至上百倍。产品定位高端，不仅可以获得高额利润，还可以提升品牌价值。在这个意义上来说，通过昂贵的定价实现的高端的品牌定位，带给消费者的主要价值除了产品本身的使用价值，还被赋予了个性与身份的象征。

　　然而，品牌定位高端也意味着目标市场往往相对狭窄，只能占据规模较小的细分市场。因此，定位高端的品牌必须要在满足消费者情感与自我表达愿望之间取得巧妙的平衡。因为目标市场狭小，意味着品牌面临着消费需求难满足的风险。在一定程度上，品牌定位高端，也意味着消费者购买该产品希望传达出个性品味、内心情感，也要求传递关于财富、成功的象征信息。

　　为了坚守高端传统和精品王国的形象，普拉达忍痛出售了其业务支柱芬迪工作室，因为其中的 Fendissime 系列主打青少年市场，因此定位于中低档。显然这一系列品牌对普拉达的高档形象带来了负面影响，因此普拉达全线暂停了 Fendissime 系列品牌产品的生产。

　　普拉达集团有完整清晰的品牌架构，除了核心品牌普拉达，还包括副线品牌 MIU MIU 、Marc Jacobs，各品牌针对不同细分市场，根据目标市场树立各自的品牌形象，满足不同层次人群的消费需求，实现品牌整体的协同效应。

　　普拉达的品牌形象不仅与现代人的生活形态水乳交融，全面贴合消费者的心理需求，而且，在设计过程中，普拉达从用料、颜色的选择与款式的制作，都与现代人追求实用与美观的心态相契合。通过在机能与美学之间取得巧妙的完美平衡，普拉达不仅是时尚潮流的展现，更代表着现代美学的极致。

　　品牌价值是衡量一个品牌好坏的标准。品牌价值是企业生产的产品或提供的服务能够为消费者所感知的那部分价值。一个具有品牌价值的产品或服务，已经成为消费者心中可感知的资产，构成品牌的竞争优势。消费者能够感知到企业的服务或产品的资产越多，企业的品牌价值越大，企业也可以从中得到更多。

　　因此，企业与消费者能够通过品牌价值实现双向沟通。品牌价值是品牌的精髓，能真正打动消费者的情感。如果消费者对某一品牌产生一种特有的情感，企业品牌就成为了情感品牌，这是品牌得以长盛不衰的关键。国际大品牌的成功，归根结底是因为情感化的品牌价值使其发展为情感品牌。

　　品牌价值的优势主要通过优良的品质体现，作为传承百年工艺的家族企业，奢侈界的守护者普拉达十分重视品质，因为只有品质才是赢得消费者的关键。从消费者利益的角度出发，才能打动消费者，这是成功的商业不变的原则。

第3章
逻辑分析的策略

2012 年麦肯锡发布了一份关于银行业的报告："全球银行业在 2007-2009 年的金融危机所受到的伤害仍未恢复，需要若干年才能发展出可持续盈利的新业务模式。"

对于这一现象，麦肯锡董事 Toos Daruvala 说："银行业即将发生重大调整，尤其是那些收入来源较少多样化、高度依赖净息差的银行。它们将陷入困境被迫出售。"

其实，无论是银行业还是其他行业，都面临着类似问题：企业的盈利模式、消费决策流程、品牌声誉保全、事业组合、成长策略等。企业商业系统决定了企业的盈利模式，企业生产的产品、面向的市场、实现的价值，决定了企业成长的空间和策略。

3.1 盈利模式分析：商业系统

盈利模式是对企业整个商业系统各经营要素的价值判断和管理，企业只有在经营要素中才能找到盈利机会，这是企业的利润来源。同时，盈利模式是企业通过整合资源，形成的一种实现创造和获得价值，进行利益分配的组织架构和商业系统。

以创业公司孵化器 Y Combinator 为例。Y Combinator 的商业系统，以及由此决定的盈利模式在高科技公司云集的硅谷自成一派。毫不夸张地说，Y Combinator 在硅谷的地位无人能憾。Y Combinator 本身是编程术语，原意为创造函数的函数，意味着这家公司的使命是"创造公司"。

3.1.1 天使投资人

对于创业公司而言，Y Combinator 绝对是理想的天使投资人。Y Combinator 成立于 2005 年，在 10 年之内成长为全球最具价值的孵化器，远远领先于包括大卫·科恩的 TechStars 在内的许多著名企业。

Y Combinator 孵化的创业公司总融资额超过 30 亿美元，市值加起来超过 300 亿美元，这意味着 Y Combinator 手中的纸面财富就达到了惊人的 10 亿美元。Y Combinator 为 842 家创业公司、1667 个创业者提供过资金支持。其中，有 4 家公司的估值已经超过了 10 亿美元，有 32 家公司的估值超过 1 亿美元。其中，Stripe 是最成功的创业案例之一，通过为客户提供网上支付解决方案，这家在线支付服务商估值达到 50 亿美元，是唯一一家能坐在家门口等着客户上门的公司。

Y Combinator 有着雄厚的种子基金来源。除了得到创业公司 6%~7%

的股份，还拥有红杉资本（主要投资方，顶级风险投资机构）、罗恩·康韦（Google 和 Facebook 的早期投资者）、保罗·布赫海特（Gmail 之父）等全球领先的投资方背景。2015 年 6 月 18 日，Y Combinator 新成立了一家 VC 风投基金——Y Combinator Continuity Fund，通过向初创企业后期阶段的发展投资，提高收益。

　　Y Combinator 关注的是处于种子阶段的创业团队，为此定期举行资助申请（Funding Application）活动。由创业团队递交项目相关资料，只要获得评审团的认可，Y Combinator 就按照 "$5000 + $5000n"（"n" 指愿意投资此项目的 Y Combinator 合伙人人数）的模式，为创业团队提供包括资金的相应帮助和指导。"n" 是指愿意投资此项目的 Y Combinator 合伙人人数。而作为回报，Y Combinator 占有创业团队股份的 2%~10%，一般是 6%~7% 如图 3-1 所示）。

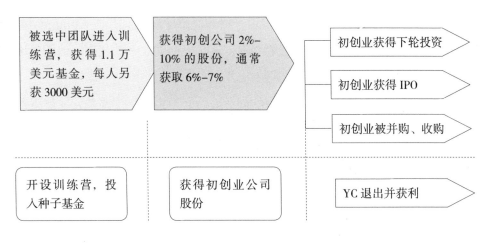

图 3-1　Y Combinator 盈利模式示意图

　　Y Combinator 一年为创业团队项目举办冬夏两次训练营。2015 年冬季，参与训练营的公司达到了 114 家。这些公司来自包括加拿大、英国、俄罗斯、新加坡、泰国等 17 个国家，创业者平均年龄 30 岁。

　　目前（如图 3-2 所示），Y Combinator 最青睐的领域是 B2B 市场和消费者市场，各自有 20 家公司，都占比 17.54%，其次是生物制药（18 家）、市场平台服务（14家）、企业市场（13家）、开发者工具（10家）、金融科技（9家）、硬件公司（6家）、非营利性组织（3家）和航空航天公司（1家）。

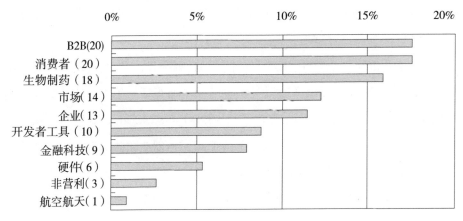

图 3-2 2015 年冬季参与 Y Combinator 孵化项目的创业公司类型统计图

Y Combinator 的联合创始人保罗·格雷厄姆曾说："如果 Y Combinator 是一所学校，而我是一名教授的话。我会随时根据创业者的状态向他们发出警告，看看他们是否处在挂科的风险中。"

因此，被 Y Combinator 选中的创业公司必须经过层层厮杀，才能得到投资人的关注，并最终获得创业所需的启动资金。其中，Stripe 可以说是 Y-C 最成功的创业案例之一，通过为公司提供网上支付解决方案，估值达到 50 亿美元，作为一家在线支付服务商，Stripe 是唯一一家能坐在家门口等着用户上门的公司。

3.1.2 创业孵化器

通过评审的创业项目，会得到 1.5 到 2 万美元的种子资金，参加 Y Combinator 为期 3 个月的创业孵化班。在这个创业孵化班里，创业者们每周都有一次与 Y Combinator 合伙人共进晚宴的机会，与他们交流自己创业项目的进展情况。

而且，Y Combinator 会定期邀请成功的创业者、风险投资者到创业孵化班演讲，创业者可以互相交流创业心得。整个创业孵化期间，乃至从孵化器毕业后，创业团队都可以通过向交流合伙人预约开放办公时间，交流遇到的创业问题。

两周之后，所有创业团队都有机会通过"项目模型展示日"向孵化班里的其他团队展示自己的项目创意，相互了解创业团队的工作内容并适时提供帮助，也为创业团队提供一个开始思考怎样展示自己工作成果的平台。

之后，所有创业团队都要站在一个投资人的角度，对其他团队的创业项目进行投票。所有创业团队的产品都在第五周左右基本成型，然后，Y Combinator 合伙人会找来媒体推广并发布创业团队的产品。

孵化班进行到一半时，红杉资本的合伙人受邀前来与各个创业团队交流，担任免费咨询顾问，为这些创业团队指出存在的问题，提前了解创业团队的总体情况，同时，创业团队也可以借这个机会近距离接触风险投资者，为下一轮融资做准备。

接下来，创业团队就要为最终的项目宣讲日（Demo Day）做准备。在这一天之前，Y Combinator 会安排彩排日（Rehearsal Day）和校友路演日（Alumni Demo Day），通过一个提前排练创业项目宣讲的机会。在 Demo Day 这一天，全世界许多知名的风险投资者、天使投资者都会受邀聚集在 Y Combinator 安排的地点，观看创业团队掩饰自己的创业项目，如果投资者对其中某个项目感兴趣，则可以在之后与创业团队私下接触交流。

之后，创业团队就可以从孵化班毕业，而在毕业之前，都或多或少可以从其他投资者那里拿到一轮融资。当然，毕业后的创业团队到底是继续发展壮大，还是面临并购清算的命运，则要看自己的发展前景。

商业系统，是能为企业的商业经济带来效益和获利的系统。从经济学角度讲，最佳的商业系统是指能够让一个企业以最低的投入，产出最大的回报的商业行为。企业的商业系统对于采取何种盈利模式，盈利模式的调整改善，以及盈利模式的产出效果等，都具有决定性作用。

3.2 消费决策流程分析：AIDMA 模型

企业的销售业绩在很大程度上取决于消费者的购买行为，因此，有必要从消费者的角度，进行消费决策流程分析。美国广告学家 E·S·刘易斯于 19 世纪末提出 AIDMA 营销模型（如图 3-3 所示）。AIDMA 营销模型也被称为消费者行为消费模型，指消费者从了解销售信息，到做出购买决策之间，大致要经历五个分析阶段：唤起注意（Attention），产生兴趣（Interest），激发欲望（Desire），留下记忆（Memory），付出行动（Action）。

图 3-3 消费决策流程分析的 AIDMA 模型

作为经典的消费者行为学理论模型，AIDMA 模型对企业的营销具有指导意义，尤其是在广告营销领域，通过与媒体合作，企业可以制定以"唤起注意（Attention）"为首要任务的营销策略。

3.2.1 就爱麦当劳

首要之务是吸引注意，唤起兴趣。只要一提起 I'm lovin' it 这句话，人们首先想到的是红发金衣的麦当劳首席快乐官麦当劳叔叔和标志性的金黄色拱门。作为全球最大的快餐连锁品牌，目前，麦当劳遍布全球 121 个国家和地区，共拥有超过 3 万家连锁店。麦当劳是如何从美国的一个乡间小镇发家，成长为让全球消费者都爱的快乐王国的呢？

凭借共花费2亿美元的广告营销策略，麦当劳成功吸引消费者关注。红透大江南北的I'm lovin'it对全球消费者都具有极大的影响力。I'm lovin'it不仅是麦当劳的经典广告语，也是最令人印象深刻的快餐店广告语。"就爱麦当劳"这个品牌概念已经存在了十几年时间，不仅让消费者记住了麦当劳，还会让消费者在不经意间哼起"BALABABABA"金曲。

麦当劳的广告片由广告大师李奥·贝纳亲自操刀。镜头里，一个坐在摇篮里的婴儿，随着摇篮一下一上一会哭一会笑。弄清楚之后才知道，原来这个小宝宝看到街对面的麦当劳招牌就笑，而在摇篮荡下时，由于看不到那个招牌，小宝宝就哭了起来。

I'm lovin'it这句听上去有点霸道的广告语，不仅吸引了全球消费者的关注，唤起了消费者的兴趣，还让更多的潜在消费者产生了渴望，帮助麦当劳在世界市场的成功。2015年4月份以来，麦当劳在全球范围内开展了一系列名为"Fun makes great things（乐趣创造伟大）"的活动，由麦当劳叔叔亲自站街，借此拉近与消费者的距离。

3.2.2 柜台高度92厘米

比引人注意更重要的是，在消费者心中留下记忆。麦当劳所有连锁店的服务柜台高度都为92cm，因为这是人体掏钱最方便的高度。由于总服务台设置在后门入口处，即使是不购买食物的消费者也可以在此免费落脚，不用担心因为不消费而导致的不必要的尴尬。麦当劳种种体贴入微的服务设置，都给人留下了深刻印象。

细心的消费者早已发现，无论走进世界上哪一家麦当劳，所得到的消费体验都惊人的一致。因为麦当劳承诺，其在全世界的门店装修、灯光都是一样的，甚至冲水马桶都是一个品牌。

因为麦当劳是从做汉堡起步的，作为麦当劳的主打食品，麦当劳对汉堡的原料有严格的标准，包括牛肉原料、蔬菜、三明治等各种食材，都有明确的保质期和保存期要求。麦当劳坚持"我们卖的不是汉堡包，而是服务"。

除了食品的质量，包括店面整体的氛围、环境，以及工作人员的服务态度等软性指标，麦当劳也向消费者保证精益求精。

麦当劳充分挖消费者追求良好用餐氛围的心理，努力为消费者营造一个轻松活泼而又温馨的环境，让消费者产生雅兴。当消费者走进麦当劳餐厅，基本上看不到桌椅整齐划一地保持一字排列，不过，桌椅的摆放也绝不是毫无章法。

麦当劳充分考虑了消费者的用餐心理，不仅注重个体的独立性，同时注重餐厅的活跃气氛，所以，每一副桌椅都巧妙地被安排在特定的位置：有的倚窗，能够将美丽的街景一览无遗；有的绕墙，能体会多一重乐趣；有的围成一圈，可以满足喜爱欢乐气氛的顾客，使之在有限的空间里享受到个人自由。

3.2.3 加加减减，随取随走

不能令人花钱购物的品牌，就不算好品牌。正如宣传的那样，麦当劳已经卖出了数十亿的汉堡。了解到消费者越来越关注体重、健康等心理，麦当劳为每一种食品标明所含碳水化合物、脂肪等。同时，麦当劳鼓励消费者根据自身情况，通过"加加减减"的健康用餐方法，挑选合适的套餐搭配。

为越来越多外出驱车的消费者用餐考虑，麦当劳在高速公路两旁和郊区也开设了众多分店，并设置麦当劳汽车餐厅"麦当劳得来速"（Drive - Thru）。消费者只需打开车门便可点餐，一手交钱，一手取货，马上驱车上路。而且所有食物、餐具都用塑料盒或纸袋包好，避免倾倒、洒出。

因为消费者不仅关心食物的品质，也关心价格是否公道。因此除了营养丰富，麦当劳还保证价格合理。现在，麦当劳每天在全球吸引了大约 4000 万消费者的光临。麦当劳不仅代表着美国文化，成为美国服务的标志，更引领了一个新的全民消费时代——快餐文化，始终"提供更有价值的食物和服务给消费者"。

运用 AIDMA 模型，企业可以通过形象吸引法、口才吸引法、动作吸引法、产品吸引法等，唤起消费者的注意。然后，企业需要让消费者对产品品牌产生兴趣，具体可以使用示范法、对比法、参与法等。为了激发消费者的购买欲望，企业需要详细诉说产品的使用价值，强化客户的购买情感，并列举大量论证。

如果品牌本身已经有一定知名度，企业可以通过品牌识别、企业形象等在消费者心中留下记忆。最后，为了让消费者付出实际的购买行动，企业需要判断成交的时机，决定采用直接成交法还是间接成交法。

3.3　品牌声誉保全：道歉启事架构

品牌声誉包括三个基本要素：品牌形象、组织认同和期望认同，是这三者之间的协同平衡，使各个利益相关方形成对产品品牌正面的认知、评价和情感联系。具有良好声誉的品牌拥有更多的商业优势，包括人才、客户忠诚度、利润等方面，有利于巩固企业的竞争地位，是企业的无形资产，也是企业实现战略性竞争优势的法宝。

然而，品牌声誉也会遭遇负面影响，引发品牌形象、组织认同和期望认同三者之间的失衡，这时，需要企业的道歉启事架构保全品牌声誉。道歉启事架构是企业应对品牌声誉危机的有关机制。美国危机管理专家罗伯特·西斯提出的道歉启事架构 4R 模式（如图 3-4 所示）：缩减（Reduction）、预备（Readiness）、反应（Response）、恢复（Recovery）。

可是，大多数企业并没有认识到这一点。例如由于互联网的发展，信息的不对称导致的戴尔公司"邮件门"事件。宝洁公司旗下的 SK-II 高档化妆品因含有有害成分而遭到禁售，使宝洁公司品牌声誉和产品品牌形象受到影响。

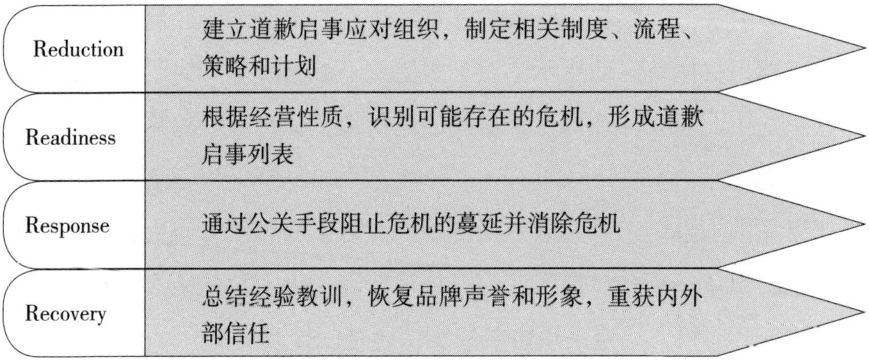

图 3-4　企业道歉启事架构 4R 模式

3.3.1　世界 500 强也做得不够好

世界最受尊敬的公司之一谷歌因为与用户步调不合，而遭到用户的猛烈批评。当然，谷歌不是声名受损的唯一品牌。信贷危机爆发后，投资银行高盛的公众形象也遭到损害，被描述为"缠绕在人性面孔上的巨大吸血乌贼"。英国石油（BP）因为对墨西哥湾原油泄漏事件事缺乏公共关系和危机管理战略，品牌形象遭受进一步损害。

比建立品牌声誉更难的是保全品牌声誉。大部分企业在度过了最初的迅速成长阶段后，都会忘记调整自己的战略，以至于在发展壮大阶段仍然抱着机会主义心态，而没有考虑到长期的愿景和战略。

甚至包括连锁咖啡店星巴克，由于非常善于满足客户需求顺利度过上升期。然而在发展过程中，星巴克过于重视门店的数量，不断开设分店，以至于失去了对核心顾客的体贴，傲慢也在不知不觉中滋生。因此在英国等部分市场，星巴克的品牌形象和声誉都直线跌落。

企业难免遭遇品牌声誉受损的事件，与其采取掩饰隐瞒或者沉默以对的策略，不如通过构建完善的道歉启事架构，迅速而坚决地执行问题解决方案。因为品牌声誉保全的过程，正是消费者体验与认知重塑的过程。

3.3.2　泰乐诺胶囊事件

美国强生是目前世界上规模最大的多元化医疗保健和个人护理用品公

司，2014 年全球营业额 713 亿美元，产品行销全球 175 个国家和地区，员工数量接近 13 万人。

强生的拳头产品泰乐诺胶囊曾一度卷入一起中毒死亡事件，有 6 名芝加哥地区的居民因为服用泰乐诺胶囊身亡。事件发生后，各大媒体、药店、医院等，打爆了强生公司的电话。强生立即撤回成批的泰乐诺胶囊，同时提醒大众在事件尚未清楚之前谨慎购买泰乐诺胶囊，泰乐诺胶囊产品在全美药店和医院下架。

强生动用 100 名 FBI 和伊利诺斯州警员，调查这起毒物污染事件。最终事实证明，责任不在于强生的产品。为了尽快消除危机对公司的影响，强生将此次事件处理工作提升到公司的议事日程上，并制定详细计划，采取澄清事实、评估并遏制危害、恢复产品信誉三个步骤，使泰乐诺胶囊产品重振雄风。

一向保持低姿态的强生求助于媒体，发布最及时准确的信息，了解事件进展，防止伤害扩大。强生还调动 25 名公关专家，协助当地媒体和分公司，向消费者传达产品撤回的信息，防止形势进一步恶化。

为了掌握毒害事件的真实情况，强生进行了一项民意调查，集中力量稳住常客，同时逐渐渗透到其他客户群中，通过广告，承诺公司的产品质量，以重新赢得消费者的信任。为了杜绝此类毒害事件再次发生，强生设计了一种防破坏包装。

强生面对危机的果断和效率，对比一些日本企业，如东芝笔记本电脑事件、三菱越野车事件等，采取的拖延战术，明显更具有诚意，也显示出公司高度有效的道歉启事架构。品牌声誉保全没有商量的余地，这是强生构建高效道歉启事架构的原因。

3.3.3 道歉启事架构执行委员会

作为一家如此庞大的跨国企业，强生多元化战略的成功实施必须建立在快速而有效的道歉启事架构基础之上。强生的高层就是一个道歉启事架构执行委员会，由包括总裁、8 名副总裁，以及 3 名全球主席在内的 12 人组成，分管制药、医疗器械、个人护理用品三大部门。

与集中性组织不同，采取这种分散型组织，极有可能面临控制力不强的挑战。不过强生用实践证明，公司的执行力并没有因此而受到影响。尤其是在品牌声誉保全管理中，强生高效的执行力和快速的反应力，使公司渡过一次次难关。

为了保证进一步的快速执行，减少时间上的延缓，强生采用分权式管理。强生的分公司都尽量保持小而独立，从研发、生产、行销到配销，都由各分公司自行负责。通过并购加入的新公司，也可以后维持其独立性，能够从现有组织中分设独立的公司。小而完全授权的单位，不仅在创造新产品、开发新市场上占据优势，而且执行起来果断迅速，能够减少很多不必要的环节。

采用如此高效的道歉启事架构，所以，在同类型的辉瑞、雅培实验室等纷纷收缩业务规模的情况下，强生CEO亚历克斯·格斯基宣布，强生将进一步扩张经营规模，尝试抓住每一次机会，提升公司的价值，更保证快速的道歉启事架构执行力。

高效的道歉启事架构核心在于三个流程，即人力资源流程、战略目标流程和运营监管流程。保证快速高效的道歉启事架构执行，需要将这些流程紧密地结合，并实现良性的循环。在这三个流程中，员工的责任心、执行的能力和健全的保障制度，对于道歉启事架构的执行至关重要，是影响品牌声誉保全的关键因素（如图3-5所示）。

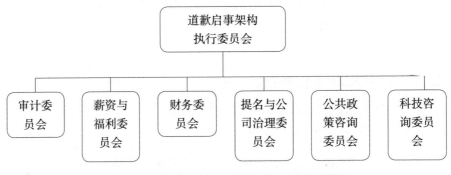

图3-5　强生道歉启事架构执行委员会各执行部门

3.4 事业组合分析：PPM 矩阵

采用 PPM 矩阵对企业的事业组合进行分析，首先需要明确四个概念：一是随着市场发展逐渐步入衰退期，即将为市场所淘汰的"问题产品"；二是新进入市场，具有高增长盈利空间的"新星产品"；三是正处于盈利的全盛时期，是企业目前资金流量支柱的"现金母牛"；四是已经度过成熟期，具有有限盈利的"瘦狗产品"（如表 3-1 所示）。

表 3-1 PPM 矩阵

	事业组合特性：PPM 矩阵			
	生命力	奔跑速度	价值	前景
问题产品	弱	慢	低	衰退
新星产品	不稳定	快	不确定	明星
现金母牛	强	慢	高	金牛
瘦狗产品	弱	慢	低	猎狗

在企业的事业组合中，新产品是一个激动人心的名词，不过同时也是一把双刃剑。据统计，在美国这个商业十分成熟的市场，93% 的企业失败因素都与新产品有关。对此数据进行分析，主要原因有两种，一是新产品超出市场需要，如美国著名的铱星通讯；二是新产品的商业运作失败，这是主要因素。说明营销在很大程度是决定新产品成败的关键，也应了营销界的一句格言："世界上没有卖不出的产品，只有不会卖的思想"。

无论企业规模大小，最终都将实现成长发展，区别仅在于速度上的不同。初创型企业需要从研发更专业、更精尖、差异化的新产品为出发点，才能增加赢得市场竞争，尤其是与大企业进行竞争的胜算。依靠跨级事业组合布局、创新性产品抢占市场，是企业制胜的绝招。大名鼎鼎的苹果公司就是鲜明的例子。

3.4.1 苹果三级事业组合布局

苹果从来不属于新兴战略性产业，却是全球跨产业事业组合的典范。从传统的制造、IT、通信、计算机等领域，到新兴的娱乐、金融、证券、艺术等领域，业界甚至直接将苹果的事业组合布局命名为"苹果模式"。

苹果构建了一个"持续的、跨界别、跨产业"的复合式创新体系，而不仅仅停留在销售一款产品的层面。苹果通过不断渗透到其他领域，向消费者传递一种文化理念、倡导一种生活方式、供给一个强大平台。

创立之初，苹果主要开发和销售个人电脑，推出了第一代苹果电脑 Apple I。1977 年，公司联合创始人沃兹成功设计出更先进的 Apple II，并在首届西岸电脑展览会上推出，成为人类历史上第一台个人电脑。Apple II 也是首个拥有输出单声道声音架构的个人电脑，让个人计算机从此摆脱哑巴的嘲笑。

之后，苹果推出 Apple II 的多种改良型号，其中有苹果 IIe 和 IIgs 等，一直到 20 世纪 90 年代末期，仍然为许多学校使用，也成为个人计算机的代表之作。而真正颠覆苹果公司的则是后来的三级事业组合布局（如图 3-6 所示）。

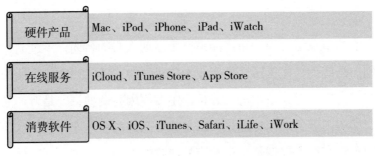

图 3-6　苹果公司三级事业组合布局

短短十几年，苹果公司就从一家个人电脑开发和销售公司，发展成为集设计、开发和销售消费电子、计算机软件、在线服务和个人计算机于一身的科技巨擘。全球市值最大公司、世界最具价值品牌、世界 500 强公司，都不足以形容这家科技公司，因为，苹果正如公司的口号一样，不断探寻自己的"Switch（变革）"之路，因此，任何一种荣耀都不能够定义苹果公司。

3.4.2 创新性产品

在 2015 年的日内瓦车展上，一辆很可能永远都不会问世的汽车成为全场焦点——苹果汽车（Apple car）。苹果公司即将进入汽车制造业的传言，让各大拥有 1 个多世纪的不断研发汽油车的老牌汽车厂商也开始怀疑，自己能否在打造未来汽车上继续保持优势地位。

虽然科技公司在汽车制造业扮演的角色尚难断定，但是，苹果寻找试验场地跨界造车的消息还是引起了业内外人士的极大震动。外媒甚至预测，苹果将在 2020 年正式发布其制造的第一款无人驾驶汽车。毫无疑问，科技巨头苹果会催化智能汽车业一系列新变革。

在过去的 15 年中，每次苹果公司推出重磅新产品，都会造成相关产业领域既有格局的全面颠覆。1984 年发布的麦塔金电脑不仅改变了苹果公司，更改变了整个计算机产业。2001 年，第一代 iPod 的问世不仅改变了人们听音乐的方式，更改变了整个音乐产业。2007 年，苹果在旧金山举行的 Macworld 展会上发布了第一代智能手机 iPhone，一问世便冲击了以通信为主的传统功能手机行业，同时引领了消费者移动办公和移动娱乐的新观念。2015 年 4 月正式上市的智能手表 iWatch，则在可穿戴设备行业中开辟出了一块可观的市场。

毫无疑问，依靠其 iOS 生态圈，苹果公司得以睥睨天下，不过，苹果的成功绝不仅仅依靠 iOS，其三级事业组合布局才是强大的根本。可穿戴设备 iWatch 刚刚推出，苹果公司就马不停蹄地涉足电动汽车领域，成立了一个秘密研发中心。或许借助 iCar，苹果公司将引领新一轮的产业革命。

3.4.3 攻击竞争对手原则

苹果公司几乎每一次推出新产品，都是采用与微软、英特尔和惠普等软硬件厂家同类产品进行对比的策略，来说明自有产品的优越性。特别是在乔布斯回归苹果公司之后，个人消费型计算机 Mac 与个人计算机 PC 之间的博弈更是采用广告策略进行博弈的经典。

惠普曾发布一则广告，一名青年组装惠普 PC 产品，很快便完成网络浏览任务，以此显示惠普不仅操作快捷，而且设计一体又简洁。不过，苹果发布的广告是，一名儿童组装 iMac 产品，接着完成网络浏览任务，旁边的计时器显示，时间比惠普的青年用时缩短了一半。

苹果发布的 Get A Mac 系列广告更是用一名朝气蓬勃的青年代表 Mac，而用一名大腹便便的中年男子代表采用 Windows 操作系统的 PC 电脑，两相对比，孰优孰劣立见分晓。

在微软和苹果竞争的前 20 年，苹果公司一直处于下风。1997 年时，苹果公司更面临生死存亡。不过，后来局势发生了显著的变化，在乔布斯离世之前的 15 年里，苹果公司扭转了颓势，在个人计算机之外的市场占据主导地位，包括音乐播放器、智能手机、平板电脑等。之后，苹果一直所向披靡，还用 iTunes 击垮了索尼，用 iPhone 击垮了诺基亚。

苹果公司直言，微软需要解决的核心问题是没有品位。苹果公司也在亚太市场本土运营商的 3G 大战中渔翁得利，群雄逐鹿的最终赢家有且只有一个：既赚人气又赚钱财的苹果公司。运营商们迫于竞争压力不得不向消费者提供苹果手机补贴，而苹果"能从任何运营商那里拿到它期待的定价。"

运用 PPM 矩阵进行事业组合分析，最重要的一点是针对竞争对手的产品线进行攻击，在产品的研发、营销中，突出"攻击型产品""防火墙产品"。攻击目标主要是竞争对手的"现金母牛"和"新星产品"，从价格、性能、外观、销量、卖点等方面，选取对本企业有利的指标攻击对手。

3.5　成长策略分析：产品·市场矩阵

以产品、市场作为两大基本面向，策略管理之父伊戈尔·安索夫博士提出企业成长策略分析矩阵，因此，产品·市场矩阵也被称为安索夫矩阵，是应用最广泛的营销分析工具之一（如图 3-7 所示）。安索夫矩阵是以 2 X 2 的矩阵，表示企业增加盈利的四种选择，其主要的逻辑是企业可以通过四种不同的成长性策略实现增加收入的目标。

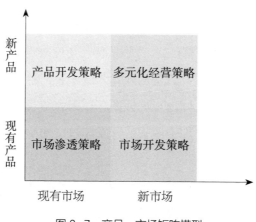

图 3-7　产品·市场矩阵模型

产品·市场矩阵的核心是产品市场的多元化战略，但在实行多元化经营策略之前，需要进行四个方面的考量：（1）在现有市场上，现有产品是否还可以获得更多的市场份额（市场渗透战略）；（2）企业是否能为现有产品开发一些新市场（市场开发战略）；（3）企业是否能为在现有市场下发展一些新产品（产品开发战略）；（4）企业是否能够利用自己在产品、技术、市场等方面的优势，从横向扩展和纵向深入，发展一体化战略。

3.5.1　从掌机大厂到手游大厂

自从公开的 2013 财年财报显示 137 亿日元的亏损额之后，日本最知名的游戏厂商 Square-Enix 便决定进行战略转型，重新规划公司游戏开发。之前，Square-Enix 主要从事开发周期长、规模庞大的高清游戏开发，而现在，公司开始转向智能设备终端，并针对不同国家和地区开发合适的游戏。

转型之后，Square-Enix 首要的任务是扩展手游市场，其中《战国 IXA：千万的霸者》成功从页游移植到智能手机平台，而另一个游戏《扩散性百万亚瑟王》，也从日本火到了韩国、中国市场，成为占据 iOS 综合收入排行榜第一的手机平台游戏，单天最高收入 18 万美元。可见，Square-Enix 公司主要将战略重点转移至中日韩等亚洲市场的手机游戏和社交游戏开发是正确的选择。

因为之前高清游戏的开发使得整个销售过程变得十分缓慢，还拉长了投资变现的周期，如何增加销售额是 Square-Enix 面临的最主要的问题。而 2013 财年的失利，主要原因有二：一是从营收角度来看，其开发出的成品游戏销售业务模式落后而僵硬；二是从开发角度来看，游戏开发周期过长造成投资增长与投资无法变现之间出现恶性循环。因为游戏开发周期过长并不符合时下游戏玩家的心理，再加上漫长的开发和过少的游戏情报曝光，让消费者感受不到公司的诚意。

所以战略转型之后，Square-Enix 改变了之前把消费者丢到一旁一直到游戏完全开发完毕的模式，而在游戏开发和发售的一定周期内就与游戏的消费者保持频繁的互动。作为变革思维的一部分，Square-Enix 首先选择加快游戏发售速度，同时将开发精力转向智能机设备。2014 年也是 Square-Enix 加快移动游戏开发最关键的一年，通过内部重组，Square-Enix 将更多的精力放在移动游戏的开发上。

3.5.2　家用主机平台策略的失势

之前，Square-Enix 曾经将 NDS 掌机作为自己游戏的主要平台，在旗下的 9 大平台上共 95 部游戏，其中 NDS 掌机平台上的游戏共占 56.8%，此外有 13.6% 的游戏在 PSP 掌机平台上，这两个掌机平台上的游戏加起来占据了 Square-Enix 所有游戏中的 70% 以上。

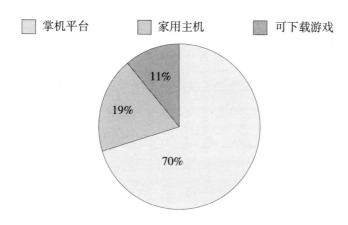

图 3-8　Square Enix 公司游戏发布平台统计图

从图 3-8 可以看出，Square-Enix 只有 19% 的游戏出现在家用主机平台，包括 Wii，Xbox 360 和 PS3，而且基本上是重复的作品，例如《最后的神迹》《最终幻想 13》。虽然 Square-Enix 曾经靠这种模式实现盈利。不过却是日本唯一一家选用了这种策略的大型游戏公司，而包括 Capcom 在内的其他游戏大厂则从来不会吊死在一棵树上。

纵观日本游戏市场，其智能机游戏市场规模排名全球第一，而掌机和家用机规模远远不如智能手机。可见，只要保证不放弃重量级游戏作品的制作，同时将主要精力转向手游开发，确实是 Square-Enix 目前最好的出路。

根据日本知名 IT 公司 CyberAgentGroup 集团旗下的 CyberZ 的调研报告，手游市场占了整个日本游戏市场的 50%，并且是传统家用主机游戏市场规模的 2.2 倍。而且，日本也超越美国成为世界手游消费第一大国。

其中，63.3% 的游戏玩家表示没有玩过国外手机游戏，60.3% 的用户只玩 app 游戏，而只玩网页游戏的占比 15.1%，有 24.6% 的用户两者都玩，所以目前日本手游市场的主流是 app 游戏。

手游市场迅速的增长势头和市场规模的扩大，也是日本传统游戏厂商纷纷转型开发手游的主要原因。不仅仅是 Square-Enix，包括世嘉、万代南梦宫、卡普空等游戏厂商，都开始了大力开发手游，并减少家用机游戏的开发力度。

3.5.3 美国老牌游戏厂商 Atari 的破产

随着大数据的发展，手游成为市场的大趋势。由于手游具有研发和营销成本更小，而变现速度更快的特点，与主机游戏、PC 客户端游戏和网页游戏比起来，手游的特性非常适合单款产品的突破。而且对于逐渐走向没落的老牌游戏产商来说，手游也是其应该抓住的救命稻草。否则，只能遭受游戏公司的鼻祖——美国老牌游戏厂商 Atari 一样的命运。

2013 年 1 月，Atari 公司分别在美国和法国申请了破产保护。Atari 公司于 1972 年创立，推出首款街机 Pong，以简单的点线接口仿真打乒乓球的游戏，奠定了街机始祖的地位。公司成立的第二年，苹果公司创始人史蒂夫·乔布斯以技术人员的身份加入 Atari，为游戏泛泰（Break-out）制作电路板。1976 年，Atari 被转卖给华纳兄弟唱片公司。同年，乔布斯离开了 Atari，创办了苹果电脑公司。

1978 年，Atari 推出了自己的第一台个人笔记本电脑。而这也是 Atari 最后的美好时光，之后，随着游戏市场的竞争日益激烈。终于，美国电视游戏市场于 1983 年彻底崩溃，其中以 Atari 的亏损为代表，因此人们称"1983 年北美电视游戏市场崩溃"为 Atari Shock。之后，Atari 几经坎坷，最终被法国英宝格公司以每股 1.68 美元、总值约 1100 万美元的价格收购，不过仍然没有改变 Atari 衰败的命运。

与经营管理策略不同，成长策略分析是企业战略管理的一部分，而战略管理是动态的、连续的，贯穿企业战略决策到实现的全过程。企业能否在市场中生存，由环境、战略和组织三部分共同决定，只有当这三者协调一致、相互适应时，才是有效的企业战略。

3.6　蓝色巨人 IBM 的重生之路

　　从 1911 年创立伊始，蓝色巨人 IBM 主导计算机行业几十年。之后，更经历了从制造业向服务的转型，走过了漫长曲折的变革之路。2015 年第三季度 IBM 营业收入同比下降 14% 至 193 亿美元，低于此前调查分析师预期的 196 亿美元。IBM 股价更创 5 年新低，跌至每股 140.64 美元。

　　IBM 的转型之路并不是一帆风顺的。因为 IBM 的规模大于同类型的科技企业，因此在转型的同时，为了维持企业正常运转，需要维护现有业务（70% 的营业收入来自于传统业务）。现在，传统业务普遍增长下滑，而数据分析和云计算等新业务的发展不足以抵消传统业务的亏损，所以出现短期的销售下滑是正常现象。也许要看到 IBM 转型的曙光，至少还需要几个季度的时间。不过相较于此前的持续亏损，IBM 的转型已经小有成效。

3.6.1　从制造业到服务：整合式服务网络构建

　　1992 年对 IBM 来说是灾难性的一年，财年年度亏损达 49.7 亿美元，是当时美国最大的年度公司亏损。这一事件给了 IBM 沉重一击，一方面，IBM 意识到企业正面临着内部管理问题。包括对客户需求的认知上的缺乏、组织僵化等原因，导致 IBM 服务组合并不能反映市场需求，反过来，服务合约的收入和利润也不能满足 IBM 的预期。

　　另一方面，多种迹象显示，传统的软硬件产品已经不能满足客户日益增长的服务需求，因此 IBM 核心市场利润不断下滑。而硬件和相关服务的日趋商品化，戴尔和捷威等公司推出低价 PC 的发展战略，导致 IBM 市场份额遭到新竞争对手的不断蚕食。

因此 IBM 遭遇了史无前例的 3 年亏损，总额达 160 亿美元，随时面临被拆分的危险。1993 年，Nabisco 前 CEO 路易斯·郭士纳临危受命，出任 IBM 新任 CEO，并发现，由于市面上大量涌现商品提供商，客户更期望将单一功能的、分离的系统整合起来。

路易斯·郭士纳由此切入，提出 IBM 转型计划，将业务重点从硬件等单点捆绑式产品与服务提供转变为整合可变式服务方案，为企业构建服务网络。同时，路易斯·郭士纳将原来臃肿不堪的统筹部，分拆为几个独立的业务部门，涵盖保险、零售、运输、医疗保健，以及金融等产业（如图 3-9 所示）。

图 3-9　IBM 整合式服务网络

转型之后，IBM 更致力于帮助企业高层解决与企业业务价值相关的问题，包括为企业增加收入和利润、降低企业人力成本、管理资金及固定资产投资等。为实现这一目标，IBM 进行了全方位的改革，例如为具有丰富服务管理经验的人才提供发挥平台，完善服务供应链和实施系统，甚至愿意在服务部门成熟之前承担长期的亏损。

整合式服务网络构建转型让 IBM 赢得了不少战略型服务合同，例如与消费品品牌宝洁公司签订的为期 10 年、价值 4 亿美元的全球协议。凭借这份协议，IBM 为宝洁公司近 80 个国家的近 9.8 万名员工提供包括工资、福利津贴、差旅等方面的整体性管理服务。

同时，IBM 还为宝洁公司提供人力资源数据开发和应用管理服务，帮助宝洁公司专注于其核心业务。如果没有整合式服务网络的构建，IBM 根本不可能为企业提供如此大型高效的整体解决方案。

转型让 IBM 尝到了经济上的甜头。2008 年，IBM 税前利润突破纪录，达到了惊人的 167 亿美元，成为当年全球最赚钱的公司之一。服务也从 26% 的收益额比重上升为 56%，成为 IBM 业务的核心。

3.6.2　时间和资金上的赌注：与惠普的竞争

除了整合式服务网络构建转型的考验，蓝色巨人 IBM 还要与全球性资讯科技公司惠普展开激烈的竞争。据 2015 年《财富》杂志世界 500 强，惠普（第 53 位）自 2006 年来在营收上首次超过 IBM（第 82 位）。

从表面上看，两家公司有诸多共同之处，不仅代表着现代高科技行业技术的领先品牌，与不同规模的公司建立并保持着合作关系，而且，两家公司都在全力争夺有着长期增长前景的云计算和大数据市场。

然而，两者却选择了不同的发展道路。经历了长期困境的惠普正处于为期多年的复苏中，而 IBM 却在实施 20 余年前制定的长期转型计划。IBM 的领导层因此一直保持着相对的稳定，更追求长期的事业发展。IBM 现任 CEO 罗睿兰明确表示更乐意执行前辈制定的战略——整合式服务网络构建，当然也可以在需要时更大胆一些。

从 2004 年将 PC 部门出售给联想后，IBM 已经显示出摆脱对硬件依赖的决心。然而惠普却坚持软硬件并举，于 2002 年耗资 250 亿美元收购康柏计算机，以及其后的两件百亿美元级的收购。

与惠普采取的巨资收购策略不同，在 IBM 的多次收购中，只有一次收购超过了 20 亿美元，即在 2008 年以 50 亿美元收购商业智能软件制造商康格诺。而其他的收购都是处于 10 亿美元级，包括以 16 亿美元收购的互联网安全系统 ISS，以 17 亿美元收购数据分析公司 Netezza 等。

此外，为了应对甲骨文和戴尔等在内的科技巨头的竞争，IBM 选择与苹果公司合作，为苹果 iOS 系统推出 100 多种企业应用。IBM 也与当前炙手可热、估值达 10 亿美元的创业公司 Docker，以及云存储服务提供商 Box 结成全面合作关系。

IBM 可以让其他企业知道，当这些企业向科技新时代推进时，IBM 能够为其提供咨询、基础设施和软件专业技术。而惠普找到了谷歌，基于 Google Apps 云计算办公套件展开深度合作，为小企业提供文字处理和文件存储服务。

从两家公司在金融市场上的表现来看，IBM 股价总体维持上涨趋势，而惠普股票则下跌了 29%，IBM 每股价格是惠普的 5 倍，而且 IBM 的市值是惠普的 6 倍。从双方用于研发新技术的费用（与科技巨头未来更相关的单一指标）上考量，IBM 3 年内的研发费用共计 180 亿美元（仅芯片研发就占去 30 亿美元，还包括免费数据分析技术研发），占同期营收的 6.0%。而惠普投入 90 亿美元，占营收的 2.5%。

路易斯·郭士纳本人将 IBM 的重生之路称为时间和资金上的赌注，从目前的结果来看，经过 20 余年的投入，IBM 转型已经初见成效。现在，IBM 已经发展成为拥有 38 万员工，业务遍及全球 160 多个国家和地区的全球最大的 IT 公司。

第二部分　从问题发现至问题解决

　　无论是在企业管理、日常工作，还是个人生活中，问题的存在都是在所难免的。当出现问题时，理智的企业管理者必须解决问题。发现问题是解决问题的首要环节，麦肯锡咨询公司认为，发现问题比解决问题更重要。发现问题需要掌握一定的分析方法。同时，发现问题的目的是解决问题，问题的解决同样需要运用一定的方式方法。本文的第二部分详述从问题发现到问题解决的方法步骤

以分析发现问题

　　发现问题是解决问题的前提、基础，能否发现问题是决定企业能否走出困境、解决难题的关键一环。麦肯锡公司职员皮特认为："问题的发现基于一定的能力，以及一定的分析方法。掌握科学合理的方式方法，才能正确发现问题、善于发现问题。"

4.1 发现问题的能力

发现问题往往比解决问题更为重要，因为解决问题可能只是管理上的技巧问题，而发现问题，则需要以新的眼光看待旧问题，不仅需要创造性的想像力，更标志着管理上的真正进步。对于企业管理者来说，能不能发现问题是关乎水平高低的问题。

问题分为看得见的问题和看不见的问题，三流的管理者发现不了任何问题，二流的管理者能够发现看得见的问题，而只有一流的管理者才能既发现看得见的问题，又发现看不见的问题。例如同样是工具箱内部有轻微损伤，一般的管理者可能会认为：这是可以接受的，没有问题。而高水平的管理者会进一步思考：目前这个产品的确没有表现出问题，但是为什么会造成损伤？这个损伤会不会越变越大？

4.1.1 价值 1 万美元的一条线

发现问题并不是一件简单的事，如果管理者本人认为目前的状况并不是问题时，对其而言，问题相当于不存在。只有到了"故障产生""出现不良品"时，才能发现问题，毫无疑问，这时发现问题只是亡羊补牢，已经失去意义。因为问题已经产生，接下来能够做的只是采取补救措施。所以，管理者需要重视并培养发现问题的意识能力。

全球最大汽车生产商之一美国福特汽车公司认为，当一台机器不能正常运转的时候，需要及时发现问题，找出机器出现故障的原因，只有这样才能找到问题的根源，然后迅速解决问题。

一次，福特汽车公司员工发现一台大型发电机不能正常运转，很多技术分析员都对此束手无策。于是，福特汽车公司高层请来了德国电机专家。这名专家花了两个昼夜观察发电机，检查这台机器的每个零部件，听机器各部位发出的声音。

最终，这名专家在发电机顶端并告诉修理工，将划线处的线圈减少一圈。故障果然被排除了。这名德国专家向福特汽车公司索要1万美元的报酬，技术分析员都对此提出了异议，因为机器故障很小，排除也很容易。可是当时的福特总裁心甘情愿付出1万美元的酬劳，因为正是这名德国专家发现了问题，而不在于排除故障的难易程度。否则只能将问题搁置，带给公司的损失会更大。

送走德国专家后，负责发电机的其中一名技术分析员被福特总裁开除。福特总裁给出的理由是，仅仅因为这名技术分析员的粗心大意——仅仅多绕了一圈线，使整个公司遭受了1万美元的损失，以及半个月的故障排除时间。

当时这名技术分析员对此十分不理解，认为负责机器线圈的还有另一名技术分析员，两人一同负责机器的安装工作，归咎起来两个人都有错误。福特总裁回答："正是他第一个发现了机器的故障，而你，却没有！"

4.1.2　苹果不接受 99% 的合格率

没有问题才是最大的问题。一个微小的问题，在某些人眼中并不成其为问题，然而，正是因为对一个又一个微不足道的缺陷放任自流，最终积累而成难以解决的问题。从这个角度来看，保证尽可能少的缺陷，乃至零缺陷，才是发现问题的捷径。这也是6西格玛（6σ）管理方法提出的依据。

六西格玛管理方法由摩托罗拉公司的比尔·史密斯提出，作为一种改善企业质量流程管理的技术。六西格玛管理方法坚持"零缺陷"的完美商业追求，带动企业质量成本的大幅度降低，最终实现财务成效的提升与企业竞争力的突破。

西格玛（σ）是希腊字母，在统计学上用于衡量个体与总体均值之间的偏离程度，表示标准差。1西格玛表示在100万次操作中，合格率仅为68.26%，3西格玛表示，在100万次操作中，合格率为99.72%。不过此时，如果企业管理者认为情况可以接受，不存在问题，虽然企业也可能在市场上存活，但永远不可能

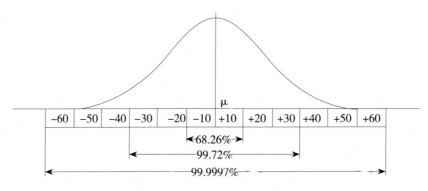

图 4-1　6 西格玛管理方法对应的合格率

成为苹果公司、微软、沃尔玛等世界 500 强企业，而只能停留在中小企业的规模程度。

　　然而，对于苹果公司、微软等世界顶尖企业来说，只有当产品达到或高于 99.99966% 的合格率，实现了 6 西格玛（每百万次操作中，只有 3.4 次失误），才可能面市。否则，产品只能永远回炉再造（如图 4-1 所示）。

　　一部苹果手机包含约 400 个元器件，由上游 150 余家供应商提供。通常而言，手机在出厂前都会进行功能测试。与其他厂商"只要交给我符合要求的元器件即可"的思路不同，苹果公司在管理供应商的过程中遵循一个原则：苹果公司必须完全控制手机生产的每道环节。

　　在苹果公司看来，所有元器件都必须是"白盒（盒子是透明而可视的，企业清楚盒子的内含物以及运作流程，可以对所有逻辑路径进行测试）"，苹果公司需要了解每一个元器件的来源、研发、生产、测试等过程。苹果公司的供货商虽然只是机器上的一颗小小的螺丝，但关于苹果公司相关产品的事从来不敢含糊。

　　当企业管理者认为管理方法、产品达到了 99% 的合格率便可以接受时，想一想，99% 的合格率意味着每周 5000 起手术事故、每天 2~3 次航空事故、每年 20000 件药方错误，以及每月 7 小时停电时间。接受 99% 的合格率，意味着企业管理者缺乏发现问题的能力。接受 99% 的合格率只能塑造一个优秀的公司，而不能塑造一个像乔布斯时代的苹果公司。

4.2　SCQA 分析

发现问题的方法之一是 SCQA 分析法（如图 4-2 所示），SCQA 结构由麦肯锡咨询公司的首位女咨询顾问芭芭拉·明托提出，指的是：从具体的情境（Situation）导入问题，导入的情景要求与人们的普遍需求相冲突（Complication）；然后提出疑问（Question）——应该如何解决这一现象，最后对此问题做出回答（Answer），提出解决方案。

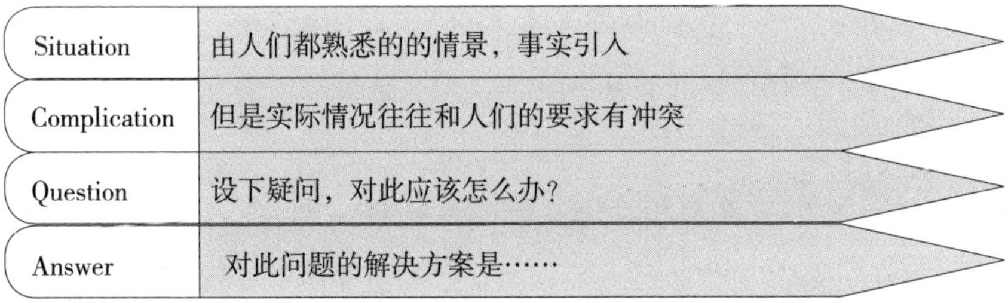

Situation	由人们都熟悉的的情景，事实引入
Complication	但是实际情况往往和人们的要求有冲突
Question	设下疑问，对此应该怎么办？
Answer	对此问题的解决方案是……

图 4-2　SCQA 分析法步骤

SCQA 分析法是分析问题的一个方法，尤其是当企业管理者需要向下级、员工讲解企业目前面临的问题、困境时，采用 SCQA 分析法，相当于以一个故事向对方讲解问题。采用这种讲故事的方式向对方提出问题，能够增大问题被理解的可能性。SCQA 分析法尤其适用于企业管理者采用演讲、PPT、备忘录等形式，向下级、员工说明问题的情况。

4.2.1　说明发展项目实施的必要性

以实际例子说明 SCQA 分析法的基本结构。情境导入（S）：企业业务多元化业务服务在过去 3 年中增长了 30%。冲突所在（C）：无法证明企业的工作为客户提供了明显的服务。提出疑问（Q）：企业应该怎样确保多元化业务确实对客户有明显帮助？给出回答（A）：实施企业发展项目，以解决该问题。

标准式的 SCQA 分析法遵从情景－冲突－答案的叙述顺序。从 2013 年开始，本企业的多元化业务服务一直呈现增长态势，3 年来增长了 30%。同时，企业已经因为提供向客户提供多元化业务服务向客户收取了大量费用。（S）可是直到今天，在纽约总部仍然没有一个员工能够证明，某为客户谈成的一单生意、签订的订单与本企业提供的服务工作密切相关。（C）因此，本企业从现在起，应该实施一个发展项目，研究企业的多元化业务服务确实为客户带来显著收益。（A）

开门见山式的 SCQA 分析法遵从回答－情景－冲突的叙述顺序。本企业实施发展项目的首要之务，是提高企业为客户提供多元化业务服务的能力。（A）本企业为客户提供谈成合约、签订订单的服务在过去 3 年中增长了30%，（S）但是企业不能证明其中任何一单生意或一个订单是与本企业的工作密切相关的。（C）

突出信心式 SCQA 分析法遵从疑问－情景－冲突－回答的叙述顺序。本企业将如何业务多元化服务继续成为企业的重要服务项目？（Q）此项服务目前已在过去 3 年中增长了 30%。（S）但是企业很难举出几个为客户提供了不可或缺的帮助的例子。如果不采取措施提高员工的工作价值，企业将会失去在该领域的高速增长优势。（C）为此，企业提出立即实施一项发展项目，以研究如何改善企业在该领域的服务能力，使该项服务能够不断为客户带来显著帮助。（A）

与突出信心式 SCQA 分析法相对，为了鞭策员工努力完成目标，企业管理者可以采用突出忧虑式 SCQA 分析法，遵从冲突－情景－回答的叙述顺序。据本人了解，目前纽约总部没有一个员工可以说，自己为客户提供的多元化业务服务，已经为客户带来了显著的收益，帮助客户完成了订单的签订。（C）这种情况令人震惊，因为本企业已经在多元化业务服务领域实现了

3 年增长 30% 的目标。（S）从实际情况来看，本企业不能继续为无法取得明显收益的工作向客户要求报酬，这样做也难以维持本企业的良好声誉。因此，本人建议实施一项发展项目，研究如何改善企业在该领域的服务能力，使该项服务能够不断为客户带来显著帮助。（A）

4.2.2　如何做一场现象级演讲

2015 年年初，一场现象级演讲让人们从新年的欢乐气氛中冷静了下来。记者柴静制作的一个雾霾调查纪录片火了，引起了社会的广泛关注。本文并不探讨演讲提出的观点如何，而是从演讲的机构说明 SCQA 分析法在一场现象级演讲中的运用。

演讲以一系列真实的图片、数据开场，导入情景（S）：身处空气已经遭到严重污染，雾霾无处不在的城市，一个母亲为自己的后代深感担忧。演讲提出三个情景：2014 年北京雾霾天数、各大城市摄影记录，以及身为一个母亲向自己的女儿发问，能够看到天空中的星星吗？

然后，演讲人提出两个疑问（Q）：雾霾究竟是什么？雾霾带给人类的危害有哪些？为了说明这两个问题对于人类的重要性，演讲人在现场运用灯光让观众体验雾霾颗粒，亲身试验空气中的雾霾数量，采用动画、出动专家、实拍手术等形式，向观众展示提出关于雾霾问题的原因。

接下来，演讲人提出人与雾霾之间的冲突（C）：雾霾如何产生？人类能否消灭雾霾？演讲人告诉观众，雾霾的产生包括煤炭、燃油的使用。使用煤炭的群体包括河北钢铁厂、各地的电煤场，以及未经处理的生活用煤。使用燃油的群体包括机动车、柴油大卡车、劣质油的供应（演讲人此时不仅提出劣质油的危害，还就低标高卖问题向中石油专家提出质问）。

最后，演讲人为解决此问题提供了回答（A）：处于社会各阶层的人们应该怎样行动起来，治理雾霾？对政府而言，实行低碳减排措施，例如洛杉矶光化学烟雾事件后严格执法。政府可以调整能源结构，用清洁能源取代落后产业，例如伦敦烟雾事件后从烧煤时代进入油气时代。第三条解决方法是鼓励市场竞争，因为垄断扼杀了清洁能源的机会，反对者声称随意开放能源市场很可能导致能源安全危机，然而代价是垄断造成能源行业成为腐败高发区。

同样，作为普通市民也可以采取行动。包括 5 年环保公益无违法记录的公民可以起诉污染企业，出行以自行车、公共交通为主，随时监督道路交通有无黑柴油车行驶。此外，普通人应该尽量做到不使用劣质煤炭或使用节能灶，也可以随手拍污染源告知当地环保部门，关注污染企业名单并拒绝购买其产品，积极参与大气政策法规的公众意见征集等。最重要的是，每一个普通人都应该贡献一点努力。

在实际使用过程中，SCQA 结构可以进行顺序调整，并不局限于标准结构的顺序。而且，具体说明 SCQA 的小单元时，也可以嵌套其他的表达结构。例如在介绍解决方案时，可以采用平行展开结构，从几个点出发进行展开，为对方提供多种解决方法，也可以使用正反对比框架表达。总之，SCQA 分析法是高度结构化的问题分析法。

4.3　设定课题

在实践 SCQA 分析之前，需要设定课题。所为课题，是指任务小组需要研究、解决的问题。课题的设定需要从两个方面考虑：一是课题设定的背景，指该问题产生的情况或条件，以及课题研究的意义等；二是制订课题研究的方案，包括对问题进行准确的表述和分解、将问题转换成假设、确定所采用的研究方法、安排研究各项计划和人员分工，以及课题研究的组织和协调等。

针对课题的设定，管理学大师彼得·德鲁克提出 SMART 原则（如图 4-3 所示），S 代表明确性（Specific），指课题的设定必须切中特定的工作指标，不能一概而论；M 代表可衡量性（Measurable），课题必须有一个数字化衡量目标；A 代表可行性（Achievable），指课题能够在付出努力的情况下实现，具有可操作性；R 代表关联性（Relevant），指课题的设定需要与工作的其他目标相关联。T 代表时限性（Time-bound），要求能够在特定的期限内完成课题。

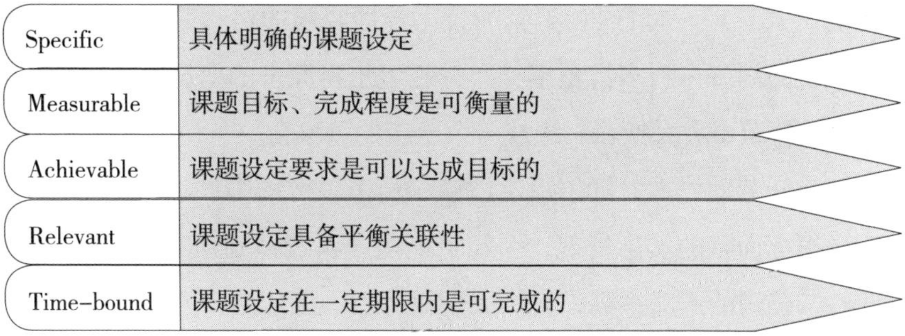

Specific	具体明确的课题设定
Measurable	课题目标、完成程度是可衡量的
Achievable	课题设定要求是可以达成目标的
Relevant	课题设定具备平衡关联性
Time-bound	课题设定在一定期限内是可完成的

图 4-3 课题设定的 SMART 原则

运用 SMART 原则设定课题，要求具体化、数量化目标，例如当前课题设定为减少客户投诉，之前企业收到的客户投诉率为 4%，则课题设定为 2% 或者 1%。同时，课题设置需要有具体的项目、衡量标准、达成措施、完成期限和各方面资源要求，利于课题进展的考核工作，也避免因目标不明确造成的上下级分歧问题。

例如对员工开展培训，课题达成的目标是提升员工综合素质。这时，需要对"提升"的程度做明确的规定。例如在培训结束后员工的评分达到 90 分则被认为是有显著提升，在 80~90 分之间被认为是有明显提升，低于 80 分则定位为提升效果不理想。这样目标变得可以衡量。

4.3.1 西门子·利多富冲出美国公司包围圈

西门子·利多富公司由西门子公司和利多富公司合并而成，主要负责数据信息系统的开发、生产与销售。然而个人电脑市场是美国公司的传统强势领域，欧洲公司对此力不从心，接二连三吃了败仗。

法国布尔集团宣布退出个人笔记本电脑市场；英国工业化学品公司将个人笔记本电脑业务退回给日本公司；德国艾思康公司更因巨额的亏损不得不向政

府提出破产申请；意大利好利得公司因亏损 10 亿美元，不得不卖掉个人笔记本电脑业务部。结果，在欧洲每年 350 亿美元个人电脑市场上，来自美国的四家大公司——康柏、IBM、苹果和惠普——控制着 1/3 以上的份额。

此时，西门子·利多富以冲出美国四家大公司的包围圈为课题，在全公司引进美国式管理。有着 20 年美国公司管理经验的格哈德·舒尔迈尔接受任命，担任西门子·利多富董事长。舒尔迈尔将原来的七层管理层削减为四层，并将执行董事会大换血，组成一个全新的董事会。

为了降低劳动成本，舒尔迈尔解聘了员工总数的 10%，共约 3000 名员工，而且根据面临的实际情况，公司可能需要再裁掉 6000 人。舒尔迈尔还重新调整了公司的产品系列，包括大型服务器、工作站，乃至便携机，都不再针对个人，而是瞄准市场精华专业用户。因为这一部分的利润最为丰厚。

基层的员工必须参与质量管理，实行轮班制，互相填补休假空缺，根据订货情况，安排休假时间。如果订货多，工人必须加班加点工作，如果暂时没有订货，工人们可以按规定休假。

经过对课题的精确设定和有效实施，西门子·利多富开始取得一些进展。在欧洲个人笔记本电脑市场上异军突起不仅在欧洲最大的市场——德国个人笔记本电脑市场上位居榜首，还实现了自创始人海因茨·尼克斯道夫创建以来的第一次盈利。

4.3.2 松下电器的两个 5 年计划

松下幸之助创立日本松下电器产业株式会社后，决心把松下打造成美国现代化工厂那样的国际化大公司，成为"世界的经济人"，让松下走出日本，推向国际市场，享有与美国那样平起平坐的地位。

为了学习西方的经营理念和发展方式，松下幸之助曾经在美国进行了为期 3 个月的考察学习。当了解到通用电气的员工只要工作两天就可以买到自家公司生产的标准收音机时，松下幸之助深受震动，因为松下电器生产的收音机需要员工整整工作一个半月才能买到一台。

美国实行的是 5 天工作制，而日本实行的是 6 天工作制，但是美国工厂的效率明显要比日本高得多，员工的生活水平也高出好多倍。因此，松下电器必须改变劳动密集型的工作方式，尽量缩短员工的工作时间，同时提高员工人均生产量。要保证生产量的逐步提升，方法只有一个：成倍地提高效率。

松下幸之助专门针对员工的工作时间发布了两个 5 年计划，一是要在 5 年内实现员工 5 天工作制。同时，未来 5 年，在保持业务稳定增长的前提下，松下电器员工的工资超过欧洲，赶上美国，实现与美国同类企业薪酬平等。

带着两个 5 年计划，松下电器全力以赴，提高生产速度，提升生产目标。随着公司效率的不断提高，终于，松下实现了第一个 5 年计划，在计划提出的第一个五年的年中，松下员工迎来了第一个双休日。

紧接着，松下全体开始为第二个 5 年计划而努力，仅仅用了 4 年，全体员工的工资就赶上了号称欧洲第一的德国，在第五个年头就超过了欧洲，与美国的距离越来越小。除了产出国际化，松下还率先实现了工资国际化、福利国际化，这也是松下能够成功留住人才的秘诀。

对于课题的设定，能够被量化的则量化，不能被量化的则要求质化，即在课题设定者与课题考核者之间有一个统一的、标准的、清晰的可度量的标尺，从数量、质量、成本、时间、上级或客户的满意程度等方面进行目标考量。同时注意课题的细化，分成若干个小目标进行流程化，通过流程化使目标可衡量。

4.4　实践 SCQA 分析

麦肯锡咨询公司的管理层经常在企业管理中实践 SCQA 分析法，以帮助所服务的企业走出困境。例如，情境导入（S）：企业过去 10 年过快而大规模的收购；冲突所在（C）：因此承担巨额的亏损，还背负了庞大的长期债务；提出疑问（Q）：企业应该怎样甩掉债务，获得盈利？给出回答（A）：进行公司转型，拆分重组，剥离资产。

4.4.1 泰科国际业务拆分甩掉债务

世界 500 强公司美国泰科国际，是目前全球最大的电器、电子元件制造服务商，其多元化的业务领域和产品类型，不仅深得全美 52 个州和世界全球 100 多个国家的青睐，还吸引超过 26 万来自世界各地的员工为之工作。现在，泰科国际还将业务拓展至海底通信系统、世界最大防火系统、流量控制阀门以及电子安全系统的设计、研发、制造和服务领域，在医疗、投融资等领域也占据着主导地位。

不过，泰科国际的多元化之路最开始走得并不顺畅，甚至因为过快的业务拓展差点走向破产边缘。从 1991 年开始，泰科国际进行了长达 10 年的疯狂收购，包括美国外科公司等 12 家经营范围完全不同的公司。如此大规模的收购不仅使泰科国际承担数亿美元的亏损，还背负了超过 800 亿美元的长期债务。

祸不单行，公司前 CEO 丹尼斯·科茨洛斯基和 CFO 马克·施瓦茨也因欺诈数亿美元被股东们告上法庭，两人也因此而获罪。新任 CEO 爱德华·布瑞恩掌管泰科国际后，决定进行公司转型，剥离资产，帮助泰科国际甩掉债务。

在爱德华·布瑞恩的领导下，泰科国际开始了拆分工作，包括旗下的电气产品业务、健康保险服务部门，分别发展成为 TE 互连和科维迪恩公司。同时进一步扩大自身的安保服务业务，对远大视野安保进行收购。

为了提供各业务更多的增长机会，泰科国际将滨特尔公司和阀门、流控业务进行拆分，合并之后的新实体继续沿用滨特尔公司的名称，不过泰科国际会成为其中的大股东，继续使用泰科国际的代码上市交易。

2014 年 3 月，泰科国际将旗下的韩国安防业务 ADT Korea 出售给全球最大私募基金凯雷集团，而将自身业务重点放在在安保装备的研发和商业大楼灭火系统的研制和生产等方面。而且，剥离旗下的北美地区安保业务，专门成立 ADT 公司。

终于，泰科国际在 2013 年第四财季就扭亏为盈，调整后盈利达到市场预期，至此彻底完成了长达 10 年的公司转型。

4.4.2　乐购砍掉 30% 的商品

乐购（TESCO）是英国生产商和零售品牌，以 1030 亿美元的年销售收入成为仅次于沃尔玛的世界第二大百货零售商。最初，乐购只是杰克·科恩在市场里设立的一个小货摊。随着不断发现问题、制定销售目标和经营目标，乐购从一家食品杂货店，一跃而成为零售巨头，分店多达 6784 家，员工数目接近 40 万。除了在世界各地设立的实体超市，还包括加油站、网络超市、光盘租赁店和金融服务公司。

乐购 CEO 戴夫·刘易斯更是一位战略专家，曾经管理过联合利华在南美、东南亚和英国的业务，主管的多芬、凡士林品牌，占整个公司的 660 亿美元年营收中的 40%。虽然戴夫·刘易斯本人似乎对零售业所知甚少，却知道如何打赢持续困扰零售业的价格战，帮助乐购重新赢得被德国的阿尔迪和利德尔抢走的低价商品市场。通过大幅降低热销商品的价格，转变与供应商的合作方式，以及抛弃复杂的回扣和罚金制度，这一目标初见成效。

戴夫·刘易斯必须重新考虑乐购的定位，因为显然乐购的品牌已经不属于低收入购物者，同时也达不到马莎百货等高价商店的行列。戴夫·刘易斯刚一上任乐购 CEO，公司就遭遇史上最大亏损。

因此，戴夫·刘易斯果断采取极端措施，将上万件商品从门店下架。根据戴夫·刘易斯的分析，乐购之所以出现增速放缓等问题，很大程度上是由于商品定位模糊，不能满足消费者需求。所以，戴夫·刘易斯决定缩减商品范围、精简产品种类，砍掉 30% 的商品，全力推出热销商品，提高其流动率。

包括面包、奶制品等，不热卖的品牌都会被下架，而只留下全国性的品牌，以此降低成本，挽回亏损。虽然供应商会因此而受到巨大影响，但是，消费者的需求才是首要考虑，这也是刘易斯不得不这样做的主要原因。刘易斯认为，对于乐购而言，2015 年是非常艰难的一年，缩减商品是必须走的一步。

乐购提出 2015 年缩减 30% 商品的目标，是一个具体的数字，与许多公司降低成本、提高效率等一般性描述不同，乐购的目标数字化、可视化，具有实际意义。企业的目标体系也是战略管理的重要步骤。

企业实践 SCQA 分析时，必须将目标转化为具体可衡量的效益和指标，提供战略标准与财务标准。企业目标可以通过数字化的表现形式，进行计算和测量，并明确最终完成和实现的期限。

企业目标不仅仅是高层管理的工作，在企业组织结构中，不同的部门、业务和产品线，都有其独特的状况，因此，也要根据实际情况制定各自的战略目标和财务目标，同时对整个企业的战略目标和财务目标提供支持。通过各部门制定自身的目标，可以明确其战略角色，推动企业实施已定的战略。

当然，企业目标也具有灵活性，以适应外界不断改变的经营环境。为了减少目标调整对员工的积极性造成的不利影响，目标的调整最好只在程度上，而不是性质上。例如当企业遭遇全球性的原材料成本增加问题，因而不能实现原先制定的销售目标，那么对销售目标的调整只能表现在实现的数量上，而不是彻底改变销售方向。

4.5　管理时的应用窍门

管理时如何运用 SCQA 架构，需要掌握一些应用窍门。一个常见的情境是企业管理者通常是在企业面临多种不可调和的问题时临危受命，被要求解决企业目前的问题，带领企业走出困境。

此时，企业管理者会发现，如果不解决目前的问题，自己的管理工作无论如何也不可能顺利展开，因此，企业管理者必须快速形成关于复杂问题的看法。然后，独自或者在他人的帮助下，找出最显著的冲突。并形成一个有重点的问题，为此寻求解决方案。

这个解决方案需要建立在确切的目标基础之上，可视化、数量化的目标是发现问题、进而解决问题的前提。而且随着问题认识的深入，解决目标和方式方法也是可变的。一成不变的 SCQA 分析法不是科学的发现问题的方法。

4.3.1 通用汽车工人罢工

全球最大的汽车厂商美国通用汽车公司，企业的发展历程也曾经历过波折。1971 年 12 月，通用汽车公司洛兹敦厂堆满了来自全国各地汽车商送来的急需维修加固的汽车。整个存车场容纳了 2000 辆需要返修的汽车，让通用汽车管理部门十分担忧，对于装配线上出现如此大规模的维修加固问题和异乎寻常的不合格率，管理层感到非常诧异。

管理部门甚至不明白，许多原本可以在生产线上被解决的问题，为什么会在汽车售后环节出现。在返修车中出现的许多毛病中，基本上是能够在汽车装配生产中就能发现和解决的质量缺陷。例如挡风玻璃容易碎裂，车中内饰割伤人，汽车的点火开关容易坏等。这些问题让洛兹敦厂的经理恼怒异常："整个发动机装置经过 40 个人，可是谁也没有为它们做什么工作！"

为此，管理部门决定对生产线上的员工实施惩罚措施。然而此时，管理部门发现，事情远远比想象中严重：生产质量下降、制造成本增加、工人严重缺勤，甚至最终引发工人罢工。通用汽车认定此事是一次企业内部伦理危机。

企业伦理问题一般涉及企业与外部（政府、消费者、其他企业）和内部（企业与员工、上级与下级）之间的相互关系。通用汽车公司此次出现的企业伦理危机主要是发生在企业与工会、企业与员工之间的相互关系。

为了提高汽车生产线上的产品质量和劳动生产率，通用汽车公司曾经实施装配改革计划，加强了对汽车生产装配技术操作等方面的控制。对改革计划的实施，工会指责通用汽车公司是想把整个企业恢复到 30 年代"血汗工厂式"管理模式中，让工人拿着同样的工资却要付出更多的工作。

果然，通用汽车公司实施改革后，工人的不满情绪急剧累积。在通用汽车开始实施 GM 改革计划前，洛兹敦厂里的员工对于企业的不满指责大约为100 个。而当改革计划推行后，这个数字快速增至 5000 个，其中 1000 个不满直指通用汽车加重了工人的工作任务。

后来，局势愈演愈烈，终于爆发了罢工事件，通用汽车公司在此次罢工中损失了4500万美元。因此，通用汽车公司管理部门不得不重视工人问题。针对工人的抱怨，管理部门对实施的改革计划中某些确实不合理的地方进行了修正。这之后，洛兹敦厂内的一些矛盾也得到了缓和。

工人罢工危机给通用汽车公司的管理部门敲响了警钟。所以，在罢工事件解决后几个月内，通用汽车公司开始在内部发动了一次恢复正常工作环境的活动。虽然工人们当时都已经回到了生产线上从事工作，但整个企业仍然遗留了一些思想问题亟待解决，还有许多不安情绪也需要安抚。管理部门要求各个工厂制定出详细的企业伦理建设计划，同时针对罢工事件进行详细调查。

洛兹敦厂管理层对全厂所有工人进行了一次详细的问卷调查，之后还与各级领导和管理人员们一起举行了一系列的会议，同时也征求了工会的意见，最后得出了以下结论：

在调查中，管理层发现很多一线管理人员也对改革计划缺乏理解。因此，通用汽车决定将未来企业的发展重心放在，将企业管理部门所指定的目标和计划同一线管理人员每天对工人的管理工作进行有效地结合（如图4-4所示）。

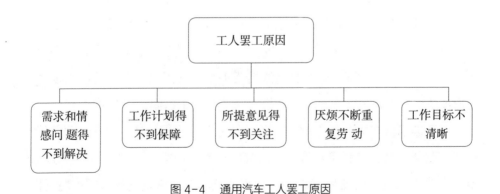

图4-4　通用汽车工人罢工原因

4.3.2　洛兹敦厂的交流计划

找到原因，提出解决方法。通过对这次事件的调查，通用汽车公司认为，此次企业内部危机产生的主要原因是，管理部门和工人之间缺乏及时的沟通和必要的交往。于是，从1972年开始，通用汽车公司开始实施"交流计划"，该项交流计划的主要内容是（如图4-5所示）。

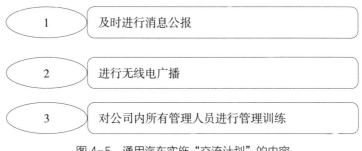

1	及时进行消息公报
2	进行无线电广播
3	对公司内所有管理人员进行管理训练

图4-5 通用汽车实施"交流计划"的内容

1.及时进行消息公报

工厂的经理和工人之间需要构建一种直接交流的方法，无论在任何时候，保证将所有有关工厂业务的主要消息直接传达给工人。同时，工厂的经理应该及时准确地告诉工人们工厂内存在的一切问题，并征求工人们对这些问题的解决意见。

2.进行无线电广播

管理部门每天需要花费5分钟在工厂内进行无线电广播。在广播中可以讲述一些与汽车工业、公司和工厂有关的新闻。这样做能够使工人对汽车工业、公司和工厂的情况有大致了解。同时广播的主要内容要求张贴在工厂中的各处布告栏里，方便工人们阅读。

3.对公司内所有管理人员进行管理训练

为了提高管理人员对部下进行组织联络和交往的自觉性，通用汽车公司内部所有的管理人员，不管是工厂经理，还是基层的管理人员，都要进行人际关系和交往的训练。

管理训练的计划由质量控制主任和富有组织装配线经验的公共关系协调员共同设计和指导。管理部门之所以会任命公共关系协调员来担任工厂交往协调员，主要是为了让其负责厂内外的计划。此外，管理部门还发展出了一种新的作业轮换计划，给予对轮换工作有兴趣的工人一些必要的训练，帮助这些工人扩大在同一装配工作组内的工作能力。

交往计划实施了一段时间后，洛兹敦厂的生产任务不仅恢复到正常情况，而且仅用了 1975 年一年，实现了工厂内生产效率的明显提高，工人的不满下降到 1971 年~1972 年的 1/3，成为效率最高的装配厂之一。

由于各行各业中存在的诸多限制，员工并不能意识到自己是该组织的一部分。因此，企业必须运用现有的技术生产一定数量的产品，以便在该行业中占有一席之地。

如果企业就此与员工开展有效的沟通，大部分员工能够理解企业的发展目标，认同企业的价值观，并甘愿为之而努力，甚至做出奉献。业务的多元化和组织的发展可以并行不悖，但是企业管理者必须承认企业目前存在的局限性。

如今，劳动力市场由一支年轻而且受过相当教育的高素质人才组成，员工们希望知道自己和企业正在进行的每件事。只要企业高层愿意诚恳地同普通员工交往，了解普通员工的想法，那么管理者告诉员工什么，员工就会接受什么。相互沟通正是把每天的生产连贯在一起的最好办法。

4.6　诺基亚丢失手机霸主地位

智能手机已经成为通信设备的主流，然而很多人不知道，其实如果诺基亚当初多一份坚持，触屏时代也许会来得早一点，诺基亚也不会丢失手机霸主地位。早在 2000 年，诺基亚就设计出了一款只有一个按键的触屏智能手机，可以收发电子邮件，同时支持游戏功能。而苹果公司要在 7 年后才推出第一款 iPhone。

然而，诺基亚的先知先觉并没有为自己带来多少好运。从 1996 年开始，这个芬兰巨头便雄霸全球手机市场份额之冠 15 年。2003 年，诺基亚更因一款经典机型 1100 在全球累计销售 2 亿台，成为手机行业不可复制的神话。然而，10 年之后，诺基亚却不得不面临手机业务的终结，于 2013 年 9 月将手机业务和众多专利作价 54.4 亿欧元卖给了微软。

4.4.1　固守塞班，被三星、苹果反超

当苹果推出第一款 iPhone 时，诺基亚并没有对此给予重视。一方面是认为自身多年的手机霸主地位无人能憾，另一方面是因为诺基亚的产品线能满足任何价位和任何需求，这是苹果公司不能与之抗衡的。后来，诺基亚因兼容性、扩展性和配置需求等原因决定放弃塞班系统时，原先打算采用安卓 (Android) 系统，不过由于谷歌的热情不高导致这次合作谈判无疾而终。

于是，诺基亚选择了微软发布的 Windows Phone7 系统。不过，不久之后，微软宣布放弃 Windows Phone7，诺基亚崛起的美梦彻底破碎。2012 年是诺基亚年度亏损元年，根据诺基亚年度财报，年亏损额达 14.88 亿欧元。

2013 年，微软宣布收购诺基亚手机业务。2014 年 4 月 25 日，微软彻底完成对诺基亚设备与服务部门 72 亿美元的并购；诺基亚更名为 "微软移动"，但诺基亚品牌将被保留。一年之后，微软公开表露诺基亚无形资产被夸大，还需要为诺基亚的旧账买单。

无奈之下，微软开始了全球大裁员，共削减 1.8 万个工作岗位。其中，约 1.25 万被裁员工来自刚刚并购过来的诺基亚设备与服务部门。微软在全球掀起了诺基亚裁员风波，诺基亚中国区成为裁员重灾区，裁撤全部原研发团队，裁员比例超过 90%。

诺基亚的没落由多方面的原因造成，然而最显著的因素是其缺乏发现问题的能力。首当其冲的是诺基亚对手机系统的坚持。安卓系统早在 2008 年就已发布，随后很快抢占市场。而直到 2011 年，诺基亚仍在顽固坚持其塞班系统，毫无危机意识。

2012 年 4 月 27 日，美国策略分析公司发布数据，诺基亚长达 15 年的手机霸主地位让位于韩国三星电子。如今，将高中低端消费市场一网打尽的

安卓系统已经独霸手机市场，从 2009 年手机市场占有率仅为 1.6%，随后便以惊人的速度增长，到 2013 年底，安卓系统手机市场份额达到 80%，2014 年，全球有超过 20 亿的设备安装安卓系统，2015 年，采用安卓系统的手机市场占有份额为 59%。

4.4.2 忽视用户需求，丢失美国市场

诺基亚手机的衰落昭示着忽视问题的严重后果。从 2000 年开始，全球曾掀起了一阵翻盖式手机的热潮，众多手机生产厂商纷纷推出翻盖式手机产品，大量抢占手机市场。而长期雄踞手机市场份额全球第一的诺基亚，却坚持其直板设计机身，不肯研发翻盖式产品。结果是，虽然诺基亚仍然占据全球手机市场 2/3 的份额，但在接下来的 10 年中，诺基亚品牌在美国市场毫无建树。

后来，诺基亚不愿意针对美国市场推出定制版手机，很快失去了美国市场的移动运营商合作伙伴。因不够重视美国市场，诺基亚在之后的美国消费市场抢夺战中节节失利，让对手三星和 LG 电子有机可乘。

直到苹果推出首款 iPhone，整个市场都为之惊艳。虽然 iPhone 定位于高端市场，却因其优越的性能、流畅的操作界面，以及新颖的信息功能，很快赢得全球用户的青睐。苹果注重产品的更新换代，还适时推出 App Store 应用商店，针对安卓系统推出开源免费，彻底打垮诺基亚一直以来坚持的自有系统塞班，诺基亚终让机会流失。

作为当时世界上用户量最多的手机系统，塞班系统代码复杂，接近于 Windows XP。所以，很多开发者不愿开发塞班系统。如果不是现任 CEO 斯蒂芬·埃洛普的加入，或许今天诺基亚仍停留在塞班系统。

其实，诺基亚的问题并不在于创新能力的缺乏，因为一直以来，诺基亚用于研发领域的投资相当于苹果公司的 5 倍。诺基亚在全球分设 12 个发展研究院，专注于技术创新和研发。从 4G 通讯到手机外观方面，诺基亚拥有海量的专利。不过由于塞班系统带来的障碍，诺基亚只能让这些创新技术停留在专利层面。

早在 2006 年，时任诺基亚 CEO 的康培凯就预言：手机的未来在于与互

联网的融合，而诺基亚要成为"真正融合互联网和移动性的公司"。不过事实证明，诺基亚只是说说而已。此前用户拿到手中的手机是一个完整的消费品，从操作系统到应用配置一应俱全，里面的所有东西都是确定而不可更改的。这也是诺基亚的成功之处，因为诺基亚独有自己开发自己主导的塞班系统，这是其他手机生产商都不能企及的。

然而苹果和谷歌引进了一种全新的模式，真正实现了移动性和互联网的结合。从此，手机只是一种承载软件和应用的平台，全球的软件开发人员都可以利用这个开放的平台，设计推出全新的应用程序。

只要是合乎用户需求的软件应用，都可以为苹果公司采用。这样，苹果的应用开发员相当于来自全球 700 万个为自己的成功和梦想而努力的最聪明的软件开发人员。这不是一家软件公司通过雇用软件人员能够与之抗衡的。

可见，能够发现问题，迎合市场需求，才是企业得胜的关键。沾沾自喜、固步自封，即使是曾经辉煌如诺基亚这样的手机霸主，也只能让位于竞争对手。毕竟，手机霸主地位永存，而手机霸主却不是一成不变的。

第5章

脚本分析法

　　脚本分析法是一种问题预测的方法，尤其适用于资金密集型、技术密集型、产品开发期长、风险高的产业。麦肯锡认为脚本分析法可以为企业提供一种立足于长远眼光的分析和预测，帮助企业将大规模、长期投入的风险降到最低。针对一个问题提出不同的脚本，用不同的脚本描述同一个方案未来的可能性结果。当一个高风险产业由几个脚本方案描述时，规避错误选择的可能性将大大提高。

5.1 预测可能性

脚本分析法是在以某种情景或趋势为背景的前提下，对企业未来可能出现的情况进行预测的方法。脚本分析法通常对于企业的未来发展预置种种假设，因此是一种直观的定性预测方法。

企业分析问题，不仅要从产业环境进行分析，还要从整个外部环境进行分析。在分析企业环境的过程中，是否存在一种相对具有操作性的方法，这是管理学研究领域十分关心的课题。而 80% 的世界 500 强企业正在尝试并长期实践脚本分析法。

一般认为，世界第一大石油公司荷兰皇家壳牌公司是最早开始使用脚本分析法进行战略规划，并获得成功的企业。脚本分析法由荷兰皇家壳牌公司的皮埃尔·瓦克于 1971 年正式提出。

运用脚本分析法预测企业环境变化有三种功能：针对企业可能面临的风险提早认识并作出预测；为企业找出新的战略选择和理念；根据可能的未来而不是现有情况所得判断未来。因此，脚本分析法也适用于企业的战略管理。

一般企业环境和产业环境，依据不同特点，有不同的脚本分析法。脚本分析法主要包括以下（如图 5-1 所示）几种。

1. 渐进脚本分析

对企业近期情况提供准确分析预测，而对中长期提供一般性分析展望，适用于非资金密集型、产品开发期短、风险确定的产业，如广告公关、市场贸易、管理咨询行业。

2. 长期脚本分析

对企业在未来较长时期的环境变化做出直接的分析预测，递进预测与长

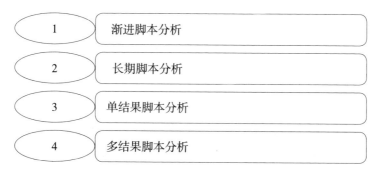

1	渐进脚本分析
2	长期脚本分析
3	单结果脚本分析
4	多结果脚本分析

图 5-1 脚本分析法

期预测，适用于资金密集型、技术密集型、产品开发期长、风险高的产业，如钢铁、石油等行业。

3.单结果脚本分析

对企业未来一段时间可能发生的情况做出确定而唯一的分析预测，如进行环境因素预测时，对人口及其年龄结构的分析预测。

4.多结果脚本分析

为企业未来一段时间可能发生的情况提供多种可能性结果，用于规避风险，如在较多不确定的环境因素下进行的预测。

以荷兰皇家壳牌公司为例，说明其运用脚本分析法制定战略规划的方法。壳牌公司之所以能长期稳居世界 500 强企业之首，在于其对战略规划的重视。壳牌公司的战略规划有两个显著特点。

1.多角度、全方位渗透性

壳牌公司的战略规划并不仅仅由高层战略管理专家提出，也不是没有弹性的 10 年计划，而是集合了全企业各经营单位的主要课题、方向、发展目标等，最终做出综合决策。

2.采用脚本分析法，提出一系列基于脚本的预测课题

运用此法，壳牌公司在 20 世纪 70 年代准确预测了因 OPEC（Organization of Petroleum Exporting Countries，石油输出国组织）的出现而导致原油价格上涨，以及 20 世纪 80 年代因 OPEC 石油供应配额协议的破裂而导致原油价格下跌。

20 世纪 80 年代初期，世界市场每桶原油价格大约为 30 美元，可是每桶原油成本仅为 11 美元，每桶原油的价格成本比为 3 左右，因此大部分石油公司是盈利的。全球市场对未来原油行情普遍看好，个别石油公司预测到 20 世纪 90 年代，每桶原油价格将上涨到 50 美元。

壳牌公司针对这一情况分析了一系列未来脚本。其中之一是：OPEC 石油供应配额协议谈判的破裂，导致石油充斥世界市场，每桶原油将降至 15 美元。1984 年，壳牌公司对经营单位提出的课题是，如果这一脚本在未来成为实际，公司应该怎么做？

壳牌公司根据这一未来脚本，决定围绕核心业务，降低公司成本。具体措施包括创新技术，加大资金投入提炼设备，节约设备的成本效率，并取消低利润的服务站等。此时，包括埃克森在内的其他石油公司并未对此进行假设分析，而是沉浸在原油市场一片繁荣的气氛中，并未改善核心业务的效率，而是扩展业务，实施多样化。

两年后，壳牌公司完成一系列变革，每桶原油价格维持在 27 美元左右。然而此时，OPEC 石油供应配额协议谈判破裂，北海和阿拉斯加等地成为新的石油产出地，而市场对原油的需求量也随之下降。石油市场很快出现供过于求的局面，每桶原油价格由 17 美元迅速下降为 10 美元。

壳牌公司运用脚本分析法的结果是，1988 年，其资产净收益率为 8.4%，相较于同行业主要公司（埃克森、美孚、英国石油公司、雪佛龙、德士古等）3.8% 的平均收益率，壳牌公司成为当年石油产业的大赢家。到 20 世纪 90 年代末，壳牌公司依靠低成本、精炼设备将原油开采成本降低到每桶 2 美元一下，并强化市场营销，遥遥领先于同行业竞争对手。并且这种趋势一直维持到现在，壳牌公司发展成为全球最大的石油公司。

不同于一般的问题分析方法，脚本分析法的主要特点（如图 5-2 所示）表现在：

1.全面性与灵活性的统一

运用脚本分析法进行分析预测，需要考虑的因素包括未来一段时间可能出现的状况，以及当前各种不同的环境因素。将所有的可能性尽可能全面地

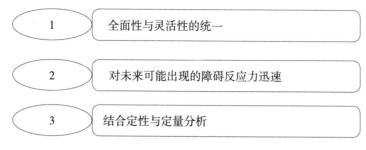

1	全面性与灵活性的统一
2	对未来可能出现的障碍反应力迅速
3	结合定性与定量分析

图 5-2 脚本分析法的特点

进行展示，有利于决策者作出分析预测。

2.对未来可能出现的障碍反应力迅速

运用脚本分析法，能够及时发现将来的一些不利情况，为采取行动削减、消除其影响争取时间。

3.结合定性与定量分析

脚本分析法在运用过程中根据不同脚本采取不同分析预测方法，同时结合定性与定量分析，弥补了定性分析与定量分析各自的缺陷，尤其适用于未来不确定性高的情况。

不过，脚本分析法对于某些基于过去决策结果，或者管理者对于企业未来发展有明确想法的企业并不适用。因此，企业如果要运用脚本分析法，必须首先承认企业在未来的发展中有未知的内容，并且企业管理者愿意为各种脚本假设改变自己的想法，同时贡献时间。

5.2 掌握环境因素：PEST 分析

麦肯锡公司在对客户服务时，往往需要对企业进行战略环境分析，而企业进行战略环境分析的基本工具是 PEST 分析法（如图 5-3 所示）。PEST

分析法从政治（Politics）、经济（Economic）、社会（Society）和技术（Technology）四个角度分析企业所处的环境，面临的环境因素。

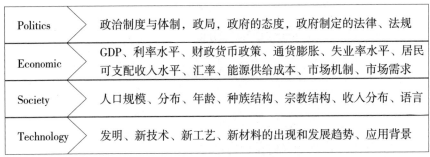

Politics	政治制度与体制，政局，政府的态度，政府制定的法律、法规
Economic	GDP、利率水平、财政货币政策、通货膨胀、失业率水平、居民可支配收入水平、汇率、能源供给成本、市场机制、市场需求
Society	人口规模、分布、年龄、种族结构、宗教结构、收入分布、语言
Technology	发明、新技术、新工艺、新材料的出现和发展趋势、应用背景

图 5-3　基于 PEST 分析法的环境因素分析

运用 PEST 分析影响企业管理、战略制定的环境因素，有利于企业从总体上把握宏观环境，并对不同因素影响企业管理目标和战略制定进行评价。因此，PEST 分析法在企业环境脚本分析中占据重要地位。

5.2.1　企业如何审视宏观环境

企业面临的政治环境因素包括政治和法律两方面，政治环境主要是指政局的稳定、当地政府对该行业的态度，法律环境主要是指当地政府制定的行业法律、法规。企业考察地区的政治环境因素，主要看其政局是否稳定；国家政策是否会有所改变法律以加强对企业的监管，同时向企业收取更多的赋税；当地政府的市场道德标准和经济政策；当地政府对文化与宗教等人文方面的关注程度；是否与其他组织有贸易协定。

构成经济环境因素的主要是利率、通货膨胀率与失业率、人均 GDP 现状及其在未来一段时间的预期水平等。

社会环境因素包括人口环境和文化背景。企业在进行管理、战略制定之前，需要弄清当地的主流宗教，对企业所处行业的整体态度，语言是否存在障碍，男性和女性在社会上扮演的角色，年龄结构，以及对环保、伦理等问题的看法。

企业分析技术环境因素主要看行业内的新发明、新技术、新工艺、新材料等，考察科技的发展是否对整个行业、龙头企业的劳动生产率、产品质量有较大影响，或者影响了消费者的消费方式，带来需求上的转变等。以及科技是否改变整个行业、龙头企业的分销渠道、沟通渠道等。对于苹果公司、微软、惠普、通用电气等高科技公司，技术因素决定其在行业的地位和发展前景。

PEST 分析主要针对企业所面临的宏观环境。在分析一个企业所处的总体背景时，从政治、经济、社会、技术这四个因素分析企业所面临的状况，有利于企业把握正确的决策制定方向。PEST 分析法尤其适用于对企业战略目标和战略制定进行分析。

5.2.2　影响因素重要性排序

企业受政治、经济、社会、技术等不同环境因素的影响，但是其中必然有一种环境因素对企业的决策制定起主要作用，即主要影响因素。企业必须从诸多环境因素中选择主要影响因素，并在此背景下进行战略制定、决策分析。

从影响因素的定义上看，影响因素对于企业的未来发展趋势起着一定的作用，是导致未来脚本变化的主要原因。企业未来的发展趋势和方向取决于影响因素的状态。确定课题的影响因素也是利用脚本分析法预测、描述未来脚本的重要一环。例如，针对"澳新地区未来十年旅游业的发展状况"的课题，旅游企业可以假定主要影响因素为：当地政府的政策支持、目标客户群的收入水平、旅游目的地倾向、竞争程度等。

企业面临的影响因素繁多而复杂，相互之间也存在一定的联系，包括割裂开来，而且从不同角度分析同一影响因素，其影响力度也不尽相同。因此，当企业大量搜集情报时，也需要开展大规模的调研和分析工作，将最初的影响因素列成一张表格。

在众多的影响因素中，一些未来具有明显不确定性，并且对企业发展有重大影响的影响因素，一般即为主要影响因素。同时企业管理者需要注意，应该让最广泛的企业人员和专家人士参与到影响因素和主要影响因素的确定工作中，以便提出更多的可能性和选择，同时不排斥个人提出自己认为的其他影响因素。最终，企业管理者汇总所有人的讨论内容，从中挑选出企业所在行业的影响课题的 10 个左右的因素，作为主要影响因素。

　　假定挑选出的 10 个主要影响因素，每一个因素都可能存在最正面、最负面和发生可能性最大这三种状态，则可以产生 310 种可能的方案。由于时间、资金上的限制，企业管理者不可能对所有方案进行模拟。因此在实际的操作中，企业管理者需要对 10 个主要影响因素进行进一步的压缩提炼，最终将其控制在 5 个以内。

　　企业管理者可以采用分别征询各专家小组成员意见的方式，将主要影响因素按照重要性进行排序，选择出意见集中的 5 个以下的影响因素，即关键影响因素。

　　通过对各影响因素的敏感性和时间跨度进行分析，企业管理者识别确定在未来一段时间决定企业所处环境的总体背景和影响产业环境变化的重要因素，即驱动因素。驱动因素在定量分析中被称为变量。企业管理者应该选择最重要而不确定的环境因素因素进入脚本。在脚本中可以不必考虑可预见的因素，因为这些因素基本上不会被忽视。

　　然后，企业管理者识别确定影响企业发展的直接因素和间接因素。直接因素一般指企业所处的产业环境因素，间接因素指企业面临的一般环境因素。同时，企业管理者应该识别出直接因素和间接因素的变化趋势，包括一种基本趋势（中方案）和两种完全相反的趋势（高方案和低方案）。

　　最后，企业管理者从直接因素的趋势发生概率和战略重要性考虑，确定关键环境因素，并根据各种趋势发生的概率制定企业的基本战略方案。某些环境脚本在战略上不具备重要性，因此无论其发生概率高低，在战略管理中都可以不予考虑。

5.3 基于 SWOT 分析的道斯矩阵

企业管理者主要运用 PEST 分析法分析预测企业所处的宏观环境，而如果企业管理者需要对企业自身既定的内在条件进行分析，则需要运用 SWOT 分析。SWOT 分析是基于企业面临的竞争环境而进行的态势分析。因此，SWOT 分析也被称为态势分析。

SWOT 分析法的理论步骤是，经过前期的调查工作，将与企业发展、战略制定等问题密切相关的内部优势（Strengths）、劣势（Weaknesses）与外部的机会（Opportunities）、威胁（Threats）等一一罗列出来，并依据发生概率和重要程度制成矩阵，即道斯矩阵（如图 5-4 所示）。最终，企业管理者根据道斯矩阵得出一系列具有决策性的结论。

图 5-4 基于 SWOT 分析的道斯矩阵

运用 SWOT 分析，可以全面、系统而准确地研究企业所处的环境，并根据分析结果为企业制定相应的发展战略、计划和对策。

5.3.1 SWOT 分析模型

企业管理者进行 SWOT 分析时，应该将企业看做一个完整的组织体系，同时考虑企业面对的广泛的竞争来源。SWOT 分析可以分为两部分：一是 SW 分析，主要用于分析企业内部条件；二是 OT 分析，主要用于分析企业的外部条件。

在 SW 分析中，企业管理者主要分析企业的优势和劣势，这时应该具体到价值链的各个环节，详细比较企业与竞争对手之间的区别。例如两者产品的创新性，价格上的竞争性，制造工艺的复杂程度，以及分销渠道的状况。如果某个企业所具备的优势与该行业所需的关键要素相吻合，通常该企业的综合竞争优势相对较强。同时企业管理者应该注意，对于一个企业及其产品是否具备竞争优势，应该从潜在消费者的角度进行考量，而不是从企业的角度考量。

在 OT 分析中，企业管理者主要针对外部的机会、威胁进行分析。这时，企业管理者应该采取全面的、一分为二的观点分析，看到其双重性。例如针对目前社会上流行的盗版威胁：由于盗版替代品具有价格优势，限制了正版产品的最高价，给企业带来威胁。但是反过来看，替代品也可能给企业带来机会。在这种情况下，企业必须分析，替代品是否给企业的产品或服务提供了更高的利润或价值；企业可以采取何种措施降低成本或增加附加值，以不断提高企业竞争力。如果企业通过采取措施降低了消费者购买盗版替代品的风险，则无疑给企业提供了发展的机会。

SWOT 分析是企业制定战略最常用的方法之一，通常用于企业战略目标、战略制定和竞争对手情况分析。进行 SWOT 分析时，企业管理者需要掌握以下方面的内容。

一、找出具体因素

优势，指企业内部因素中较为有利的因素，具体包括：较高的市场份额现状，充足的技术人才资源，有利的资金来源，良好的企业形象和品牌声誉，较低的成本付出，以及有效的广告攻势等。

劣势，指企业内部因素中的不利因素，具体包括：关键技术的缺乏，设备更新能力有限，创新性技术的不足，经营管理不善，高层人事变动，产品积压等。

机会，指利于企业发展的外部因素。具体包括：新政策的推行，开辟了新市场，消费者产生全新的需求，外国市场壁垒解除，竞争对手的失误等。

威胁，指给企业发展带来负面影响的外部因素。具体包括：地区经济衰退，消费市场紧缩，行业政策限制，生产替代品的企业的增加，新进入市场的竞争对手革新技术、降低成本，消费者偏好改变，战争、灾难等突发事件的影响等。

二、构造道斯矩阵

按照重要程度和紧迫性，企业管理者将各因素进行排序，构造道斯矩阵。构造道斯矩阵时，将那些对企业发展起着直接、紧迫和长期影响的因素排在前列，然后是那些间接、次要而短暂的影响因素。

三、制定战略计划

根据构造的道斯矩阵，企业管理者制定相应的战略管理计划。在此过程中，基本思路是：充分使用企业的优势因素，避免弱势因素，抓住机会因素，转化威胁因素。同时，企业管理者需要运用系统分析法，将各种因素相互匹配并进行组合，制定出一系列企业未来发展的可选择对策。

5.3.2 沃尔玛 SWOT 分析

以零售业巨头沃尔玛为例，沃尔玛凭借物美价廉、产品齐全和一站式购物，迅速实现市场份额的增长。从 1950 年创始之初，沃尔玛每隔 10 年就在销售额和门店数上上一个台阶，先后超过凯玛特和西尔斯，后来又完成了对英国第四大零售商阿斯达的收购（如图 5-5 所示）。

优势（S）：高效、低成本的信息和物流系统是沃尔玛的核心竞争力。例如，依赖于先进高效的信息系统管理存货，沃尔玛能迅速掌握全球的销售情况和不同市场的需求趋势，并且能够及时补充库存不足。在减少存货风险的同时，降低资金积压的额度，并加速资金的运转速度。

有效的人力资源开发和管理是沃尔玛在业务上成功的关键因素，在培训优秀员工和建立员工对企业的忠诚上，沃尔玛从来不吝惜时间和金钱的投入。

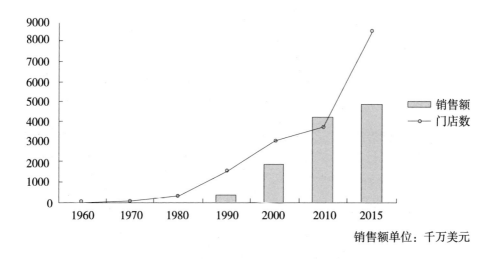

销售额单位：千万美元

图 5-5   沃尔玛销售额、门店数变化

劣势（W）：沃尔玛拥有全球最大的食品零售产业链，虽然在信息系统上具备优势，不过其庞大的业务扩展，仍然可能导致其在某些领域的控制力缺乏。

沃尔玛的产品从食品到服装、家电等各个领域，全面的同时带来分散的问题，在某些领域，沃尔玛比起那些专注于该领域的竞争对手显得适应性不足。沃尔玛是全球化企业，也立足于全球市场的消费者，但是目前，沃尔玛仍然在全球市场的开拓上有漏洞。

机会（O）：沃尔玛通过收购、合并，结成战略联盟等方式，与各国零售业巨头达成合作关系，并且以欧洲大中华区作为主要市场。扩展市场（东南亚、非洲）时，沃尔玛可以得到较大的发展机会。

借助于新的门店地点和门店形式，沃尔玛可以获得更多的市场开发机会。采取更接近消费者和购物中心的门店，沃尔玛能够在门店形式上进行创新，让以大型超市为主的经营方式更加多样化。沃尔玛的机会包括对目前大型超市战略的坚持。

威胁（T）：来自同行业竞争对手的压力。沃尔玛的世界零售业领头羊地位，使其成为其他零售商争相赶超的目标。而且，沃尔玛的全球化战略也可能因为不同国家的政治问题而受阻。生产外包模式导致制造成本的降低，由此引发零售商的价格竞争，可能导致特定领域内的通货紧缩。因此，恶性价格竞争是沃尔玛必须面临的一个威胁。

企业管理者进行SWOT分析时，需要客观认识企业自身的优势与劣势，并对企业的现状与前景进行明确区别。同时，企业管理者应该根据特定情况对各方面因素进行全面考虑，并与竞争对手进行比较。最后，企业管理者应该避免将SWOT分析复杂化，或者进行过度分析。

5.4 方案的描述与筛选

针对内外部的影响因素，企业管理者需要对其进行组合，形成不同的未来脚本方案。因为企业管理者对影响因素进行排序时，通常从其发生概率和重要程度进行考量，所以图5-6将各种脚本方案按照"发生概率"和"重要程度"两个方向归类脚本方案。如图5-6所示，一般分为A、B、C、D四个区域。

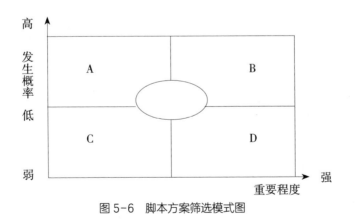

图5-6　脚本方案筛选模式图

图5-6中，位于A区域内的脚本方案发生概率高，重要程度弱，适用于追求稳步发展的企业。位于B区域内的脚本方案较A区域的脚本方案重要程度明显增强，如果预测结果可靠，处于该区域内的脚本方案是大多数企业展开

行动的重点依据，同时也是企业在行业中掌握竞争优势的法宝。位于 C 区域中的脚本方案因为具有较低的发生概率和较弱的重要程度，通常在企业制定行动战略中被忽略，不过在某些时候，处于该区域的脚本方案能够为企业带来出其不意的效果。处于 D 区域中的脚本方案相较于 B 区域的脚本方案发生概率较低，虽然拥有较强的重要程度，却不如 B 区域中的脚本方案受青睐。

由于企业能够调动起来实施脚本方案的资源是有限的，因此不可能对每个脚本方案给予同样的重视。这时，企业管理者会对脚本方案作进一步的处理工作，即筛选脚本方案。脚本方案的筛选是企业管理者正确决策的关键步骤。

因此，筛选脚本方案需要信息系统、成本控制、战略管理等方面的专家，与该领域相关的专家共同合作，评估得出的所有脚本方案。评估工作的参考依据是脚本方案的重要程度、发生概率，以及企业自身特点和所处行业状况。通过评估工作，脚本方案数量得到进一步压缩，重点集中在 5 个以内的描述方案，并根据这五个脚本方案进行下一步的模拟工作。

筛选脚本方案时，企业管理者应该尽量选择兼具较高的重要程度和发生概率的脚本方案，即图 5-6 中所示的 B 区域。由于关键因素的不确定性，因此发生概率的高低并不是绝对的。

而且，通常兼具较高的重要程度和发生概率的脚本方案并不多。在实践中，企业选择脚本方案时更倾向于将决策重心向左下方倾斜移动，即图 5-6 所示的灰色椭圆形区域。此外，处于不同行业，或者处于同一行业的不同企业之间，也因为具体的差别在选择脚本方案时具有不同倾向。例如一些企业倾向于选择重要程度高，发生概率相对低的脚本方案，即 D 区域。

然后，企业管理者从初步的脚本方案中筛选出 3 种脚本方案。第一种是最不出人意料的脚本，以目前的状况为判断依据，注明未来不可避免的事态和趋势；第二种是未来可能出现事态 A 的脚本，采用关键影响因素，分析预测企业未来可能发生的事态；第三种是企业困难出现事态 B 的脚本。

在此过程中，企业管理者需要注意，分别列出每一种脚本方案的关键影响因素和主要影响因素，同时评估其作用。而且，企业管理者选取的 3 个脚本方案应该代表不同结果或者相反结果，采用这种方法有益于管理者的脚本方案决策。

因为，如果企业管理者只考虑市场需求的积极趋势，可能因为缺乏应对市场需求下降的准备，而难以在困境中生存。如果企业管理者只考虑市场需求的消极趋势，可能因为担忧而错失市场发展机会。

最后一步是，企业管理者选择可能性最大的脚本方案，并根据这种脚本方案建立早期预警系统。早期预警系统的建立，主要是通过对主要影响因素的全盘清查，监测企业内外部环境，并发现环境中的细微变化。建立早期预警系统可以帮助企业及早发现面临的威胁和能够掌握的机会。早期预警系统的建立也可以调整脚本分析法中的主要影响因素排序，从而做出脚本方案的调整，为之后的脚本分析提供可靠依据。

早期预警系统包含 3 个子系统，分别是数据收集、指标预警和因素预警。数据来源可以是第三方服务或者计算机软件等自动搜索相关数据，为预警系统提供基础数据源。指标预警主要针对主要影响因素中能够被量化的因素，如消费者收入水平。因素预警的范围涵盖其他无法量化的因素，包括市场、行业的竞争激烈程度，地区的时局稳定程度等。

因素预警的结果可以从定性词形容，例如描述行业竞争程度的趋势，可以用"程度加剧""有所减弱"。同时，只要某一重要因素出现了，无论其数量和程度都需要加以重视。早期预警系统的设置数值没有统一标准，各个企业需要根据自己的实际情况进行具体分析，并随着环境的变化而不断调整，逐步完善。

5.5　定性分析与定量分析

企业管理者对企业所处环境进行分析，有两种方法，一是定性分析，二是定量分析。定性分析主要判断环境的性质、程度，而不讲求数量上的精确。定性分析过程被称为定性脚本法。定量分析则侧重于提供环境因素数量上的准确性。定量分析过程被称为定量脚本法。

5.5.1 价值创造模型的建立

定量分析法对企业所处环境的数量特征、相互之间的关系，以及数量的变化进行分析。在企业管理中，定量分析法以投资回报率、成本、销售增长率等企业财务报表为主要数据来源。然后以各种参数为基础，建立一个数学或经济计量模型，并通过选择或调整不同的参数，得到不同的脚本。如下图5-7所示，选择投资回报率、资本成本、销售增长率和可持续增长率为参数，建立的企业价值创造模型。

图 5-7　运用定量分析建立的价值创造模型

其中，创造价值 = 投资资本回报率 - 资本成本 > 0；减损价值 = 投资资本回报率 - 资本成本 < 0；现金剩余 = 销售增长率 - 可持续增长率 < 0；现金短缺 = 销售增长率 - 可持续增长率 > 0。

目前，企业主要运用计算机进行定量分析的模拟运算，最终可以得到大量的脚本，甚至多达 1000 个。得到模型之后，企业管理者同样需要进行脚本的筛选。在定量分析中，脚本的初步筛选由分析人员评估各个脚本的合理性和发生概率。然后，在保持其他变量不变的情况下，改变其中一个变量，产生不同的脚本。这样做的目的是评价各个变量的不同作用，以及各变量之间的关系，验证参数结构的判断性。

定量分析的优点在于能够为企业提供数量庞大的备选环境脚本，以分析环境的各种情况，尽可能准确地应对未来的不同情形。定量分析的缺点是，预测结果的正确性和质量，在相当大的程度上取决于模型的设立、参数结构的选择，对于企业的历史数据和关系依赖性强。所以，企业管理者在运用定量分析时，需要保持客观性和理智，而不能仅仅因为所得结果的精确性和充分性就贸然选择某个脚本。企业管理者应该明确，产生的脚本只是所建立的模型、参数结构和数据的衍生品，而在评估各种脚本的发生概率和合理性时，应该再一次分析模型、参数结构和数据的可靠性。

5.5.2　小松制作所的"180 日元计划"

定性分析是对环境因素进行"质"的方面的分析，主要解决"有没有"、"是不是"的问题，因此也被称为"非数量分析法"。企业管理者进行定性分析，主要依靠管理人员。专家主观的判断和分析能力，一线人员（如销售人员）丰富的实践经验，以及实际的客户调查和市场测试。定性分析是对企业所处环境进行的总体把握，主要适用于企业历史资料和数据缺失的事项。

定性分析法最早由赫尔曼·卡恩运用于美国国防部的工作。定性分析法主要通过人的思维、判断，判断重要的环境因素，并分析相互之间的关系，因此避免了定量分析法的机械、复杂，以及带有迷惑性的精确程度。同时，在定量分析中，尽管可以选择大量的变量，但仍然是有限的，具有一定的局限性，而定性分析基于人的思考，相较而言可以关注和识别的变量范围是无限的。

所以，企业管理者运用定性分析法评估环境因素，得出脚本，主要基于对未来的认识，而不是对未来的推导。定性分析法并不是利用企业的历史数据推导未来，而是以人的判断设想和认识未来，得出基本趋势和几种可能的未来，然后分析其各自的重要程度和发生概率，选择环境脚本。

例如，日本一家大型工程机械企业小松制作所。小松制作所成立于 1921 年，总部位于日本东京。在一次战略制定过程中，小松制作所需要对各种不确定的环境因素进行长期预测。小松制作所认识到，在各种环境因素中，首当其冲的是日元升值，因为日元升值将严重影响企业产品的外销。

预见到这一"可能的未来"之后，小松制作所根据当时日元对美元的汇率是 1 美元 =240 日元，提出"180 日元计划"。"180 日元计划"的主题是，一旦日元升值，达到 1 美元 =180 日元时，企业应当如何生存和发展。

虽然小松制作所全体难以估计这一脚本发生的可能性，但是这一脚本却对企业的生存发展致关重要，即重要程度高。因此小松制作所长期坚持降低成本，保证出口外销。事实上，小松制作所因此而迅速扩张，成长为日本最大、世界第二的工程机械企业。

在实际使用过程中，企业管理者应该将定性分析与定量分析结合起来，因为两者是统一的，互为补充。在进行定量分析时，定性分析是基本前提，因为缺少定性分析的定量只能是盲目而无意义的定量。在进行定性分析时，定量分析能够提供更加科学、准确的依据，提高定性分析的深度和适用性。

5.6　基于脚本法的需求预测分析

下面以伦敦市道路交通为例，讲解一下基于脚本法的需求预测分析，其操作步骤如图 5-8 所示。

1. 确定分析课题

因为对于 750 万伦敦市民来说，公共交通是其出行的主要方式（伦敦市道路狭窄、无高架立交），因此，选择伦敦市的道路交通需求及交通管理为预测对象，分析伦敦道路交通发展战略与具体策略。

2. 确定主要影响因素

分析和预测伦敦市道路交通需求以分析道路交通运输发展状况为着眼点，而道路运输受多种因素的影响，主要体现在运输需求的数量变化、质量变化、方向和范围发展四个层面上。经分析确定，伦敦市道路运输发展影响

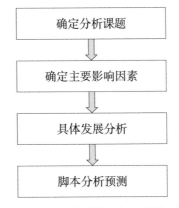

图 5-8　基于脚本法的需求预测分析步骤

因素主要包括：

（1）城市人口现状；

（2）道路运输服务效率；

（3）其他运输方式的影响（或道路运输在所有运输方式中的地位）；

（4）特定区域的经济联系；

（5）市长交通战略和优先发展公共交通的政策等管理措施等五个方面（如图5-9所示）。

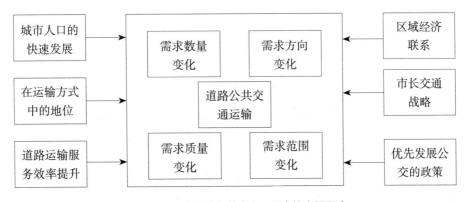

图 5-9　影响伦敦市道路交通需求的主要因素

3.具体发展分析

（1）城市人口现状

伦敦是英国的首都、第一大城市和第一大港口，同时也是欧洲最著名的大都会区之一、世界四大世界级城市（伦敦、纽约、巴黎和东京）之一。作为英国的政治、经济、文化和交通中心，伦敦同时承担着世界金融中心的重任。

因此，除了常住人口750万，就业人口470万，每年还吸引了3000万以上的游客旅行，旅行次数可达每日2400万次。

（2）道路运输服务效率

伦敦有发达的公共汽车线路网，世界上最先进的地铁系统。目前的公共交通体系构建耗时一个多世纪，不过仍然经历了两次大型交通危机（如表5-1所示）。

表5-1　公共交通体系构建历程

时间	交通现状及问题	措施
19世纪30年代	伦敦城市半径小于5公里，道路狭窄，货运、客运混合	1. 修建新的过境道路。 2. 对外道路提供客运服务范围扩展至20公里处。
19世纪50年代	伦敦市中心出现交通危机，城市交通流量不断增加	1. 修建环形铁路副线。 2. 建设长途通勤客运铁路线。 3. 建设4条跨泰晤士河铁路线。 4. 完成铁路内环线建设。
19世纪后半期	经济发展、城市外扩导致第二次交通危机	1. 修建地铁。 2. 连接地铁系统与公共汽车客运网络。

（3）其他运输方式的影响

伦敦市道路系统呈放射状加同心圆环路直交，市中心道路面积率为24.8%。伦敦市公共交通系统包括公共汽车、有轨电车、地铁、道克兰轻轨、泰晤士河水上交通等。轨道交通包括11条地铁线、3条机场轨道快线、2条轻轨线、26条城市铁路线。公共汽车线路超过700条。在伦敦市区，公共交通出行占总出行72%；在伦敦大都市区，比例为38%。

（4）区域经济联系

伦敦行政区包括伦敦城和32个自治市。伦敦城外12个自治市为内伦敦，其余20个自治市为外伦敦，与伦敦城共同构成大伦敦市，面积1580km²。伦敦大都市区则是包括大伦敦在内的东南地区，面积达1.04万km²。

大伦敦道路面积为 11.5%，乘客往来于伦敦城、内伦敦、外伦敦之间的人口比例达 39%，区域经济联系紧密。伦敦的公共道路交通网络堪称世界上规模最大的乘客运输体系，是轨道交通的有力补充，也承担着加强区域经济联系的主要任务。

（5）市长交通战略和优先发展公共交通的政策等管理措施

伦敦市公共交通经历了由政府到企业，企业主管，再到政府监督的管理过程。伦敦市专门设置运输局统筹各交通部门。伦敦市长全权负责市警察局、伦敦交通局、伦敦发展署和伦敦市消防与紧急规划署，伦敦交通局负责地面交通、地铁和铁路的管理工作。

伦敦市公共道路交通运行由伦敦公共汽车公司统一经营管理，由伦敦交通局提供资金支持。伦敦公共汽车公司负责运行线路、电车服务、监督运行、车站管理和其他辅助交通措施的管理规划（如图 5-10 所示）。

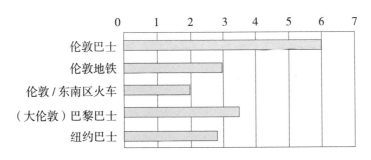

图 5-10　伦敦市公共汽车客运量示意图

伦敦市长交通战略由伦敦市长制定并监督目标实现，一般包括支持经济发展与人口增长和市民生活质量、安全状况、交通状况的改善。据 2010 年市长交通战略，至 2031 年，伦敦市旅行交通压力较 2008 年将增长 30%。

伦敦市的道路规划保证公共汽车优先，设有专门的公交车道，被涂成红色。在交通高峰期，公交车道上行驶的公共汽车较其他车道的车辆快 7~9 分钟。

4. 脚本分析预测

利用脚本分析法，根据近年来伦敦市公共道路交通运输发展趋势，结合上述对伦敦市客运影响因素分析，按可持续发展、传统发展和危机发展三种方案对道路运输描述脚本方案：

（1）可持续发展脚本（高方案）

这种情况基于以下设想：①维持人性化的地铁线路设计，高效的分流系统和优质的道路交通体验，由于各公共种交通方式之间建立起的高效协调机制，可以保持目前的道路体系不变；②铁路快速客运专线的开通，大伦敦区中途站点设置科学合理，以及交通准时性的发展，给道路客运留有较大发展空间；③道路交通基于上述优势，通过完善公共交通联网售票系统逐步完善服务质量，并与轨道交通、水上交通、出租汽车、私人汽车等实现有效衔接，完善换乘系统。因此，道路交通在逐步承担地铁、铁路和民航客源的情况下，可以提升分担的数量和质量。道路交通客运量比重 2015 年达到 26% ~ 30%，2030 年提升至 31% ~ 40% 之间。

（2）传统发展脚本（中方案）

这一脚本假设在未来规划时间段内，伦敦市延续目前的政策和现状，在未来一段时间保持平稳延续，即：虽然在预测期道路交通运输效率有所提升、服务质量有所改善、大伦敦区交通协调机制逐步完善，但由于不同运输方式的竞争加剧，使道路交通的市场份额基本保持平稳。道路交通客运量比重 2015 年达到 26% ~ 30%，2030 年仍保持在 26% ~ 30% 之间。

（3）危机发展脚本（低方案）

这一方案假设在未来一段时间内，伦敦市的区域规划、城市综合交通规划、运输结构、不同交通方式的效率水平基本稳定，处于渐进的状态，并且没有重大的交通政策和措施实施调整。在这种情况下，道路交通发展缓慢，将在未来失去发展机遇，其市场份额将被其他交通方式取代。道路交通客运量比重 2015 年达到 26% ~ 30%，2030 年下降至 21% ~ 26% 之间。

从伦敦市道路交通需求案例可以看出，通过脚本分析可以针对战略目标制定过程中可能存在的障碍做出反应，同时可以根据不同影响因素提出解决方案。因此，对企业来说，脚本分析导致了决策，而这些决策又反过来使这种脚本分析更为可行。在这种意义上讲，脚本分析不仅是对未来的预测，而且还间接地影响未来。

第 *6* 章

制定替代方案

　　据麦肯锡全球研究所的一项最新研究，不管你做什么工作
— 即使你是企业老板，如今的自动化也可以帮助处理你的一
部分职责；即使你是 CEO，也能看到自己的职责通过软件、
机器人等现有技术被自动化掉 20% 以上，这意味着我们拥有
了替代方案。如果企业还没有发展到这一步，我们不妨找其他
的替代方案。

　　通常，企业、个人为解决某一问题，应对某项挑战，总是
会有几种可采取的方案或手段。这些方案相互之间可以替换，
所以被称为替代方案。由于各替代方案都是建立在大量的分析
和可靠性评价基础之上，因此，替代方案也可以被称为可行方
案。替代方案的提出是应对谈判陷入僵局的法宝。

6.1 探寻问题背后的问题

麦肯锡公司是一家提出问题的公司，通过对方不断给出的答案，可以找到问题背后的问题。也许每个人都曾经问过或者被要求回答："谁应该为此次事件负责任？""为什么我们需要忍受这些改变？""发生这些问题，什么时候才有人出来解决这些事？"……以上这些问题，看似理所当然，其实问题的提出者从一开始提出这些问题就表明其希望把责任推卸得干干净净。因此，这些问题显示了团队、个人责任感的缺乏，这不仅是个人担当的缺失，更是当今许多问题的核心。

6.1.1 组长为什么老是找罗恩顶班

从现在起，开动脑筋，探寻问题背后的问题，是改善组织和个人生活最有效也最有力的方法。曾经，英国肯特纺织工厂的工会领袖罗斯·曼斯向工人们提问："伙计们，这次罢工由谁提出来的？"罗恩站了出来："是我。主席，您不知道，工头哈里斯接连三个星期把我从组里挑出来顶别人的班，反正他就是要和我过不去。我也受够他了，为什么脏活累活都该我干？"

罗斯·曼斯找到纺织生产小组总组长哈里斯："为什么你总是要跟罗恩过不去呢？他说你连着3个星期让他做了9次顶班的活儿，为什么要这样呢？"

哈里斯讶异不已，连忙解释："我挑罗恩完全是因为看中了他的能力，他不仅是纺织生产小组里干活最棒的人，管理起工人来还有模有样。所以，如果我发现哪一个小组没有领班，就会派罗恩去当临时的领班，带领工人们干活。我相信罗恩能带好班，要不然，我就去找鲍勃或者琼斯了。而最近一段时间因为闹流行性感冒，很多领班都病了，我才总是让罗恩顶他们的班。我竟然从来不知道，原来罗恩并不愿意当临时领班，我还以为他是喜欢当头头的人呢。"

6.1.2 她是否应该越挫越勇

哈里斯堡保险公司的律师贡萨雷兹拦住宾夕法尼亚州的保险专员说："凡德罗先生，我知道您的时间非常宝贵，我想和你谈谈关于加强责任法案推定条款的一些问题。我们认为，该条款对于一些保险公司而言不太公平，因为他们目前的保单中包括价格调整限制措施，所以，最好能做出适当的修改。"

凡德罗先生打断了贡萨雷兹，说："贡萨雷兹女士，在法令颁布之前，我们部门已经就这些规定举行过几场听证会。你们公司完全有机会在听证会上提出反对意见。我主持了那些听证会，贡萨雷兹女士，我敢肯定，我当时聆听了每一个证词，并且亲自撰写了该法案的所有条款的最终文本，你是说现在出错了责任在于我吗？"

贡萨雷兹解释，"当然不是，我不是说你不公平，而是因为这些条款带来的后果有些是我们未曾预料到的，而且……"凡德罗先生再次打断："听着，贡萨雷兹，我竞选这个职位的时候，曾经向公众保证在市场上杜绝对人生命构成威胁的电吹风和廉价轿车，这样的轿车简直就是炸弹。现在的法案已经达到了这个目的。你的公司去年通过这个法案赚到了 6000 万美元，你以为我是傻瓜，到这里来和我谈什么不公平、未曾预料的后果，我再也不想听到任何一句有关法案内容的话了。再见。"

很明显，律师贡萨雷兹女士在某一点上激怒了保险专员，结果双方闹得不欢而散。而哈里斯堡保险公司在宾夕法尼亚州的客户很多，与保险专员保持良好的关系必不可少，即使贡萨雷斯坚持认为这项法案有失公平，可能会在长期内对公众造成不良影响，甚至连专家们都没有预料到其中存在一些问题。那么，她应该越挫越勇还是就此罢手呢？

6.1.3 问题背后的人

在上面两个案例中，问题出在哪儿？没有看到问题背后的问题——人。

其实，谈判者也是人，而且首先是人。尤其是在商业谈判中，人们往往忽视了这样一个显而易见的谈判事实，即对方也是活生生的人，而不是一个抽象的公司利益代表。

谈判者也有自己的思想、感情和坚守的价值观，来自于不同的背景，同时在这些背景和体验的影响下，选择不同的看问题的角度。人是高级的动物，同时也是复杂的动物。人们有时候会觉得对方难以捉摸，有时候就连自己也弄不懂自己。

在谈判中，谈判者的人性可能是谈判的有利因素，也可能给谈判带来毁灭性的后果。一方面，在达成协议的过程中，双方会产生一种取得满意结果的心理愿望，而且要尽量使得双方都满意。

这样，双方的谈判会建立在信任、理解、尊敬和友谊的基础之上，而且随着合作的加深以及合作次数的增加，谈判会呈现一次比一次愉快和顺利的局面。人们希望给对方留下一个良好的印象，并获得良好的自我感觉，这些因素会让人们考虑更注重对方的利益。

然而另一方面，人拥有的一些负面情绪也会在谈判中施加不利影响，谈判中可能表现出愤怒、消沉、胆怯、敌意，甚至会产生受伤感。人们会否定自我，以自己的角度看待这个世界，将感觉与现实状况混在一起。这是就会产生误解，既可能误解他人想表达的东西，也可能表述不清自己的真正意图。误解加剧偏见，偏见引起逆向反应，最终形成一个恶性循环。

这时，理性分析的可能性已经不复存在，谈判就此走到终点。最终，这场谈判变成一场争夺得分的比赛，以嘲讽、谩骂等等攻击行为对待彼此，而结果就是，最终都付出实际利益的损失。因此，无论在谈判的哪一个阶段，都要问问自己："接下来我说的话是否直达问题的根本，还是一些忽略对方感受、推卸责任的言语？"把对方当成普通人，尊重其反应，对事不对人，这是企业和个人都应该坚持的原则。

6.2 掌握问题的本质

麦肯锡公司合伙人罗泊认为,发生冲突时,人们应该掌握问题的本质:冲突的根本是利益而非立场。因此,明智的解决方法是协调各方的利益,而非立场。从表面上看,人们的冲突矛盾来自于立场的不可调和性,如果各方的目标是达成立场上的共识,则各方思考和讨论的立足点是立场,在立场上各方让步的可能性很小,谈判往往因此陷入僵局。

如果问题的解决者只注重谈判各方立场的不同,从调和各方立场的角度解决问题,那么基本上不可能找到解决方法。而只有从各方真正的利益角度出发,将立场和利益区分开来,才能找到解决问题的关键。

因此,问题的本质是利益,协调各方利益才是解决问题的关键。各方谈判的根本问题不在于立场上的冲突和矛盾,而在于双方的需求、愿望、想法乃至恐惧等诸多方面的不一致性。

例如,房主说:"我不准许他在我的地盘上搞房产开发。"买房者不依不饶:"我们根本谈不拢,他的房子要价55万美元,我最多只能出50万美元,再多一分都拿不出。"其实问题的实质是,房主需要现金,而买房者图个省心。因为,房主需要至少55万美元与前妻做个了断,而买房者向家人做的保证是,花在买房上的钱最多不超过50万美元。

6.2.1 着眼于利益而非立场

人们所有的愿望和顾虑都代表着利益,驱动人行为的也是利益,双方立场争执的本质也是利益。立场是人们做出的决定的结果,而做出决定的原因则是人们的利益。在戴维营草签的"埃以合约"表明,着眼于双方的利益而非立场对于谈判的进行十分有益。

曾经，以色列占据埃及的西奈半岛长达 11 年之久。终于，埃及和以色列愿意坐下来进行和谈了。然而此时双方却根本不能心平气和，因为各自的立场水火不容。以色列坚持继续对西奈半岛的部分地区持有管辖权，而埃及自然对西奈半岛寸土必争。

于是，在地图上，西奈半岛一次次地被重新划分。埃及无论如何也不能接受自己的国土因一道分界线而流落到他国之手，以色列也拒不接受悉数归还自己付出了 11 年心血的土地。双方互不妥协。

一直到双方转变了谈判重点，着眼于利益而非立场，才使得谈判有了转机。归根结底，以色列需要的是不受到埃及将坦克驻扎在边境的安全威胁，而埃及则要保证自己的主权完整，因为自有法老之日起，西奈半岛就深深地刻上了埃及的名字。而历经流落于希腊、罗马、法国、英国统治长达几个世纪的命运之后，埃及终于重获国家主权，自然不会轻易向任何外国征服者割让自己神圣领土上的每一寸土地。

最终埃以双方达成的协议是这样的：埃及拥有西奈半岛的全部主权，埃及的国旗可以在西奈半岛上随处飘扬，不过，西奈半岛上的大部分区域都属于非军事区，埃及不得派驻任何坦克靠近以色列。

之所以着眼于利益而非立场这种方法行得通，原因在于，每一次谈判陷入僵局都是因为双方只采取显而易见的立场，然而每一项利益其实都可以通过多种方式得到满足。如果能够通过对方的立场寻求其背后的利益动机，可能最终能找到一个既满足自己的利益，又满足对方的利益的新立场。例如，一开始，以色列为了保证其安全，要求保留西奈半岛的部分领土。然而最终，双方找到了一个新立场，即在西奈半岛上实行非军事化。

而且，双方立场上的对立其背后不仅仅是具体某一种利益的冲突，而是多种利益因素综合作用的结果。因此，协调利益而不是寻求立场上的妥协，这种方法总是行之有效的。

其实在立场对立的情形下，各方背后既有互相冲突的利益，也有共同的利益。然而谈判双方通常的心理设定是，对方的立场肯定与我方的背道而驰，对方的利益也与我方的利益格格不入。如果我方的利益是保护自己，那么对方一定是要对我方的安全造成威胁。如果我方希望房租尽可能便宜，那么对方肯定要想方设法抬高房租。

6.2.2　房主与房客的共同利益

其实在大多数谈判中，只要双反能够仔细地考虑潜在的利益，往往会发现，双方共同的可调和的利益远远超过不可调和的对立的利益。例如在租房问题中，房东和房客的共同利益是，双方都需要对方是稳定的。房东需要一个稳定的房客，而房客需要一个变动性较小的住址。双方的第二个共同利益是，双方都希望房屋能够得到很好的维护。房客自己要住在这里，而房东希望房屋能够增值并且维持一个良好的名声。双方的第三个共同利益是，都希望建立良好的关系，房东希望房客按时交租，房客希望房东提供最方便的生活基础设施，必要时对房子作出维护。

而双方有区别的利益在于，房客对涂料过敏，不能亲自动手粉刷房屋，然而房东也不肯承担粉刷工钱。第二点是，房东要求房客在入住的第二天预付第一个月的租金，以免发生意外事件。然而房客满足于目前的状态，并不在意何时支付这笔钱。

权衡所有的冲突利益与共同利益之后，双方存在的要求低房租（房客）和追求高收益（房东）之间的分歧，似乎并不是找不到解决方法。考虑到共同利益，双方可以签署一份长期租约，协定共同担负住房条件的改善费用，并在相互之间提供帮助，一起为创建一个良好的关系而努力。考虑到有分歧的利益，双方的解决方法可以是，房客第二天交付定金，如果由房客出钱购买涂料，则由房东负责粉刷房屋。而最后剩下的是具体的房租问题，这个需要房屋租赁市场公平合理的定价。

由于双方的立场是明确而具体的，然而背后的利益则是隐藏而不可捉摸的。因此，利益的确定是首要之务。最基本的方法是站在对方的角度上考虑问题，换位思考。对于对方采取的每一个行动。都分析其背后隐藏的原因，也分析为什么自己和对方会那样做。同时，考虑对方的选择，了解其现在的想法。

当与对方谈论某个问题时，针对问题的根本而不是进行交涉的人。例如客户向空调维修商反映："你们保修的空调又坏了，这已经是这个月以来的第三次了。在第一次时，空调坏了整整一个星期，现在眼看天气越来越热，我们急需一台性能良好的空调，怎样才能让空调不出毛病呢？我想听一听你们的意见。我们是该换一家售后服务商，还是应该起诉生产商，或者还有一些其他的方法？"以咨询性的语气与空调维修商交涉，而不是责怪维修商技术不到位、偷工减料，这样不是更愉快地达到了目的吗？

6.3　可供选择的解决方案

现实生活中最常见的问题是，把蛋糕分得让双方都满意似乎不太可能。例如在离婚协议中，房子的所有权归谁，孩子归哪一方抚养。无论对哪一方来说，个人的选择也许关系着成败，因此，双方都不愿承认自己的失败。即使赢得了谈判的那一方，以 10 万美元买下了房子，或者得到了孩子和房子，也会背负一种难以忘怀的沉重感觉，无论形势如何，个人的选择都十分有限。

这时，各方需要创造出可供选择的解决方案，即替代方案。在切割蛋糕之前，把蛋糕做大，每个人从中分得的都将更多，具体的分法也可以改变。然而，现实中很多谈判者却宁愿"把钱留在谈判桌上"，因为这些人并没有通过谈判实现利益最大化，没有达成本应达成的协议，或者没有达成本应对双方更有利的协议，而是选择平分蛋糕，却没有让谈判双方各取所需。

6.3.1 提供多种选择方案

在谈判中，提供多种选择方案是必要的，然而很多谈判者却认识不到其中的重要性。人们总是在争论自己知道的才是正确答案，因此自己的观点应该占上风。人们认为所有的选项都是基于双方立场之间的一条直线，而唯一有创造性的想法则是求同存异。

麦肯锡公司职员艾布特认为在大多数的谈判中，之所以人们不能创造出可供选择的多种解决方案，主要原因在于，谈判者不成熟的判断；基于惯性力图寻求单一的答案；认为对方的问题应该由对方自行解决；认为蛋糕的大小是不可变化的。

为了找到富有创造性的选择方案，首先需要把创造性的选择方案与对方案进行评判区分开来。同时，增加谈判桌上的选择方案，而不是只寻求一种唯一的解决方案。当然，寻求双方的共同利益仍然是有效而必要的。并且，找到能够让双方容易做出决策的方法。

由于评判方案的行为阻碍了谈判者想象力的发挥，因此，谈判双方应该将创造选择方案的过程与评判选择方案的行为分开，将需求选择方案的过程与从中进行选择的过程分开，先思考再选择，先创造，再决定。

问题的解决者需要有创造性想法，虽然这并不简单，但是创造性要求人们找到一些新想法，而不是将头脑中固有的东西原原本本地呈现出来。因此，为公司同事或朋友组织一次讨论，相互之间交流想法，各抒己见。通过这样的讨论方式，问题解决者可以有效地将创造与决定的过程区分开来。

这是一个集思广益的过程，其目的在于为手头的问题找到尽可能多的解决方案，其根本原则是，尽可能创造出更多的想法，而不用停下来评判这种方案是否可行，将所有对选择方案的决策和评价放到之后讨论。由于没有过程中的种种限制，在创造时，一个个的新想法会源源不断地涌出。

为了避免自己对某种方案具有倾向性，问题解决者可以一次考虑至少两个选择，甚至是那些自己明显不会同意的选择方案。例如，在卖房子的问题上，"我可以一分钱不要把房子白送给你，或者你支付1000美元买房，或者你支付 100 万美元买房……"由于问题解决者明显不会采纳这些想法，因此接下来，可以把这些方案只当成一些可能，而不是建议。

6.3.2　不要想着最佳方案

在集体讨论中，不可避免各方会抱着寻求最佳方案的想法解决问题，尽管可能完全是出于善意，这样的做法无异于大海捞针。因为，当问题的解决进行到这一阶段时，各方的目的不在于寻找正确的途径，而在于开创能够解决的空间。

只有通过寻求一些截然不同的想法才能开创这个空间。为了酿造出最好的酒，酿造厂会在各类品种的葡萄中挑选出最令人满意的葡萄，棒球队为了挑选最优秀的球员，会派球探走访各州的地方球队和校队，同样的原则也适用于问题的解决中，无论是酿酒、挑选棒球球员还是谈判，都需要一个特定的过程从大量的选择中挑选出最合适的那一个解决方案。

如果有人问，今年的诺贝尔奖将花落谁家，明智的人会这样回答："先让我想一下。"然后，在笔记本上列出政界、商界、新闻媒体、农业、医学、物理化学等领域的 100 个人选，而且一定会保证出现一些明显不切实际的人选。采用这种方法做出的选择一定会比从一开始就试图回答出正确答案更可行。

在谈判中，创造出许多采取不同强硬程度的协议，如果其中一种期望达成的协议没有通过，则考虑其他态度强硬程度不同的提议，这样可以增加双方在谈判桌上达成协议的数量。如果双方无法就一些实质性的问题达成协议，那么可以考虑在一些程序上的问题达成一致。

如果制衣厂与批发商无法就哪一方应该担责运输途中造成的衣服损坏达成一致，那么他们可能会同意将这个问题提交仲裁。同样，如果无法就某一问题达成永久性的协议，则可以达成一个临时性的协议；如果不能就主要问题达成协议，则可以再次要问题上谋求一致，也就是说，同意双方之间存在分歧。这样一来，可以找出有时候并不是很明显的双方争论的焦点所在。

6.4 如果没有替代方案

由于谈判双方存在利益上的冲突，因此，即使讨论实现双赢的策略也无法掩盖的事实是，房客希望房租再便宜一点，而房东则希望抬高房价；客户希望订购的一套陶瓷餐具明天到货，供应商则说什么都不愿在这周发货；公司创始人希望在看得见风景的办公室里工作，而其他的合伙人也希望独占这个观景房。

麦肯锡公司认为替代方案的提出是解决这些问题的关键，然而，并不是所有问题都有替代方案可供解决，如果面临的是一个二选一的问题，替代方案并不存在。如果没有替代方案，人们应该怎么做？引入一套客观的评判标准。

6.4.1 不一定要有一方妥协让步

通常情况下，为了解决分歧，谈判双方很容易陷入立场上的争执，只讨论那些各自愿意和不愿意接受的条件。可能有部分谈判者不愿意接受现有的条件，而要求调整解决方案；可能有部分谈判者会坚持己见，而要求对方做出巨大让步；也可能有部分谈判者表现出大方的姿态，比起谈判结果，更愿意得到对方的肯定和友谊。

无论谈判各方在争执中表现得强硬还是软弱，这样的谈判过程更注重的是各方愿意接受的条件。如果谈判双方的两种意愿相互作用，最终得到的谈判结果好比谈判者生活在孤岛上，既没有历史的传统，也没有惯例的承袭，更没有道德标准的考量。

然而，仅凭个人意愿和双方的分歧进行的谈判将付出巨大的代价。因为这样的谈判只是将一方的意愿与另一方的意愿一较高下，这样谈判下来既没有效率也没有友谊可言，最终的结果不是一方让步就是另一方妥协。例如在选择吃饭的地点，商谈一桩生意，或者决定孩子的抚养权时，如果在双方之间没有引入一套客观的标准，那么根本无法达成符合标准的协议。

因此，解决方法是，在谈判中引入一套独立于个人意志之外的客观标准。如果房主已经与建筑承包商签订了一份标明价格的房屋建筑合同，房主要求房屋的地基必须是钢筋混凝土，可是合同中并没有标明地基打多深。而且房主也不同意建筑承包商 2 英尺的建议，认为这样的房屋至少需要 5 英尺的地基才符合正常标准。

建筑承包商明确指出："我已经按照你的要求在房顶上都用了钢梁，你该同意我打 2 英尺地基的要求了吧。"然而，任何一个思维正常的房主都不会同意建筑承包商的话。这时，与其费劲地与建筑承包商讨价还价，房主不如搬出客观的安全标准来解决问题。

"这么说吧，可能是我弄错了，也许 2 英尺就足够了。我只是希望地基足够坚固，以保证整栋楼的安全。政府对在这种土质上盖房有什么具体的安全标准吗？附近的其他房子地基多深呢？还有，这里发生地震的可能性大不大？在哪里能找到解决这个问题的标准呢？"

其实签好一份合同并不比打好一个地基容易。如果房主与建筑承包商可以引入客观标准解决问题，为什么不能在商品交易、多方谈判、法律纠纷甚至国际谈判中使用客观标准呢？例如，在商定价格时，参照市场价格、重置成本、公开招标价格，而不是仅凭卖方漫天要价、信口开河。

总之，引进客观标准进行谈判，强调运用原则而不是人为的施压解决问题，把注意力放在评判问题的是非曲直上，而不是比较谈判双方谁的态度更强硬、气势更嚣张。只讲道理，而绝不屈从于任何威胁。

6.4.2 让协议有先例可循

讲求原则的谈判能够愉快而有效地达成明智的协议。原则越公平、越讲求效率或者科学的标准，在解决具体问题时，就越有可能达成明智而公平的一系列协议。谈判双方越重视前人先例和社会惯例，越有可能从以往的经验中受益。

通常，人们不会对一份有先例可循的协议进行攻击。因此，如果一份租约使用标准条款，如果一份销售合同符合行业的惯例，那么谈判双方不会感觉自己受到了不公正的待遇，在日后也不会擅自撕毁协议。

在谈判中，如果各方不断争夺主导权，最终各方的利益都将被损害，而如果使用原则谈判，则会对双方的关系起一个维护作用。如果双方都在谈判中坚持用客观标准解决问题，而不是采取强硬的手段逼迫对方妥协，整个谈判都会轻松得多。

在达成协议的过程中，双方对之前做出的承诺反悔的情况并不少见。而使用客观标准则会大大减少类似情况的发生。在基于立场的谈判中，谈判者在捍卫自己立场上会耗费大量的时间，用于攻击对方的立场。而使用客观标准则可以有效地利用时间，讨论一些可以采纳的标准和解决方案。

在多方谈判中，引入客观标准可以极大地提高效率。这时如果采用基于立场的谈判，很容易陷入僵局，因为想要达成协议，需要各方结成联盟，而持某一立场的谈判方越多，想要改变这一立场就越困难。

在海洋法会议的谈判中，第三世界国家的代表印度提议，对于所有在深海海床采矿的公司，根据每个采矿点 6000 万美元征收开发费，而以美国为代表的一些发达国家则对此提出激烈反对。

这时，谈判各方引入了一项由麻省理工学院开发的深海海床勘探经济模型，据此评估收费提案对勘探经济造成的影响。印度代表方了解到，如果按照如此高昂的勘探费，那么各大公司在前 5 年内根本不可能运作。因此，印度方面决定重新考虑自己的立场。而美国方面了解到，在勘探过程中征收一定的费用是完全合理的，也因此改变了原来的立场。

在这一过程中，没有哪一方妥协，也没有哪一方示弱，最终引入的经济模型为整个谈判提供了一项客观标准，增加了达成协议的可能性。由此看出，在谈判中引入客观标准，有时并不需要双方做出让步，而只需遵循这个标准，对双方都有很强的说服力。

6.5 非黑即白的陷阱

麦肯锡咨询公司通过长期实践得到下面的结论："两者择其一"、非此即彼的陷阱不仅存在于谈判中，在企业的管理上，那些没有针对每个问题，制定出各种选择方案的管理者，也将承担相应的决策后果。当人们听到以下的说法："世间万物不是黑的，就是白的"，大部分人会提出抗议。然而大部分人每天却都接受同样荒谬的论述。

6.5.1 鸟笼逻辑

天晶管业曾经是英国肯特郡的一家小型水管设施制造厂，由于制造厂年份久远，厂内的设备老旧，加上竞争日益激烈，天晶管业被认为很快将要被市场淘汰出局。厂主詹姆斯·布洛得出了正确的结论：必须尽快将生产作业分离出这座工厂。但是由于天晶管业决定盖新厂时，并没有制定出其他的替代方案，结果盖新厂的巨大花销，成为导致天晶管业破产的直接原因。

事实上，发现设备老旧时，天晶管业除了决定让全场停产外，没有其他任何动作。其实天晶管业可以采用的替代方案还有很多：例如将生产工作暂时安排到临时工厂，与其他厂商合作经销其他产品。由于天晶管业的管理层已经知道盖新厂所牵涉的风险，而其他任何一个替代方案都会比盖新厂的决定更好，也更容易被大家所接受。不过现实是，管理层并没有思考过其他可能的解决方案，最终导致天晶管业资不抵债，向政府申请破产。

因为公司从来都是自产自销，所以必须一直生产下去。因为利润等于销售价格扣去生产成本，所以要提高利润，只有削减成本。大多数公司的管理者并没有考虑把生产工作外包或改变产品组合的可能性。

这是陷入了惯性思维的困境。如果人们看到一个漂亮的鸟笼挂在某个房间里最显眼的地方，那么过几天来看会发现，要么这个鸟笼被扔掉了，要么鸟笼里住了一只鸟。这是对惯性思维最生动形象的解释，也被称为鸟笼逻辑。

其实这个过程很简单。设想自己是这个房间的主人，相信只要有客人进入房间，这些人一定会看到鸟笼，然后会忍不住问房间主人："里面的鸟呢？是不是死了？"这时，如果房间主人回答："我从来没有养过鸟。"客人们会继续发问："那么，你挂一个鸟笼在这儿干什么？"最终，房间主人不得不选择扔掉鸟笼，或者买一只鸟放进去。因为，这比一次又一次、无休止的解释要容易得多。之所以有鸟笼逻辑，原因是人们思维的局限性，没有考虑到替代性方案的可能性。

只有替代方案的存在，才能表明人们的基本假设已经被提升到意识的层次，因此会迫使自己检视这些方案，测试其效能。替代方案的存在并不能证明方案提出者的明智，也不能保证完全的正确性，却至少可以防止人们在未经深思熟虑的情况下做出错误的决策。

在涉及到组织的问题中，替代方案的考虑是必要的。在谈判中，替代方案是在双方没有达成协议的情况下，双方自行解决问题的可行性方案。其中的最佳替代方案则是最符合谈判一方或双方利益的替代方案。

6.5.2　以信息取胜

如何制定最优的替代方案？掌握充分而准确的信息。不仅要全面了解自己的状况，还要掌握对手的各种信息。对于谈判对手了解得越具体、越深入，其后的估计则越准确、越充分，越有利于掌握谈判的主动权。

人们应该了解的信息包括以下几个方面：公司发展的历史、组织结构建设特征、生产的产品技术特点、市场份额、供需能力、价格水平；对手通过谈判希望达成的目标，其资信状况和谈判者的资历，在公司的地位、性格、兴趣爱好、谈判风格，以及作风、惯常采用的谈判模式等。

麦肯锡的咨询顾问弗雷明德教授曾经到过世界不同国家旅行。在旅行中，弗雷明德教授试图了解更多国家的不同文化，并开始在不同国家提供咨询工作。弗雷明德教授曾经成功劝服 3000 名玻利维亚的农民不种可可，而改种香蕉。

虽然当时玻利维亚政府明确规定可可是非法作物，但是当地农民对种植可可仍然有着很强烈的意愿。弗雷明德教授临危受命，很快便展开了调查。通过调查，弗雷明德教授了解到，其实在整个可可贸易链中，最赚钱的是处于中间环节的运货商，而那些农民赚的钱不过是一些零头。可是，为了生存，这些当地农民并没有其他的选择。

弗雷明德教授试图寻找一种可供替代的种植方案。在调查过程中，弗雷明德教授发现当地有很多香蕉，不过这些香蕉的长势并不好。同时，弗雷明德教授也发现了一个好消息：当地存在一个巨大的香蕉需求市场。

弗雷明德教授赶到了种植区，与农民进行接触。弗雷明德教授首先讲出双方的区别点："我们之间看起来有多么的不同，包括我们的讲话方式，我们的文化。"同时，也告诉农民双方的共同点："我们都想追求更好的生活。如果我们一起合作的话，我们可以得到更多。"

农民们有种植香蕉的土地和劳力，同时还有一些香蕉树。弗雷明德教授可以提供种植所需的技术、资本和市场，如果双方结合起来，一定会成为一个比较好的交易。"那些农民虽然是文盲，但是他们并不笨。"后来，农民们种植出来的第一批新香蕉上市第一周，便引来南美洲一些国家的大量收购，香蕉的价格也水涨船高，当地农民和政府在这场交易中实现了双赢。

弗雷明德教授总结出来的谈判技巧是：首先，通过了解信息，看到人们最普遍的渴望，具体到香蕉案例中，则是当地农民都渴望更好的生活。其次，让对方看到自己已经拥有的资源，而不是没有的利益。再次，帮助对方了解，应该以及如何与更专业的人合作，从而帮助对方实现目标。

6.6 为什么价格不可以一降再降

伊莉莎经营着一家法国品牌服饰店，在一次到麦肯锡咨询公司咨询中，伊莉莎无意中向咨询顾问抱怨："在我们的生意中，客户会不断地要求我们降价。如果我们不降价，他们就会去找我们的竞争对手，一点儿都不想和我们在价格问题上谈一谈。而实际上他们也的确能从我们的竞争对手那儿拿到他们想要的价格。面对这种情况，我们从来不知道该怎么做？"

咨询顾问这样回答："如果面临的是强大的竞争对手，那么一味地退让只能让你输掉原则和立场，既然已经降了价，为什么还要一降再降呢？"客户有多样的选择，而卖方却举步维艰。扩大到一个更大的层面上，如果在谈判中面临一个强有力的对手，而对方占尽先机，这时讨论利益、选择方案、标准还有什么意义呢？如果对方有钱有势，在谈判中不缺砝码，这时，处于弱势地位的谈判者该怎么办呢？

6.6.1 设定一个底线

如果所有的天平都倾向于对方，基本上没有任何一种谈判模式可以保证成功。就像没有任何一本园艺书可以教给人怎样在沙漠种出睡莲，在沼泽种出仙人掌。当人们走进一家古董店，看中了一套伊丽莎白一世时代的银质茶具，然而摸摸口袋里的 100 美元，再看看标签上的 3000 美元，这时无论有多么巧妙地谈判技巧都无济于事。

当人们赶飞机时，似乎非得乘最早的一班走。然而事实是，有些乘客完全可以乘坐下一班离开。人们常常会面临同样的处境。由于已经在一桩大生意上付出了太多，出于急于成交的考虑，很可能过于通融对方的观点，于是妥协得太快。这时，"让我们达成一致，结束谈判吧"这类蛊惑人心的话语变得奏效，人们在一份原本应该拒绝的协议上签下了自己的名字，草草结束了谈判。

为了避免类似情况的发生，谈判者需要提前设定一个能够接受的最坏结果，即所谓的底线。如果是卖方，预设一个可以接受的最低价，如果是买方，预设的底线是自己愿意支付的最高价。例如房主贝蒂与丈夫商议，开价45万美元卖掉房子，不过底线价格是38万美元。

通过确定底线，可以增强谈判者抵抗压力和草草结束谈判的诱惑的能力。仍然在卖房子的例子中，如果买主确实无法支付高于35万美元的价格，而所有人都知道房主去年买这套房子时花了33万美元。在这种情况下，房主掌握着谈判的主动权，而买主可能会找到代理人或者其他相关人员来找房主谈话，希望把价格再降一点。由于事先做出的底线，可以保证房主不会做出事后后悔的决定。

如果站在房主一方的人不止一个，则应该制定一个共同的底线，保证其中不会有人向买主透露房主可能愿意接受较低的价格。房主可以说："价格抬得越高越好，不过如果低于38万美元，你就无权做主。"这样可以限制律师、经纪人或者其他代理人的权限。

6.6.2 确定底线的代价

然而，确定底线也需要付出一定的代价，可能会限制谈判者在谈判中随机应变的能力。因为底线的定义是，自己绝对不会改变的立场。从这个意义上来说，一旦确定底线，意味着谈判者已经堵住了自己的耳朵。既然事先做出了决定，不管对方怎么说，谈判者都不会松开这根底线。

同时，底线也会限制谈判者的想象力，不会激励人去创造一个更可行、更恰到好处的解决方案，寻找出对双方更有利的方式调和利益的分歧。因为所有的谈判都不只有一个变量。例如，房主可以将房子以35万美元的价格出手，不过条件是买主不得转卖，同时推迟过户的进程，保留3年的仓库使用权，并且随时有权买回那2英亩的农场。其实也许这样做比卖38万美元对房主更有利。然而如果坚持底线不放手，房主不可能想出如此灵活的解决方案。由于底线本身存在的严格性，通常会导致僵化的可能。

此外，底线通常会出现定得过高的情况。比如当房主和家人一起商量房子的底线价格时，大儿子说："我看 25 万美元就是底线。"二女儿立刻反驳："我们至少应该要求 40 万美元。"丈夫插话："38 万美元就想买走我们的房子，那简直是偷！依我看，最少值 50 万美元。"房价抬得越高，大家获利就越多，谁会反对丈夫的意见呢？而一旦决定之后，底线通常不会更改，而这所房子也很难出手。还有一种情况是，底线定得太低，以这样低的价格卖房子，还不如按月收租赚得更多。

因此，确定底线虽然可以让人们避免接受其他不利的建议，同时却也阻碍了创造出更有新意的解决方案，妨碍人们接受更明智的解决方案。而如果是随心所欲地确定底线，这样的数字对人们做出决定根本不具参考价值。

因此除了底线，人们还可以找出一个最佳替代方案。例如当一家人考虑卖掉房子时，困扰房主的真正原因并不是能够接受的房子的最低价，而是如果在一段时间内卖不出房子，接下来是应该一直等下去，还是租出去，或者改建成停车场，如果有人愿意重新装修房子，则让其免费住下去。在考虑各种因素的情况下，找出一个最具吸引力的替代方案，衡量这个替代方案与房子卖个好价钱之间哪一种更可取。

说不定，找到的替代方案比以 45 万美元卖掉房子更具吸引力。退一步来讲，以 35 万美元卖掉房子总比终日埋首于遥遥无期的等待更合理。只有一点可以肯定，任何一个随意定下来的底线，都不能真实地反映每一个人的想法和利益。

第 7 章
选择解决策略

　　麦肯锡咨询公司十分注重员工对解决问题策略的选择。不少面试者很顺利通过麦肯锡咨询公司第一轮的面试，而在第二轮面试中往往没有通过。因为面试官会给面试者做了一个头脑思维测试。面试官说，如果石油可以无限使用了，世界将会怎样。不少面试者谈了关于经济、政治、人文、环境等。这道题没有标准答案，不过这道题可以很好的体现面试者选择解决策略的能力。

　　而对于管理者，解决策略的选择在很大程度上取决于企业管理者自身的思维。很难想象一个思维具有局限性的管理者会选择创新性的解决策略，然而，继续沿用陈旧的解决策略对于问题的解决没有丝毫的帮助。因此，解决策略的选择需要企业管理者、领导者冲出思维局限，突破管理格局。

7.1 内在因素与外部空间的问题

处于市场中的企业本身有一个产生、发展和衰落的过程，一些正在走向没落的企业发现，无论采取何种手段措施改善企业经营状况，一切都于事无补，似乎终究躲不过被市场淘汰的命运。其实，抛开行业本身的原因，更有可能是这些企业的决策者患上了一种"功能性视觉障碍"，看不到自身存在的问题，而是寄希望于其他的途径让企业起死回生。

7.1.1 当管理者感到痛苦时

相当多的管理者曾经深刻感受过那些发自内心的痛苦，员工们工作态度不积极，总是把私人问题带到工作中，或者相互之间缺乏信任，团队缺乏凝聚力，员工缺乏归属感等，以致于公司人员跳槽严重。

这些压力直接或间接地压到管理者的肩上，让管理者身心俱疲，甚至对未来产生茫然无措之感。处于这种状态的管理者在工作时，因为不能向员工们清楚地传达自己真实的想法和情感，所以与下属的关系会越来越远，失败感加倍袭来。

"我觉得无法忍受了。"约翰手下有位很能干的下属，进公司短短一年多时间，就实现了上千万的销售业绩，这在约翰所从事的管道阀门销售行业内几乎算是奇迹，约翰为招得这样一名部下感到欣慰。

但是有一点让约翰困扰不已，这名部下过于喜欢沟通，无论大事小情总要找约翰商讨，而且不分时间场合，只要约翰出现，就会喋喋不休地说个没完。"他是那种很有上进心的员工，每天找我沟通无非是想表明工作态度积极，想得到提拔。但是现在这种沟通成了我每天的必修课，占用我大量的时间，已经严重影响到我正常的工作了，但他是公司的骨干，我又不希望因此而打消他的积极性。"

同样感到郁闷的不止约翰一人，一些管理者也遇到了同样难题。"那个员工事无巨细都要我帮他出点子拿主意，久而久之我倒成了他的下属，而他则像个无事人似的。"

这时，管理者需要从内在因素出发，找到公正的力量。公正的外在表现是司法公正、制度公正，然而公正的前提是对自己公正。对自己公正，是指不仅清楚自己正在做的事、希望做的事，还了解自己的决策将给他人带去何种影响。并且在这种情况下，个人仍然勇于做出这个决策。

7.1.2　对自我真诚

对自己公正的核心是自我真诚。莎士比亚曾说，"最重要的是：对你自己真诚。这一条必须遵守，无论是白天还是黑夜，你都不能虚伪地对待任何人。"自我真诚需要学会倾听并遵循自己内心的声音。每个人都必须面临人生的抉择，而且这些抉择将深深影响未来的人生走向。

面临抉择时，每个人都会受到来自外界和他人的左右，反而把自己内心的声音放在最末一位考虑。可是，其实在每一次抉择时，人们都会在内心有一个答案，知道怎样才会取得最佳效果，达到心灵的平和，这是人类独有的良知因素。很多成功的选择往往是在个人倾听内心的声音时做出的。

每个人都可以参与到下面这个实验中。仔细回想一下，最近一段时间自己有没有一段特别想改善、想挽回的关系，因为互相推脱任务而闹别扭的同事，因为家具选购意见不合而冷战了 3 天的爱人。问一问自己，如果真的想改善这一段关系，自己应该做什么？请问：当人们这样想的时候，是不是有一个答案自动浮现出来了？自己对这段关系的改善有没有信心？如何确定自己有没有信心？

当每个人问自己这个问题时，其实在心里会生出一种直觉，认为自己可以改变某件事的结局。虽然从来没有面临过类似的状况，但是内心的直觉是，如果对此采取措施，必然能取得好的结果。

这个方法是"询问良知"，也可以被称作"潜意识沟通法"。当人们做决策时，直觉、内心的答案的影响力，往往超过事件的紧迫程度、来自社会和他人的压力，以及众人的期望或者逃避痛苦、寻求捷径等因素。因为，每个人内在的智慧足以帮助自己获得成功和心灵的平静。

然而，通常的情况是，人们明明知道事情应该怎样做才是最正确的，但是却做出与正确的道路背道而驰的决策。难道那些半途而废的人不知道坚持的可贵吗？可是对自己的不诚实让这些人最终选择了放弃。难道那些背弃诺言、投入敌营的人不知道忠诚和责任的重要性吗？可是对自己的不诚实让这些最终选择了逃避责任。难道那些收受贿赂、贪污腐败的人不知道公正廉洁的准则吗？可是对自己的不诚实让这些人最终选择为了取悦他人而服从不合法的利益。类似的例子不胜枚举。

当人们背弃了内心的声音时，心灵的不平静会导致借口责怪他人、谴责他人来为自己辩护的结果。所以，如果发现周围有很多相互责怪、抱怨、自责情况时，每个人都要好好想一想，极有可能是因为自身没有与内心取得协调平衡。多数时候，人们都希求通过外部的某一个人来解决问题，认为问题来自于外部空间。

7.2 完美的解决方案是什么

IBM 程序总监、软件质量之父瓦特·汉弗莱曾经分析过大型软件项目总是会失败的原因，因为据美国专门从事跟踪 IT 项目成败的权威机构统计，超过 50% 的中小型软件项目最终能够取得成功，却没有任何一个大型软件项目是成功的。即使在近几年项目管理技术得以提高的状态下，大型软件项目依旧无法成功。

　　瓦特·汉弗莱认为，并不是这大型软件项目本身无法管理，对于大型软件管理的"完美"解决方案是信任。企业管理者信任并且允许自己的软件人员和其他高科技专家进行自我管理，同时必须确保员工们知道如何管理自己的工作，并在适当的时机进行监视，以确保这些人在正确地工作。适当的监视并不意味着不信任，管理者需要对员工的工作表示出浓厚的兴趣。

　　为此，企业管理者可以进行"闭眼度量"，即通过员工自我评估和目标管理，衡量在某种状态下员工的工作效率。更重要的是，管理者与下属都需要坚持自己的初衷。

7.2.1　缺失信任的负循环

　　对于个人而言，想要收获成功与快乐的人生，也需要对自己真诚。美国篮球史上唯一一个以运动员和教练员双重身份入选奈·史密斯篮球名人纪念堂的约翰·伍登，其个人评价是——一个只忠实于自己信仰的普通人。在约翰·伍登所忠实的信仰中，排在第一位的是"对自己真诚"。

　　约翰·伍登在普渡大学学习的第四年，正值全美范围内的一场篮球巡回赛开赛。由于约翰·伍登已经获得 3 次全美最佳篮球员称号，同时也是当年的年度最佳球员，所以各个球队都对其给予了极大关注。凯尔特人球队承诺，只要伍登参加这次巡回赛就可以获得 5000 美元。因为当时伍登工作一年的收入不过 1500 美元，所以 5000 美元的诱惑力其实是很大的。虽然之前从来没有，也从未想过要打职业篮球，不过伍登还是决定将其纳入考虑。伍登找到兰伯特教练寻求意见。

　　兰伯特教练没有立刻回答伍登的问题，而是问，"你来到普渡大学就是为了能够打职业篮球巡回赛吗？"伍登马上回答："不，不是，我来普渡是来受教育的。"而且伍登确实在这儿受到了良好的教育。兰伯特教练说："很好，现在就由你自己来做决定了，我不能帮你做决定。"

　　其实兰伯特教练的回答已经为伍登指明了方向——忠于自己的初衷。伍登真实的愿望是成为篮球教练和体育教师，而不是打巡回赛。于是，伍登做了忠于内心的选择。

任何一个人，如果为了 10 万美元而违背自我，都是对自己的不诚实。如果人们无法信任一个对自己撒谎的人，那么当人们对自己撒谎后，同样也不会再信任自己了。然后，人们会开始自责。失去了自信心，也就意味着失去了一切。

企业管理者背弃初衷，导致企业内部相互之间的不信任，最终一切的后果会由企业内部的每一个人承担。如果个人不能做到对自我的诚信，那么也无法信任自我。这是因为个人由于种种借口，导致某个承诺没有兑现，最终会让其失去对自我的信任，然后陷入自责，没有自信。做出承诺，背弃承诺，自责，不信任自我，继而再一次不遵守承诺，这样就形成了一个负循环圈（如图 7-1 所示）。

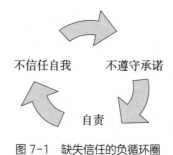

图 7-1　缺失信任的负循环圈

7.2.2　皮格马利翁效应

每个人都会受到他人潜移默化的影响和暗示，尤其是那些自己信任、欣赏、敬佩的人。心理学家用"皮格马利翁效应"阐述这一现象。这是每个人在日常生活中都可能会遇到的事情。例如一位女士穿上新买的裙装上班，发现遇到的所有同事都说这条裙子不好看，那么下班回到家，这位女士做的第一件事肯定是脱下这条裙子。

美国心理学家罗森塔尔博士以实验揭示了皮格马利翁效应的存在。罗森塔尔博士选择加州一所学校为实验场所，在新学期伊始，委托该校校长展开实验。校长首先选出两位教师，夸他们是全校最优秀的教师。

然后，校长交给这两名教师来 18 名学生，并对两名教师说，这 18 名学生都是在学校智力测试中名列前茅的小孩，不过不能告诉这些学生他们是被特意挑出来的。18名学生和两名教师一起组成了一个新班级。这两位教师在课堂上教学十分卖力，不想辜负校长的厚望。一年之后，这一个班成为全校成绩最好的班级，分数超出其他学生一大截。

实验结束，校长告诉两名教师，其实这18名学生都是由罗森塔尔博士随机挑选的，并没有在智力测试得分上高于其他孩子。两名教师只得把孩子们取得的成绩归功于自己出众的教学水平，这时校长回答，其实两名教师也是随机挑选的，并不是所谓的全校最优秀教师。

这个结果与罗森塔尔博士最初的定论取得了惊人的一致。皮格马利翁效应揭示了期望心理中的共鸣现象，管理者也可以将其运用到实际管理中去，给予员工充分的信任、受重视感和被关注感，鼓励其积极主动而有创造性地发挥无限潜能。

拥有管理者的信任和激励，员工会相信自己的能力，并朝着管理者期待的方向努力，成为真正的人才。即使是那些自身的能力有限的员工，在得到管理者的激励之后，也会让自身才能得到最大发挥，把原先"不行"的事变成"行"的事。这样，企业中的每个成员才能得到最大发挥，领导者信任管理者，管理者信任员工，最终形成了一个良性循环，打破之前的负循环圈。

7.3　正确永远在变化

麦肯锡咨询公司在为客户服务时，总是准备多种方案。对于这种情况，公司职员是这样解释的："客户的需求是多样性的，有侧重性的，更是变化性的。当客户在变的时候，麦肯锡行动小组成员也需要及时去变化。"

在哲学领域，人们普遍认为运动是绝对的，而静止是相对的。这句话等同于变化的是绝对的，而不变是相对的。正因为事物都具有这种深刻的变动性，所以人们认为，追求极端、绝对是不明智的，应该坚持求新求变的思想。

7.3.1　不一定与一定

虽然万事万物都处在不断运动、变化和发展之中，但是并不意味着人类面对变化只能一味顺从，听天由命，而应该发挥自己的主观能动性。处于动态之中，发挥主观能动性的目的是为了从"不一定"到达"一定"的状态，取得相对的、短暂的平衡。

而且，从客观意义上看，一定与不一定两者之间有着千丝万缕的联系。一定中包含不一定的因素，不一定中也包含一定的因素，两者相互包含，相互联系，在一定条件下相互转化。之所以要区分一定与不一定，是因为这是人类认识世界，继而改造世界的一种方法。

处于永恒的变动之中，整个社会，乃至每个个体的人生都可以被看作"不一定"的变体，所以，人们的一言一行都习惯于采取"不一定"的态度，以此隐藏内心真实的想法和立场。其实这样做的目的只有一个，而且这似乎是人类与生俱来的本能：在不断的变化中保护自己。

在"不一定"的环境下，人们产生了以不变应万变的思想，以此作为应对变化的基本信条。"变"与"不变"二者之间是辩证统一的关系，变动之中蕴藏着不变，因此人们可以以不变应万变。虽然外部世界错综复杂、变化多端，但是当人们把握了世界的客观规律，就可以轻松地应对各种因变动带来的危机。

虽然事物的外在表现和问题的形式等处于不断的变化之中，但是思考与解决问题的根本方法和原则依据并不会改变。坚持以不变应万变，就是以不变的本体为立足点，运用变通的方法行为，面对有着万千变化的形式和现象世界。

变化有渐变和突变之分，渐变是那种不易为人所觉察的，不显著的变化，而突变则是显著的，能够立刻为人所感知到的变化，很可能会引发重重危机。基于变与不变之间的相互包含、辩证统一的关系，人们产生了持经达变的思想。"经"指的是"经常"，不变的原则，"持经"意味着要以变化的思想看待周围的人和事，而"持经"要达到的目的是"变"。只有变才能求得合理，"合理"是"持经达变"的目的，合理的变才是正确的变，以求时中，就是"时时命中"，达到预期目标。

"持经"要求变化必须符合规律，"时中"要求变化要能达到一定的目的。所以，变化体现了合目的性与合规律性的统一。只有合目的、合规律的变化才可能合理，而不是单纯地为变化而变化，这样只能流于形式。

7.3.2 随机应变与投机取巧

与随机应变背道而驰的是投机取巧的行为。两者在行为上是一致的，都体现了变化，然而二者又有着不同的动机。因此，随机应变和投机取巧二者既有区别又有联系（如图 7-2 所示）。

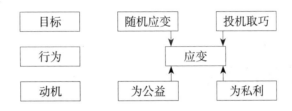

图 7-2 随机应变与投机取巧的区别

由图 7-2 可见，随机应变与投机取巧因为动机的不同而有所区别。随机应变是为公共利益而变，投机取巧则是为个人私利而变。有时候，即使为公共利益而随机应变带来的结果不尽如人意，人们也会对此予以理解。

然而，如果是为个人私利而投机取巧，即使最终带来的结果有益于公众，这个行为本身也很有可能受到人们的责问。因此，比起客观结果，随机应变更看重主观动机。不过主观动机往往不能从表面上得出，而只有通过留心观察行为人的种种行为本身及带来的结果才能做出较合理的判断。

因为正确永远在变化，那些善于随机应变的人更看重他人隐藏的真实动机。一套精密的读心术也因此而诞生。读心术主要通过人的外在行为透视其内在动机，而不是仅凭言语把握说话主体的心思，所以读心术专攻解读人的内心。

虽然读心术可以用于解读他人的动机，但是最了解内心动机的始终只有当事人自己。一个人究竟是为公还是为私，外在的一切评判并不是重要，最关键的是主体自身在内心有一把尺子，即为人处世的基本准则——道德约束。一个不受个人道德约束的个体，很有可能为所欲为，为达目的不择手段。只有具备道德约束的人才会重视个人的良心，以此为行动准则，整个社会也赞赏有良心、有良知的人。只有从良心出发的行为，才是符合个人内在真实动机的行为。

通过向内探究自我的良心，发现自我，培养和扩充自我品德，这样的人能从内在动机出发约束外在行为，向善而生。 不过，由于个人是否遵循自我良心外人很难评判，因此很难建立个体之间直接的信任关系。因此，双重行为标准很容易产生，即因为忠于自己的良心，所以当对他人的承诺与自我良心相左时，很有可能会违背承诺，留给他人不守信用的感觉。

7.4 矛盾不可避免

由于企业不可避免会面临管理上的矛盾，因此，高明的管理者会坚持深藏不露的基本立场，在平时大智若愚，对什么都不求甚解，模棱两可，而在关键时刻，常常挺身而出，态度坚决。

其实这是一种巧妙的立场，多数时候既不表示赞成，也不会表示反对，因为无论赞成或反对，都不会对结果有所改变。所以，不轻易表明自己的态度，是某些高明的管理者必备的特征，不过往往给人模棱两可的感觉。不过早表明态度还有一个好处，可以使自己不丧失任何一个可能的机会。

7.4.1 非反对不可时才反对

单位组织全体员工旅游，有一部分人主张去夏威夷岛，另一部分人主张去伦敦，最后表决结果是去伦敦，而其中一名员工因为之前多次去过伦敦，得到经理的同意退出了此次旅游。然而不久后，因为伦敦高温不下，于是单位决定改道去夏威夷岛。这名员工听到这个消息后，找到经理询问自己可否加入，然而经理说既然该员工已经退出旅游，就没有机会参加了。这名员工十分气愤，又悔不当初。这就是过早表明态度带来的不良后果。

明智的人只有在非反对不可的情况下才反对，否则就不表明态度。通常，在某些东方国家，为了不得罪人，即使心里有怨言，也不会明确表示反对，反而嘴上会说赞成。这也是韬光养晦的做法，那种在美国盛行的个人表现主义在东方国家是万万行不通的。

因为在这些地区，对有才能的人群起而攻之的现象并不少见。所谓"枪打出头鸟"，只有含蓄内敛的人才会生存得更久，也能赢得他人的好感，并一步一步寻找机会施展自己的才华。因此，个体之间需要寻求一种微妙的平衡，推崇中庸之道，这既是一种自我选择，又是一种自我保护。

在美国，人们可以在自己家小院的前后左右插上各色各样的旗帜，封自己为国王，封自己的太太为王后。只要这种行为不会对他人造成妨碍或伤害，警察都会一笑了之，绝不会因为这个人欺骗了自己而将之逮捕。

因为人们只是在骗自己，骗不了别人。然而如果一个人的行为涉及到欺骗他人，就很有可能受到法律制裁。不过在印度则恰恰相反，最重要的就是不能骗自己，至于欺骗他人的行为，社会一直缺乏严格的法律约束。所以每个人都是自求多福，只要管好自己，不违背良心即可。

在东方国家，羞耻感是刺激人不断向上的动力，对于那些为自己留面子的人，人们往往会心存感激。一个没有羞耻感的人，在某种程度上是无敌的，也是最没有希望的，因为很难通过良知刺激其改善自我。

7.4.2　深藏不露，蛰伏以待

在东方国家，所谓深藏不露，是个人隐藏自己的才能，蛰伏以待最佳发挥时机。所以，深藏不露的必要条件是能力，一个没有能力的人并不是选择隐藏自己的才能，而是一种迫不得已的做法。

因此在东方国家，一个有真本事的人如果到处招摇，很容易就会受到他人的攻击，在没有实现自己的价值时就丧失了展示自我的机会。如果发现自己的意见与他人不同，而且自己的意见确实是比较适宜当下的意见时，个人没有必要与众人辩论，站在风口浪尖据理力争，而应该采取深藏不露的迂回战术，在不知不觉中展露自己的想法。

当被分派一个任务时，首先以自己缺乏能力表示谦虚，然后根据具体的情况展现自己的能力。这时，其他人并不会嫉妒，上级反而会为自己发掘出一个人才感到高兴。相反，如果一个人在最开始就表现得才能出众，很有可能所有人都在等着这个人当众出丑，甚至会故意从中作梗，阻挠这个人完成任务。

如果面对他人请求帮忙，推说自己没有时间，但是暗自挤出时间妥善处理该事宜，对方不仅不会埋怨，相反会对这个人深表感激。这种情况主要出现在东方国家，因为生活在东方国家的人们存在着一种固有的思维模式，企业员工也具有矛盾的心态（如 7-3 所示）。

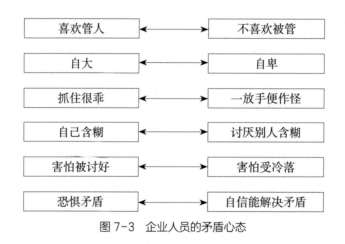

图 7-3　企业人员的矛盾心态

矛盾心态具体表现在语言上是，人们总喜欢两句话一起说，一句包含肯定的意思，后一句包含否定意义，常常是肯定在前，否定在后。肯定部分听起来是客套话，为了保证说话的妥当性，而真实的意思往往在后一句话。但是也不能只听后一句话，因为其实整句话由前一句的肯定奠基，两句话必须一起听，并认真分析两句话各自的份量和比重，然后恰当而准确地找到肯定与否定之间合理的平衡点。

所以，通常根据动物临床反应发展出来的心理学对印度人来说不一定适用，因为印度人习惯在动态中取得平衡，按照具体情况进行具体分析。就像每次领导发表讲话后会随口加一句"有意见请发表"，这时如果有人真的发表真实意见，特别是对领导的话进行反驳，那么领导可能会大发雷霆。这里体现了揣测真实意图的重要性。

7.5　判定：是非问题分析

是非化判断是进行制度化管理的必要环节，管理者必须明确某个行为的是非对错，这是管理标准化的前提。而管理者通常根据自己的观念判断是非对错，其中的主要依据是价值体系。

然后，经过是非化判断，管理者归纳出被判断为"是"的部分，从中提取相应标准，形成标准化体系。对于被判断为"非"的行为，则被认为是与标准化没有直接关系的。

在标准化的规定形成之后，管理者需要将这些规定应用于整个企业的管理中去，成为所有员工都必须遵守的行为准则，将其进一步制度化，形成对整个企业具有合法且普适意义的约束性准则。这样才有可能让制定的标准有利于整个企业的经营。

是非判断并不是人与生俱来的能力和行为，而是在经历社会实践以及人生经验之后形成的价值观念。因此，是非观并不是天然、客观的，不同的人常常具有不同的思维和哲学观念，对于同一件事的认识和看法有可能天差地别，以此做出截然不同的是非判断。思维差异决定了是非判断的差异。具有不同思维的人，有着不同的是非判断（如7-4图所示）。

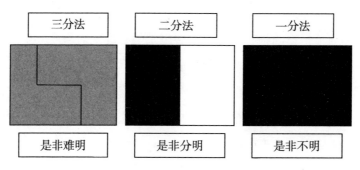

图 7-4　思维决定是非判断示意图

拥有二分法思维的人，其判断结果为是非分明，在是与非之间有一条泾渭分明的界限。这是典型的美国人的是非观。而典型的印度人的是非观为"是非难明"，恪守中庸之道，往往要做出一个是非判断十分困难。不过，即使是非的标准比较难以把握，但是是非仍然是有别的。而典型的日本人遵循前辈和上级的教导或命令，对此完全不加质疑和反抗，在这种是非观的指导下，人们的决策一般比较果断迅速、雷厉风行，只强调行动不注重个人想法。不过在很多时候，不加深思熟虑作出的判断极有可能是盲目的。

这是因为哲学的不同，决定思维的差异。即使人类同处于一个地球，站在地球的不同方位，看待世界的角度和方向不同，形成的哲学观念也不同。虽然人类用的都是观察法，但对待地球的看法却如此不同。

例如在看待地球的问题上，东方人从"生"的角度出发，认为一内涵二，先有一再有二，所以是"一生二"。因此，在东方人眼中，合大于分，讲究"和合"，推崇天人合一，素来讲究以和为贵。而西方人则是从"分"的角度出发，认为二构成一，没有一就没有二，所以是一分为二。因此，在西方人看来，分大于合，推崇的是"个体"，崇尚个人主义，讲究"分析"与"对立"。

当然，三种管理思维并没有优劣之分，只是适应不同情景、不同地域的思维方式，而且这三种思维在一定的条件下可以相互转化，二分法可以有两种变化。二分法思维可以转化为三分法和一分法思维，三分法也可以转化为一分法和二分法思维，不过二分法转化为三分法思维相对较难，一分法也很难转化为二分法或者三分法思维。

所以，在很多情况下，美国人会觉得印度人的思维方式难以理解，缺乏法制法规，毫无章法可循，甚至有点模棱两可。而二分法要转化为一分法则比较容易，只要放弃原则和标准，一味服从命令，只是采取行动即可。所以美国人能够理解日本人的思维方式。同理，三分法要转化为一分法也比较容易，只要取消原来复杂的标准，只听从命令，只强调行动，完全不需要思考。

三分法的包容性最强，能够轻易地转化为一分法、二分法。其次是二分法，转化为三分法具有相当的难度。包容性最差的是一分法，所以日本人无论是在工作还是生活中，都习惯于依赖命令而做出行动，毫无怨言，一旦命令撤除或者环境发生变化，这些人会难以适应，极有可能走上自杀道路。

从三分法转变为二分法，再到一分法，这是一个顺势的过程，转变起来非常轻松自然，而从一分法转变为三分法则是一个逆势过程。当然，并不是说三分法一定处于优势地位，一分法十分不利。事实上，三种管理思维各有利弊，最明智的做法是在管理中各取所需，优势互补，综合运用。用三分法思考，二分法决定，一分法执行。

在讨论问题时充分运用三分法思维，集思广益，认真倾听每一个人的意见，权衡各种利弊关系，同时也要有有所为有所不为的道德准绳和管理底线，而不是一味迎合众人，这样只是无能和没有判断力的表现。进行决策时运用二分法，得出清晰决断的定论，而不是含糊其辞。一旦做出决策，就要拿出一分法的魄力坚决执行，无论对错，都要保证执行的力度和速度。

7.6 目标管理的适应性

美国企业的管理普遍采取二分法思维，追求明确的是非观，看重赏罚分明，能够毫不犹豫接受失败的结果，而且在管理上"只认证不认人"。即使是建筑企业的董事长视察自己的工地，都要按照规定戴上安全帽，佩戴识别证，否则，工地的看门人绝不会放行。

员工们被要求按照自己的职责完成任务，并且只负责自己的权限范围内的工作，互不干扰。因此，员工的个人表现往往是决定了其是否能够得到上级的赏识，往往重视法治，而不是根据人情亲疏、个人喜好做出决策。

二分法的管理思维适应于稳定的环境中，此时采取目标管理法是行之有效的。处于西方成熟市场的企业，管理者结合公司组织目标，以及部门和员工个人的目标，制定出一套目标管理流程，作为检验公司绩效和运行状态的依据，为企业或部门的数字化管理和人力资源管理提供参考。这种管理方法可以形成一套固定的模式，模式化后可以推广到更多企业管理中去。

由于员工从进入企业的那一刻开始，即被明确告知基本薪资、奖金、福利的数额，应该履行的义务和职责，之后是否留在企业是员工的个人决定。因此，这是一个双向的选择过程和结果。由于每一项工作过程和不同阶段都有详细的划分和细致的管理，所以能够实行过程量化和目标量化。目前世界上绝大多数企业都采取二分法管理思维下的目标管理法。

不过，这种管理方法并不适合于所有企业。事实上，大部分企业都曾在这方面经历过失败。因为，很多地区的员工和管理者并不具有二分法思维，所以在实际中很难真正执行目标管理法。

而且模式化、程序化也会使人丧失创造力，导致思维僵化和墨守成规，习惯于单打独斗而不是团队合作，缺乏灵活性和变通性。因此，美国的管理书籍一般5年会进行一次更新换代，也就意味着美国式管理模式一次最多只能持续5年，否则就会过时僵化。

此外，在这种管理模式下的员工流动性很大。如果在短期内得不到升迁，或者考核不通过，员工会选择跳槽，或者被迫跳槽。在这种情况下存在着急功近利的现象，员工之间遵循"优胜劣汰"的竞争法则，必须争取个人表现，很难建立互助互谅的和谐关系。高度的制度化导致企业内部缺乏自由空间，员工之间只有机械化的交流和沟通。

不过在三分法管理思维影响下的印度式管理则要灵活得多，通常上级并不会做出明确的指示，因此听者必须学会揣测其弦外之音，分析上级的真实意图。同时，印度式管理崇尚在大集体中发挥个人优势，能者多劳，互补互助。

个人需要服从于集体，个人之间要寻求一种平衡的和谐关系，至于其他外在规章的制衡则处于次要位置。而且，个人不能表现得太过优秀，否则个人之间的平衡一旦被破坏，优秀的个人就会受到打压和排挤，最终被迫离开该集体。

然而，具有二分法管理思维的员工和管理者，强调个人的义务感，为集体做贡献，希望得到周围人的支持和拥护。因此得到升迁的往往不是能力最强的，而是认真负责、踏踏实实的员工。这些员工在集体中，平时大智若愚，只在关键时刻才会因为履行义务而不是谋取权利显露个人实力。

所以，通常具有二分法管理思维的员工和管理者，其基本的素质和修养是含蓄内敛。同时，因时制宜，因地制宜，不断根据实际情况调节自身状况，在动态中取得稳定和平衡，灵活多变，应变力强，尤其适应变动的环境。

即使面临突如其来的意外和危机，集体也能迅速调整自身，作出判断应对，从而妥善解决问题，达到预定的目标。集体能够根据经验，随机应变，与时俱进地随时调整自身以求合理，强调"变"的合理性，认同"新"的价值，在行动上推陈出新、可进可退，在动态中维持均衡。

然而，二分法管理思维变动性大，各方关系十分复杂而微妙，掌握起来需要极高的技巧，一般很难学习和模仿，基本上不具有可复制性。员工必须学会接受合理的不公平，因为太执着于个人的公平，往往很难保证集体各方利益的平衡，只有细致地权衡，兼顾并重，才有可能做出最后的谨慎的判断决定。

所以，在印度的企业和员工之间关系相对宽松，如果员工感觉企业的风格与自己的才能个性相合，就极有可能留下来。企业只需要一个才能出众的团体，通过能者多劳，养活企业里大多数才能平庸的员工。

各员工之间分工并不明确，一般是互相帮助，共同完成各式各类的工作。讲究在制度之外，凡事皆有例外，表明制度具有其局限性，一切都有其不确定性，根据实际形势的变化，而不是常规和先例行动，因为市场是变化多端的，按规矩办事只是一意孤行、不切实际。

第三部分　开启情境模式，占据决策制高点

在互联网＋时代，许多大牌企业因为适应不了时代情景，不得不被历史所淘汰。麦肯锡咨询公司在为客户服务的时候，发现了一个根本性问题："分析问题的根本在于解决问题，因此，当人们运用逻辑思维发现问题，对问题进行分析后，还需要根据问题做出决策。当企业、个人处于不同情境时，需要做出不同的应答。"

这时，提前设想几种可能性，并思考处于不同情境时应该选择的一整套应答模式就显得尤为重要。我们将此种现象归结为情境模式。

第  章

预测情境

在解决方案提出之前，对未来可能遭遇的情境的预测显得至关重要。在预测情境时，人们不仅需要考虑各种各样不同的情境，还要关注预测情境的几种常见定律、现象，例如根据越确定的预测风险性反而越高所提出的黑天鹅逻辑，根据最有可能出现的情境往往是最坏的情境所提出的墨菲定律等。因此，预测情境时，唯一正确的做法是多预想几种可能性，才能有备无患。

8.1 黑天鹅逻辑：确定的预测风险高

17 世纪以来，人们都相信一件事——天鹅都是白色的，没有例外。直至 1679 年，探险家在澳大利亚发现了黑天鹅，人们数千年的经验在这时，不可动摇的信念崩溃了。

这次的事件寓意为，不可预测的重大稀有事件，这类事件有很强的意外性和冲击性。这类事件很快在其他事件上也得到证实，例如美国的 9·11 事件、美国的次贷危机。

我们分析这类事件，不难发现人类认知的局限性，虽然我们可以通过超过百万的天鹅的颜色数据得出"所有的天鹅都是白色的"结论，当出现一个意外时，那么所有一切的"正确"就会变成错误。

根据"黑天鹅"事件的结论，如果我们想要证明一个重大理论是错误的，我们只需要一只黑色的鸟，就可以在这里得到解决。

其实，几百年来就有哲学学者发出这样的预言：当我们的思维受到束缚，我们很容易认为过去发生的事还会再次发现，当其发生了一件看出来想像的事件后，我们很容易凭经验办事，最终导致了错误的产生。例如，之前，许多人都认为"雷曼兄弟"是艰不可摧的，当金融危机出现后，它还是倒了下来。我们根据以往的经验，把一些事件想像的过于简单了，这就是错误的根本原历。

其实，真正的重大事件，永远是无法预知的，我们也无法通过观察、归纳进行最终的验证。

尽管这类的事件不可预料，但是我们不可对其视而不见，因为它能改变一切，击溃现实，最终颠覆我们以往的认知。

"聪明"的人类总是对一些事件进行看似合理的解释，包括预料之外的事。对于预料之外的事件，我们用离群值（outlier）来说明。下面图 8-1、图 8-2，代表着两种不同的离群值表述方式。

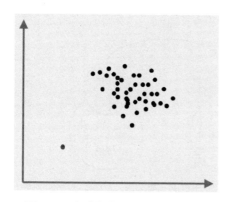 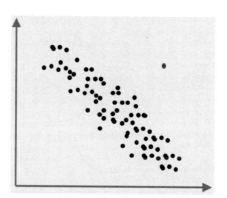

图 8-1　离群值（outlier）方式一　　　　图 8-2　离群值（outlier）方式二

对了未知的事物，我们为什么不能预测呢？相对来说，凭经验去关注一些共性是相当省心的，我们只需要回忆上次发性的情节，然后重复所需要的步骤。这种思维方式使事物的特性受到束缚，这是人性趋利避害时反映出的的一个弱点。

当世界在做出改变的时候，我们本能地将思想停留在过去。即，我们像鸵鸟一样把头埋在沙堆中，禁锢着自己的思想。

这就是我们的习惯，用一学术名词就是将相似的事件进行归类处理，并尽一切可能将所要归类处理的事件范围进行扩大，尽而导致了"黑天鹅"事件的爆发。

历史对我们来说，是跳跃式发展的，而非简单的数字相加。当我们试图用归纳的方法解释恐怖袭击事件时，9.11 出现了；当我们试图用潜力股来解释暴风影音 324 元 / 股的市值时，60 天内已跌至 78 元 / 股了。

那么这些"黑天鹅"们，是如何产生的呢？

"黑天鹅"现象的特征就是概率极低、影响特别大。对于低概率事件，我们往往会认为其不会发生，一旦这一事件发生了，就会对人的思维产生强烈的冲击。如果我们认为你购买彩票的客户中奖 500 万美元的概率为

1/5000万，那么一旦这件事出现了，各大媒体都会纷纷报道。

我们运用的归纳方法，使得整个世界都是平均的。大家被"平均数"的世界包围，这也就产生了极端事件。

关于认知，人类思维最容易出现三类局限，其内容如图8-3所示。

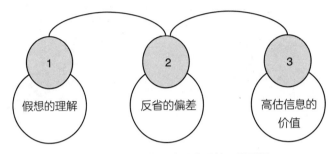

图8-3　人类思维最容易出现的三类局限

1. 假想的理解

对于假想的理解，是我们自以为明白这个世界，而世界并不是我们理解的那个样子。

2. 反省的偏差

对于反省的偏差，我们总是事后对事件进行分析、总结，找出其存在的合理性，但是时间在走动，这个世界已经不是5分钟前的那个世界了。

3. 高估信息的价值。

对于高估信息的价值，信息是有局限性的，真实性维度也不会达到绝对精准。

诺贝尔经济学奖得主哈耶克对人类知识的局限性进行评价说："随着科学知识的增加，我们高估了自己理解构成世界的微妙变化能力，也高估了我们对每个变化的重要性做出判断的能力"。

那么"黑天鹅"到底给我们带来了那些思维颠覆呢？其内容如图8-4所示。

1. 极值而非平均值

极值是小概率事件，而平均值是较为常见的，发生的概率也会高一些。我们生活中，与"平均值"打交道的时候非常多，而与"极值"打交道的时候相对来说就会少得多。而在这个世界，真正能给世界带来改变的是极值而

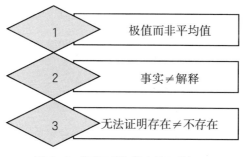

图 8-4　"黑天鹅"带来的思维颠覆

非平均值。

2. 事实 ≠ 解释

事实是自然现象，我们眼里看的，耳朵听的都是我们所感知的事实。当我们来表述我们感受的时候，就会加入自己的主观臆断。通过主观臆断表达出来的"事实"很容易让其他人当作事实来对待，但是其不是事实。

比如，"2015 年 9 月 1 日，号称农产品 B2B 最大平台的'一亩田'突然被曝大幅裁员 1500 人。"与"2015 年 9 月 1 日，号称农产品 B2B 最大平台的'一亩田'因交易数据造假，突然被曝大幅裁员 1500 人。"这两则新闻信息，通过媒体平台发布出来，后面的新闻更容易让人记住，因为第二则新闻加入了信息，而第一则新闻只是陈述事实。

这样做恰恰暴露了人类的弱点："叙述谬误"。我们总是喜欢给已经发生的事件以"合理"的解释，而这不一定是事实而是"故事"。

3. 无法证明存在 ≠ 不存在

人类无法证明即将到来的危机，进而所谓的"专家"声称"没有危机"。其实这两者是不同的两种概念，结果导致了人们做出错误的决定。

我们还以暴风影音的股价为例，2015 年 9 月 1 日，78 元 / 股暴风股价还会继续下跌吗？如果我说其会恢复上市时的 7.14 元 / 股，你会信吗？了解目前股市行情的 99.999% 的人都会认为其不可能，但是这又有谁又能给另外的 0.001% 给出解释呢？

我们尊重发生的事，忽视本来可能发生的事，这才是我们认知误区的根本。正如哲学家苏格拉底说："唯一我知道的就是我不知道。"

8.2　墨菲定律放首位

在生活中，人们往往会发现，自己等的那辆公交总是到不了站，排队时自己站的那队总是移动得最慢，上了地铁自己面前的位置永远不会空出来。如果有一片干面包落在地板上，那么两面落地的可能性是一样的，但是，如果这片面包的一面涂上了果酱，那么往往是涂了果酱的一面落地。换一个说法，凡事只要有可能会出错，它就一定会出错。怕什么来什么，这是最通俗的说法。

8.2.1　为什么会全部错误

在投资领域也是如此。看到身边的朋友们都把闲钱投进了余额宝，平均每天都赚得到几元钱，于是更多的人跃跃欲试，把存下来的 1 万买了余额宝。没想到的是，自己的钱刚投进去，余额宝的收益率便日日走低，现在 7 日年化收益率连 3.0% 都不到了，比银行定存还低。本以为购买银行理财产品肯定稳赚不赔，没想到出现巨亏九成以上的窘境。刚刚撤出投资，价格就疯狂上涨，而一旦进行某个投资，它的价格却一落千丈。

于是爱德华·墨菲提出了一个著名的论断：事情如果有变坏的可能，不管这种可能性有多小，它总会发生。爱德华·墨菲是美国爱德华兹空军基地的上尉工程师，曾经参加美国空军于 1949 年进行的 MX981 实验。这个实验的目的是测定人类对加速度的承受极限。其中有一个实验项目是将 16 个火箭加速度计悬空装置在受试者上方，当时有两种方法可以将加速度计固定在支架上，而不可思议的是，竟然有人有条不紊地将 16 个加速度计全部装在错误的位置。

墨菲定律的原句是，如果做成某件事有两种或两种以上的方式，而选在其中一种方式会导致灾难，那么一定有人选择这种方式。后来，这一"定律"逐渐进入习语范畴，其内涵被赋予无穷的创意，出现了众多的变体，其中最著名的一条也被称为菲纳格定律，具体内容为：会出错的，终将会出错。这一定律被认为是对"墨菲定理"最好的模仿和阐述。

墨菲定律在现实社会中无处不在。对于任何一个投资者而言，只要已经下定决心进入市场，首先要谨记的第一条规则就是，对可能出现的风险、亏损做好心理准备。因为，墨菲定律告诉人们，任何风云突变的意外变化都有可能出现。所以，入场之前要给自己打一个预防针：理财是有风险的，做出任何投资决策之前，都要慎之又慎。

8.2.2　小概率事件发生的可能性

在管理学领域，墨菲定律的存在说明小概率事件也应该引起管理者足够的重视，因为小概率事件发生的概率并不是等于零，而是大于零。因此，管理者需要事先做好应对策略，并以积极的心态面对发生的事情。

墨菲定律第一条，任何事情都没有表面看上去那样简单。

一般企业管理者分析当前企业面临的问题时，如果能够发现问题，会采取对症下药的做法解决问题，然而，企业管理各因素之间并不是割裂开来的。员工办事效率低下除了有员工工作素质方面的原因，还有企业的业务流程安排的合理性、企业的培训制度、上下级之间的沟通效率等，都可能是问题背后的原因。

也许，员工办事效率低下会牵扯出企业机构冗杂、业务过多等问题。这时，问题的解决不仅仅是加强对员工的管理，还需要采取裁减冗余部门、合并相关业务等措施。所以，即使企业暴露出一个小小的问题，也需要引起企业管理者足够的重视，并根据市场、人员的波动和各种环境的变化，做出各项管理决策。

墨菲定律第二条，所有事情的潜伏期都比人们预计的时间要长。

当企业已经暴露出了员工办事效率低下的问题时，企业管理者不能希望一个星期解决所有问题。因为这个问题在爆发之前，可能已经潜伏了几年到十几年的时间，而之所以此前没有被发现，仅仅是因为问题的严重性没有到达足够引起重视的程度。

而一旦问题已经严重得被发现时，往往已经经历了长时期的潜伏积累。正如问题的产生花费了相当长的一段时间，解决问题时，企业管理者自然不能规定用时一个星期让其消失。采取谨慎的心态发现问题，解决问题时做好打持久战的准备，这才是真正的企业管理者必备的素质。

墨菲定律第三条，会出错的事情总会出错。

当企业管理者意识到企业的某个方面可能会出问题时，就更有可能真的会出问题。因此，企业管理者需要有准备应对问题的出现，并且思考如何从中吸取教训、总结经验，以便提高下一次成功的可能性。

如果企业管理者在企业出现问题时临危受命，担任起改革企业的任务，采取行动永远比按兵不动成功的可能性更大。如果企业管理者在企业出现问题时仍然选择留下来（当然前提是得到领导层的信任），会发现成功解决问题，与企业共渡难关是更被市场看中的能力。

墨菲定律第四条，如果你担心某种情况会发生，那么它就更有可能发生。

在企业管理过程中，管理者一旦有什么不好的感觉，会在潜意识地影响事件的发生，最终发现坏的结果果然发生了。因此，企业管理者也需要加强自我管理，保持一个良好平和的心态。客观稳定的心理状态对于企业管理者而言，是与管理技巧同等重要的方面。管理者战胜自己比战胜市场更切实际。

8.3 多预想几种可能发生的事

确定的预测风险高，而最有可能发生的事往往是最坏的结果，所以，多预想几种可能发生的事并始终关注风险永远不会错。身处市场，无论哪一家企业都不可能避免风险，的确，风险不能通过预估完全消失，但是，通过多预想几种可能性的做法，企业面临的风险却被大大地防范和分散了。

8.3.1　咖啡豆交易商与投资大师的对话

在塞纳河边的一家高级餐厅，一位重量级的咖啡豆交易商正与一位投资大师用餐，交易商问投资大师："为什么你比我还了解咖啡呢？我是全球最大的咖啡豆交易商，我知道每一次船期，还认识许多政府部长级的人物。"投资大师回答："你说得对，我对咖啡豆一窍不通，甚至连咖啡都不喝。"交易商又问："那你怎么会投资咖啡豆？"投资大师说："我只看风险，几乎每一种风险都在我的设想范围内。"

企业管理者也需要事先就可能出现的各种情境进行假设，因为市场通常是不可预测的，风险更是无法预测。多预想几种可能发生的事，就多了几分低于风险的胜算。因此，可能性与风险性是密切相关的。研究可能性是为了防范风险性，降低风险性的手段是多设想几种可能性。

风险是企业、个人可能遭受的损失。关于风险，最难判断的是，风险在什么范围内是安全的。可能出现三种情况：

a、知晓风险事件的自然特性和可能性（比如扔硬币）；

b、知晓这个事件的特性，但不知晓其可能性（比如一只指定股票 20 年内的价格）；

c、不清楚未来可能对自己造成伤害的事件的特性（比如恶性黑天鹅事件）。

风险包括系统风险和非系统风险。系统风险是指所有影响企业管理、个人社会生活的因素，如经济、政治、利率和通货膨胀因素，系统风险也可称为不可避免风险，这种风险不能通过多元化手段而消除。非系统风险是指由企业或行业本身的因素而产生的风险，如管理能力、产品以及消费者偏好等。这些风险可由多元化手段而加以消除，因而称为可避免的风险。

无论是可避免风险还是不可避免风险，提前设想其可能性都是企业、个人预测情境，提高决策正确性最稳妥的方法。风险规避是管理中最重要的元素之一。作为有着风险规避意识的市场主体中的一员，规避损失必须是企业管理者进行管理的基石。

8.3.2　摩托罗拉的铱星计划

总部位于芝加哥市郊的摩托罗拉公司此前一直代表着业界顶尖水平，是全球最受尊崇的公司之一，成立 80 年来，在半导体、移动通信、手机等多个领域独占鳌头。摩托罗拉提出的"六西格玛"质量管理标准更具有开创性的意义。然而由于战略上的情境考虑不周，摩托罗拉先后被诺基亚、三星反超，还丢失了北美市场份额第一的位置。

为了掌握全球移动通信市场主导权，摩托罗拉带头制定了实现无线手机通信的铱星计划。铱星计划在技术上的先进性毋庸置疑，各卫星之间可以通过系统实现直接通信而不依赖地面网。然而这也造成了铱星计划的风险高、研发成本和维护成本大的问题，每年用于维护卫星系统的费用就高达几亿美元。

铱星系统的高科技以及随之而来的高成本，让摩托罗拉只能因此将自己定位为"贵族科技"（每部手机售价 3000 美元），缺乏对市场随机应变的能力。铱星手机研发上市两个季度后，在全球发展的用户量仅为 1 万名，亏损额达 10 亿美元。

摩托罗拉是一家相当重视产品规划的公司，每款新产品开发之前都会提前数月进行消费趋势预测。不过，手机行业具有更新换代迅速的特点，因此提前数月预测消费者需求相当困难。而且摩托罗拉是技术主导型公司，一切以工程师为中心，所以，市场营销部的意见很难被研发部采纳。

摩托罗拉每一个型号都有自己的平台，各平台之间独立而不通用，上游与下游之间缺乏联系，增加了生产、采购、规划上的难度。对于世界上任何一家顶级移动通信制造商而言，系统设备和手机终端两种业务的同时运营，似乎是一项"不可能完成的任务"。

摩托罗拉的研发、生产和管理都处于一种亟须改变的"孤岛状态"。无论外界环境变化的剧烈程度，用户需求的实际状况，摩托罗拉都始终不变地以工程师的思想为主，而不能成为整个反应系统的一个环节。

网路部门和终端部门各自为政，内部竞争走向恶性发展，使得摩托罗拉进入战略收缩期，利润大幅收缩。然而此时，员工的高福利政策未能做出适应性调整。因为之前摩托罗拉未能预想到情况的恶化，所以公司仍然沿用之前的薪资福利政策（为了保证公司人才招聘上的优势和竞争力，此前摩托罗拉公司的薪资待遇普遍高于同行业水准）。摩托罗拉员工不仅享有一般企业员工具有的医疗、养老、失业等保障，还有免费午餐、班车、住房等。

战略上的孤注一掷，随机应变能力的缺乏，导致摩托罗拉公司从手机发明者的地位走向衰落。试想，如果摩托罗拉公司在推出铱星计划时，能同时考虑到市场的多种需求，预想多种情况，并根据市场情况做出及时调整，也许，摩托罗拉的命运将从此改写。

在企业管理领域，由于影响企业战略、业务发展的因素是多方面的，市场的反应也是综合因素作用的结果。因此，只考虑单一情况，而不对多种情境进行假设，这样的企业会缺乏对市场做出快速反应的能力。

8.4 麦肯锡 10 年危机

麦肯锡咨询公司创立不到 10 年，便把自己塑造为"企业医生"的形象，致力于为大小企业解决管理等各方面问题。因此，麦肯锡也吸引了来自全美最优秀的人才，这些年轻人恪守严格的道德准则，坚持以自身的专业知识和麦肯锡提供的专业技术，为客户提供最卓越的服务，并不断帮助客户提高公司在行业中的地位。

麦肯锡的服务理念是，无论员工身处世界哪一个角落，都是在为整个企业服务；无论客户来自哪一个分支机构，都由整个企业负责。利润的分配也不因部门和地区实行区别对待，而是在全企业范围内进行分配。因此，麦肯锡员工一直团结一致，富有凝聚力。20 世纪中期，麦肯锡已经成为美国首屈一指的咨询管理公司，在欧洲和北美市场都享有广泛盛誉。

然而从 1970 年后，麦肯锡因为未能对环境的变化做出预测，当内外部环境发生变化时，麦肯锡这个"企业医生"也生病了。在接下来的 10 年里，麦肯锡必须迎接诸多不利于企业发展的因素。

8.4.1　从通才向专才的转变

首先是石油危机导致的欧美各国经济衰退，麦肯锡不得不面临业务量减少的威胁。波士顿咨询公司的崛起，让原本竞争激烈的咨询管理市场雪上加霜。再加上麦肯锡对客户的管理呈现出复杂化的趋势，等等。

面对内外问题的困扰，麦肯锡从初创立时的意气风发，一夜之间变成了一家自我怀疑与否定的企业。当市场上人们都在对经济危机持观望态度，寄希望于周期性的经济危机能自我复苏时，麦肯锡领导层幡然觉悟，只有主动摆脱经济大萧条对企业的影响，否则一切都是徒然。

于是，麦肯锡公司高层把整个企业的高级咨询专家们组织起来，成立了一个特别研究委员会，专门负责宏观经济问题及企业出路的分析研究工作。研究委员得出结论：麦肯锡公司所陷入的困境，在很大程度上是由于公司前期业务扩展速度过快。由于新业务的扩展，麦肯锡必须不断开发新的市场，来到不同的地域。扩展规模的同时，整个企业因此无暇顾及自身业务水平的提高，发展后劲明显不足。

而且，麦肯锡公司此前的业务多是为客户提供例行性咨询服务，服务的重点是客户面临的许多细小琐碎的问题，而不是具有重要意义的管理问题。因此，麦肯锡无法通过为客户提供服务，从每一个客户身上学习到更多的新经验和新技能。同时，麦肯锡的咨询顾问们也没有机会承担具有一定难度的咨询任务，所以整个企业的水平和实力一直得不到提升。

从人员结构上来看，麦肯锡公司的咨询顾问们大多拥有广泛的管理型问题解决知识，正因如此，也缺乏对某一领域的专门精通，因此很难成为高效的问题解决者。因为在解决实际问题的过程中,从事管理咨询工作需要掌握该领域的专业知识。通才型的管理顾问解决问题时缺乏针对性,难以向纵深方向提出高度专业化的调研分析和咨询方案。

为了弥补这个缺陷,麦肯锡公司调整了人才储备和发展方向,着重吸引和培养具备特定行业知识背景的专才型专家,与通才型的咨询专家共同组成"T"型人才结构,以应对多种可能情境。通过 10 年的战略和组织变革,麦肯锡公司中心走上了复兴道路。现在,麦肯锡管理咨询公司已经成为世界上最富盛名的管理咨询公司,开创了现代管理咨询的新纪元。

8.4.2 情境变化中的企业

预测情境讲求因时制宜,因地制宜。企业必须不断根据实际情况调节自身状况,取得动态的稳定的平衡。尤其是面对危机时,不仅要提前设想危机发生时的应变对策,还要提前做出多种假设。

通过预测情境,企业可以做到灵活多变,应变力强,尤其适应变动的环境,即使面临突如其来的意外和危机,也能迅速调整自身,作出判断应对,从而妥善解决问题,达到预定的目标。企业管理者能够结合经验与时机的双重影响,注重经验,随机应变,与时俱进地随时调整自身以求合理,强调"变"的合理性,认同"新"的价值,在行动上推陈出新、可进可退,在动态中维持均衡。

然而,预测情境要求企业管理者的管理思维变动性大,各方关系十分复杂而微妙,掌握起来需要极高的技巧,一般很难学习和模仿,基本不具有可复制性。企业管理者需要在实践中不断学习,并接受合理的不公平,因为有时太执着于个人的公平,往往很难保证集体各方利益的平衡。只有细致地权衡,兼顾并重,才有可能做出最后的谨慎的决策。

企业面临许多"不一定"的情境,因此,随机应变成为企业管理者的基本信条。只有提前预测多种可能出现的情境,才能实现以不变应万变。所谓的变是一种渐变,潜移默化、润物细无声的"变",不易为人所觉察,就如同一切没有变化一样。而突变则是不安全的,可能会引发重重危机。因为不变可以应万变，错综复杂的外部世界变化多端，但是把握了世界的规律之后，就可以轻松地解决各种变动危机。

8.5 静态与动态情境竞争

福特和通用汽车之间的战火已经燃烧了一个多世纪，1903年，福特汽车在密歇根州迪尔伯恩市建厂，而5年后，通用汽车在与此相距11.5英里的底特律市创建。从此以后，两家公司抬头不见低头见，几乎每天都能相遇在当地经销商和汽车赛事上，同时，也互相在刺探对方的新产品。

两家公司竞争的主要指标包括年利润、总市值以及美国市场份额。为此不惜多次在公共场合针锋相对。福特的营销负责人吉姆·法利说："我憎恨他们（通用汽车）以及他们所代表的东西"。同时，通用汽车也不甘示弱，董事长兼首席执行官丹·艾克森直言，应该往福特的豪华汽车品牌林肯身上洒圣水。因为，"它已经完蛋了！"

1908年，也就是通用汽车建厂的那一年，福特T型车出产，仅第一年，T型车的产量就突破了1万辆，创下了当时的汽车销量纪录。这种构造简单、平价又可靠耐用的T型车被创始人亨利·福特骄傲地称为"万能车"。T型车俘获了无数美国人的心，被人们亲切地称为"莉齐"。1913年末，福特汽车公司的产量占全美汽车总产量的50%。

在这段时间里，通用汽车加紧了扩张的步伐，先后收购奥兹莫比尔、欧宝、雪佛兰、凯迪拉克等企业，同时，不断开拓欧洲等海外市场。1912年，通用汽车将独树一帜的电子启动器应用于凯迪拉克，被公认为20世纪最具影响力的汽车技术革新。

不同于福特"将汽车开进千家万户"的企业理念，通用汽车采用"不同的钱包、不同的目标、不同的车型"的经营战略，坚持把消费者自我价值和尊贵身份与品牌形象、汽车产品联系起来。于是，拥有各种价位车型的通用汽车，很快将高低端市场一网打尽。

在管理上，通用汽车采用全新的事业部体制，为公司注入了新的活力，因此海外市场份额得到不断提升。然而此时，福特仍然坚持家长式管理和因循守旧的产品开发模式，再加上对高端消费者市场的忽略，福特公司逐渐失去了在美国市场的优势地位。通用汽车后来者居上，很快超过福特，成为美国市场的销售冠军。

然而福特汽车却在相当长的一段时间内反对在 T 型车上加入新技术，只是为了保证低价策略的继续实行。而且，所有的 T 型车都是清一色的黑色。通用汽车看到了这一点，采用分期付款、每年推出新车型等策略，以多样化的产品击败了福特。

直到 1926 年，福特意识到了危机，被迫改变策略，不仅推出新车色新车款，还忍痛停产畅销的 T 型车，推出全新的 A 型车。福特不仅在车身造型和颜色上做了诸多变化，也在技术上有了改进。而且，福特收购了豪华汽车品牌林肯，开创了中间品牌水星，填补中低端市场产品和高档林肯产品间的市场空缺。

情境有静态与动态之分，处于静态情境的竞争是指参与者同时决策、同时行动、同时结束，或者，虽然不是同时选择，但是后行动者并不知道先行动者之前采取的具体行动。处于动态情境的竞争是指参与者的行动有先后顺序，而且，后行动者能够获知有关先行动者选择的行动的具体信息。

通俗地理解，"石头剪刀布"游戏是同时决策的，属于静态情境竞争；而包括棋牌类游戏在内的有先后次序的决策或行动，属于动态情境竞争。例如，在关于"扶不扶老人"这个问题上，也存在着当事人双方（老人和路人）的竞争。假设参与竞争的双方是理性人，而且都会选择实现个人利益最大化的行动。并且，老人和路人是同时做出行动选择的，即参与者在决策时并不知道对方的策略。

那么、两者的情境竞争策略和收益结果如表 8-1 所示。

表 8-1

老人 \ 路人	帮忙扶起	不帮忙扶起
坑钱	10，－10	－5，0
不坑钱	5，5	－10，0

那么，这种处于静态情境的竞争带来的支付收益存在着以下三种情况：

如果老人故意跌倒只为了坑好心路人的钱，那么一旦路人帮忙扶起，老人不仅能得到及时的救助，基本上免除身体伤害，而且还可以得到额外的收入，这是老人收益最大，实际效能等于 10，相对而言，路人受损最大，既包括金钱上的损失，又包括心灵上的受挫，实际效能是 －10。

如果路人已经受到过此类教训，有防止被骗的意识，而选择不去帮忙扶起，那么老人得不到任何金钱上的收益而且还会身体受伤，是实际效能是 －5，路人不赚也不会亏，即使有一点心怀愧疚，收益是 0。

如果老人真的是不小心跌倒，需要别人帮助扶起，而路人好心帮忙，那么，老人身体得到即使救助，收益是 5，而路人也会因为乐于助人而受到人们的口头赞许，也有 5 的收益。

如果路人见死不救，那么老人不仅身体受伤，同时心灵也受到了伤害，实际效能是负收益 －10，路人是不赚不赔的 0 收益。

而关于动态情境竞争，最常见的例子是在企业招聘环节中，应聘者与企业招聘人员之间的竞争。在企业招聘过程中，进行如下假设：

假设企业招聘人员有足够的人力资源管理经验，能够根据应聘者的陈述准确判断应聘者能否胜任职位要求，并从中进行筛选。这时存在着两种情况，一是应聘者诚实表现，那么企业招聘人员能够通过此人的表述判断他能否胜任；二是应聘者不诚实表现，那么企业招聘人员就无法判断其能否胜任。并且存在着一个基本设定，只要企业招聘人员获知应聘者采取欺骗行动，则可直接认为该应聘者不能胜任，因为该应聘者缺少最基本的个人诚信的素质。

对于应聘者，他有一个信息集，并对应两个可选择的行动，要么诚实，要么不诚实。而对于企业招聘人员，则有两个信息集，并对应 4 个可选择的行动，分别是：

（1）不管应聘者是否诚实，企业都采取录用决定。

（2）如果应聘者诚实，则企业录用；如果应聘者不诚实，则企业不录用。

（3）如果应聘者诚实（透露一些不利于应聘者的信息），企业不录用；如果应聘者不诚实（隐瞒个人不利信息），企业录用。

（4）不管应聘者是否诚实，企业都选择不录用。

应聘者有两个选择，而企业则需要根据应聘者的决策作出相应的反应和决策。则其竞争分析表如表 8-2 所示。

表 8-2　竞争分析表

	录用，录用	录用，不录用	不录用，录用	不录用，不录用
诚实	10，20	10，20	5，5	5，5
不诚实	20，-20	0，0	20，-20	0，0

则在第一阶段，应聘者需要了解企业的行动策略与支付函数，然后预测企业在第二阶段按照这个规则行动，而企业采取的行动，也是根据应聘者的选择（如图 8-5 所示），这其中有一个先后次序，根据对方的决策和行动，做出相应的反应，属于动态情境竞争。

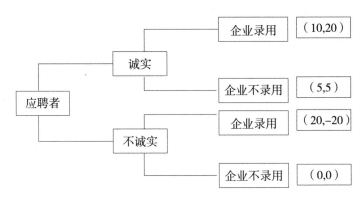

图 8-5　企业对应聘者做出反应的分析

8.6　微软的免费生意经

2014年4月，微软正式宣布：免除 Windows Phone 以及9寸屏幕以下的 Windows 设备系统授权费。当然此举背后的动机是吸引广大 OEM 厂商（Original Equipment Manufacturer，原始设备制造商，即代加工厂商）加入微软移动平台，以挑战谷歌旗下 Android 平台的移动市场领导地位。

微软免除设备系统授权费，对于推动微软移动平台的发展有非常重大的作用，而且会带来巨大的收益。不过，既然并不是所有企业都愿意为客户提供免费服务，可见免费也没有那么简单。到底系统免费对微软而言是利大于弊还是弊大于利，看一看微软是怎么盘算自己的免费生意经的。

8.6.1　授权免费，主推设备

其实，微软早就已经开始了"设备与服务"的战略转型，并推出了自行研发的 Surface 平板，还收购了诺基亚设备与服务部门。而在微软发布 Windows Phone 8.1，并宣布免除 Windows Phone 和9寸屏幕以下的 Windows 设备系统的授权费之后，诺基亚也发布了3款 Lumia 新机，包括 Lumia 930、Lumia 630 和 Lumia 635。

对诺基亚手机部门的收购表明，微软设备集团会继续推出大批智能手机和平板电脑，借助于设备制造业务创造高收益，并逐步把微软变成一家以设备和服务为主的科技公司。

不过微软 Windows 操作系统并没有全面免费开放，9寸屏幕以上的 Windows 设备仍然会收取授权费。微软2014财年第二季度财报显示，借助于 Windows OEM 授权费的设备消费者授权业务，总收入为53.84亿美元，占据公司营收 22%，毛利润为 49.78 亿美元，占据公司毛利 30.66%。因此微软没有理由放弃 10 寸及 10 寸以上 Windows 设备的授权费。

因为小尺寸的 Windows 平板以及 Windows Phone 占据的市场份额较低，而占据了 Windows Phone 超过 90% 市场份额的 Lumia 手机也成为了微软的自有业务。而 9 寸屏幕以下小尺寸的 Windows 平板以及 Windows Phone 的授权费基本上在微软的财报中份额有限，因此对于微软盈利并不造成影响，这也是微软可以轻松实施这一战略的一大原因。

微软之所以轻松实施免费计划，主要是因为本身这些系统授权并不能带给微软多少收益，不过随之而来的一个问题是，如果某一天，那些来自其他 OEM 的小尺寸 Windows 设备以及 Windows Phone 的出货量大得足以引起微软重视，那么微软是不是会重拾收费策略呢？

这个问题也许连微软董事会的成员都不敢作出回答。不过可以肯定，微软仍然会推出自行研发的平板和智能手机，加上 Lumia 手机的出色的工业设计和做工手感，以及强大的技术优势，如果到了来自其他 OEM 的小尺寸 Windows 平板以及 Windows Phone 的出货量大到值得微软重新考虑收费的那一天，可以想见 Windows 和 Windows Phone 在移动计算市场中占据了多大的份额。因此，即使微软重新要求收费，那些 OEM 厂商也会被迫忍痛付费的，正如现在他们心甘情愿地为 Windows PC 付费一样。

为了从谷歌 Android Wear 平台手中争夺市场份额，微软旗下的 Windows On Drives 物联网平台也已经免除了系统授权费。而且免除部分系统授权费对于推动 Windows Modern 生态系统的构建有积极作用，同时 9 寸以上设备仍然能够享受到由此而产生的生态系统利益，不得不说，微软的免费生意经精明至极。

8.6.2　无偿奉献背后的收益

对于生意人而言，声誉远远比金钱更重要。生意人需要向外界表明，自己开公司绝不仅仅是为了赚钱，而是要承担社会责任，为了获得客户的感情，甚至可以采用免费为客户提供服务和产品等方式。

毫无疑问，比尔·盖茨是世界上最精明的生意人。通过对再次销往市场的二手电脑提供一种特别版本的 Windows XP 操作系统，微软给予二手电脑厂商以"实质性"的帮助，避免这些电脑成为电子垃圾，如此环保又慈善的做法再次让世人感叹，名列世界慈善榜榜首的比尔·盖茨又做了一件好事。

虽然这次给予的帮助需要收费，不过其售价却比新机的 XP 操作系统还要便宜。而更重要的是，这样的做法延长了电脑的生命周期，还为低收入阶层提供了一种更为廉价的选择。虽然这个项目并不包括中国市场，不过介于中国目前已经承担了远远超出自身能力的全球电子垃圾回收处理工作，所以比尔·盖茨此举或多或少也帮助了中国缓解环保压力。

而且，从中可以看出，比尔·盖茨是一个懂得如何念生意经的人。本来这次向二手电脑提供特别版 Windows XP 只是一种纯粹出于慈善目的的行为，因为那些被捐助到学校或不发达国家的二手电脑，其自身缺乏授权证书，所以难以获得操作系统的支持。

因此，微软以"无偿奉献"的精神提供给这些电脑以全新的操作系统。不过微软随之发现，二手电脑市场其实是一个蕴藏着巨大潜力的市场，每一年，通过正式回收企业转让的二手个人电脑的销售量达到了 2000 万台。

而且根据微软的估算，这个数字目前已经超过了 2800 万，以二手电脑市场目前的增长速度，极有可能在不久的将来超过电脑新机市场。而且随着个人电脑规格的不断提高，以及全球各个国家不断加强的环保政策，可以想见，二手电脑市场的规模和重要性都将不断增长。

微软打得一手如意算盘，在不影响公司收益的前提下，为自己的移动战略添砖加瓦。一方面，微软利用设备不断扩张市场份额，另一方面通过慈善举动为企业赢得声誉，同时挖掘为市场所遗漏的二手电脑市场收益。可以想见，在未来的一段时间内，微软的免费风暴必定会搅动整个设备和移动市场。

第 *9* 章

情境的结构化

结构化是分析情境的前提，许多企业出现业务庞杂、机构冗余的现象，是因为缺乏结构化的情境模式。情境的结构化是指，以结构性的思想观点分析企业的管理问题，以授权的方式应对企业面临的情境。授权是实现情境结构化的主要方式。

9.1　以信息资料为入手点

其实说到底，情境管理是一场心理战，也是一场信息战，哪一方获得对方的信息多，哪一方掌握的对己方有利的信息多，哪一方就掌握着主动权。在情境分析中，在掌握信息上占据优势地位的那一方，往往能够知道企业员工的真正需要、对方的利益界限，从而制定正确的企业管理战略。

评价一个管理执行方案是否正确，不仅仅在于其战略目标正确可行，同时还要求具备一定的适应性和灵敏度。决定管理战略成败的关键，是管理战略的正确与否。而要制定正确而可行的管理战略，则需要大量而可靠的信息作为依据。这样才能让管理战略不断更新不断发展。因此，在情景分析过程中，各方都会采取各种手段获取对方的信息，同时也会设法对己方不宜或暂时不宜公开的信息严加保密。因为，掌握充分而准确的信息，对于企业管理者来说，具有举足轻重的意义（如图 9-1 所示）。

信息源来自于与情景分析有关的各种因素，其中之一是环境因素。首当其冲的是政治状况，因为政治对于经济具有很强的制约力。基本上各国政府制定的一切经济政策都是基于解决本国特殊环境所遇到的种种问题，同时，衡量经济活动的标准是本国的政治哲学。

9.1.1　泰渔夫败走日本

对于企业管理，尤其是跨国公司的企业管理，政治因素有着更为重要的影响。如果一个国家政局稳定，各项政策符合本国国情，那么在经济上一定会表现出发展的趋势，吸引更多的外国投资者前往投资。

反之，如果政局动荡，市场混乱，那么人心惶惶，经济的发展则会相对

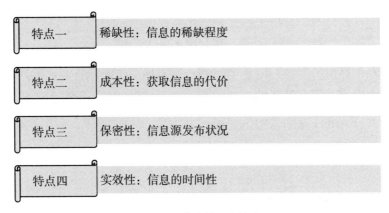

特点一　稀缺性：信息的稀缺程度

特点二　成本性：获取信息的代价

特点三　保密性：信息源发布状况

特点四　实效性：信息的时间性

图 9-1　信息的四大特点

滞后。因此，特别是涉外贸易组织，在进行跨国经济贸易往来之前，详细了解对方的政治环境，包括其政局是否稳定，国与国之间的关系如何，以及政府对出口商品的控制措施等。

与政治制度一样，法律制度对于企业管理情境分析也有着无形的控制力，对于贸易往来中的各家公司，不可避免会遇到各种各样的法律问题，对国家的法律制度有清晰的了解，会大大减少商业风险。

泰渔夫餐饮集团有限公司，是泰国一家小有名气的餐饮连锁，为了扩展海外业务，曾经组织了一队考察小组来到日本对当地的饮食习惯、餐饮行业发展现状、当地聚集的泰国消费者等方面进行过考察。

公司很快发现日本是一块发展潜力巨大的市场，于是决定在京都买下一家门面。经过精心的装修后，泰渔夫餐馆终于迎来开张之日。正如所料，每天餐馆都生意火爆，一个月下来实现了净利润 30 万美元，不过正当餐馆负责人高兴地手舞足蹈时，结清第一个月的房租时却发现，经营所得的 70% 都归了房东，餐馆也因此陷于连年亏损的困境，由于日本的劳动力价格远远高于泰国本土，公司不得不撤走这家生意红火的泰国餐馆。

其实导致这个问题的原因很简单，只是因为考察小组在未清楚了解日本当地法律的情况下便仓促签约，所以只买下了餐馆的业务经营权。然而整个房屋和其他资财则归房主所有，经营收入的大部分也属于房主。

此外，不管是在科学技术高度发达的欧美各国，还是在富得流油的阿拉伯产油国，抑或在贫穷落后的非洲国家，企业管理情境分析中不可避免的一个问题是关于宗教信仰的问题。在社会的各个角落，无一不渗透着宗教信仰的影子，不仅影响着人们的生活方式、价值观念和消费行为，还在人们的商业交往中发挥着不可替代的影响。不过介于其复杂性，管理者不需要做专门的研究，只需要注意宗教的信仰和行为准则、活动方式、禁忌等会对商务活动产生直接影响的方面。

9.1.2 硬着头皮吃烤羊头

由于诸多因素的综合作用，世界上的不同国家、不同民族都拥有自己的商业习惯，了解和掌握目标市场的商业惯例和做法，并在业务交往中采取有效的方法，才能保证业务活动的正常开展。

罗纳德曾在伊朗首都德黑兰做过一桩涉及几百万美元的生意，当他正打算在协议上签字时，主人用一个精致的大多盘乘着当地的一种美餐——烧烤羊头。罗纳德是一位地地道道的美国人，没有吃动物头部的习惯，可是为了谈成这桩生意，也只好"欣然接受"。

而美国一家制药公司来到泰国曼谷，与当地一家公司合资开办了一家药厂，尽管产销对路，却因为流动资金不足最终被迫停产。原因在于，按照泰国市场的习惯，所有药商都实行赊销的办法，厂家只有等药商卖光全部产品后才能收回货款，这样一来，厂家很可能因为资金周转期长、流动资金不足而陷于停产。

了解当地的财政金融状况，包括外债情况，外债的高低主要影响支付能力，甚至在某些情况下直接影响谈判双方的关系。因为"当你欠我 100 元钱时，我是你的主人，当你欠我 100 万元钱时，你就成了我的主人"。

此外，企业还须要了解当地的外汇储备情况，赚取外汇的途径，在国际支付方面的信誉，货币在国际市场上是否可以自由兑换，其汇率的变动情况如何，以及对于趋势的分析等等，所有这些都是必须提前了解的信息。

例如曾经印度尼西亚政府突然宣布将其货币大幅贬值，之前的 1 美元兑换 415 盾，贬值后为 1 美元兑换 625 盾，这样，当外国的投资者以其印尼货币的投资收入兑换成本国的货币时，会出现比预期大幅减少的局面，从而给投资者造成难以弥补的损失。

　　企业管理者进行情境分析需要掌握的信息还包括社会习俗，因为不同国家和地区，由于其文化背景、宗教信仰等方面的不同，从而形成了独特而典型的行为方式和行为标准。这些因素对于管理会产生一定的影响。例如在衣着、称谓、日常行为等方面合乎当地的社会规范标准，是否可以工作时间之外谈业务，在饮食、生活习惯等方面有何特点，赠送礼品的方式，以及礼物的选择上是否有特殊的习俗。

9.2　情境中的帕金森定律

　　帕金森定律由美国历史学家罗斯库德·帕金森提出，阐述了组织机构人员膨胀的原因及后果。在一个组织中，没有能力的领导者面临着三种情境：第一种情境是主动申请退职，把位子让给有能力的继任者；第二种是聘用有能力的人才帮助自己实现领导；第三种是聘用比自己能力低的人来协助自己。

　　一般领导者不会选第一条路，因为那样做意味着权力的断送；走第二条路也不明智，因为培养的人才只能是自己地位的威胁；似乎第三条路才是最适宜的选择。因此，一个碌碌无为的领导者在两个平庸的助手的帮助下，带领着组织走向未知的道路。由于两个助手自身缺乏能力，只能选择上行下效，再为自己找两个无能的助手。如此类推，组织变得越来越臃肿，效率也越来越低下。而整个组织都在这样的领导体系下运行，结果可想而知。

9.2.1　如果由庸才掌权

　　帕金森定律揭示了一个管理学上的道理：一旦没有能力的人占据了领导

岗位，组织将不可避免面临机构冗余和人员冗杂的情境，组织也将被庸才控制，整个行政管理系统形成恶性膨胀，陷入难以自拔的泥潭。

帕金森定律的存在必须满足四个条件，其条件内容如图 9-2 所示。

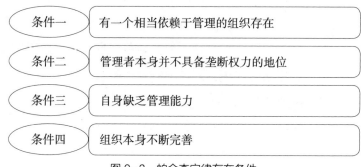

条件一	有一个相当依赖于管理的组织存在
条件二	管理者本身并不具备垄断权力的地位
条件三	自身缺乏管理能力
条件四	组织本身不断完善

图 9-2　帕金森定律存在条件

第一个条件是，有一个相当依赖于管理的组织存在。

企业要有一个相当依赖于管理的组织的存在，这个组织有其自身的内部运作方式。例如英国皇家海军官兵编制，大型跨国企业，乃至只有一个老板和一个员工的小公司，都是存在着管理的组织。

第二个条件是，管理者本身并不具备垄断权力的地位。

这个管理者必须通过寻找两个平庸的助手帮助实现对组织的管理，否则管理者本人可能会因为某一次错误或者其他人事原因而轻易丧失其管理地位。

第三个条件是，自身缺乏管理能力。

管理者自身缺乏管理能力，管理工作角色扮演不称职。因为如果称职，这名管理者就不必寻找助手，导致组织机构的庞杂。

第四个条件是，组织本身不断完善。

这个组织本身要求实现不断完善，因此，需要不断吸纳新人补充管理队伍。

帕金森定律产生的根源是权力的危机感。由于担心权力的丧失，无能管理的管理者需要两个助手帮助实现管理工作，出于同样的目的，这两个助手也不能拥有高超的办事能力，因为那样会对管理者的权力造成威胁。

9.2.2 为什么管理者选毕业生

一个私营企业主，占有企业所在的全部土地和产权。由于企业规模的扩大和公司名气的上升，企业主越来越感到需要吸纳助手帮助管理企业。于是企业主开始了招聘环节，应征而来的人络绎不绝。

在企业主收到的简历中，出现了这样一位人才：毕业于华盛顿商学院，修完 MBA 课程，而且有 10 年的管理经验。企业主飞快地思考："公司的土地是我的，所有产权都是我的，他来我这里纯粹是为我打工，干得好我可以继续留他，给他很高的待遇，干得不好我可以辞退他。无论他如何出色又卖力地工作，他都不可能坐上我的位置，老板永远是我。"

于是，企业主决定聘用这个高级人才。这是一个拥有绝对权力的人作法，因为这些人可以完全不受帕金森定律的影响。随后，这家公司继续发展，实现了企业经营的突破，业务范围也随之扩大，不过新的问题也层出不穷。由于那个高级人才所学的知识已经过时，又找不到时间继续学习新知识，面临着退休，在管理上显得力不从心，需要助手协助管理公司。

于是，高级人才向社会发出招聘广告，收到了许多简历。其中有两个脱颖而出，一个是初出校门的公共管理专业研究生，理论知识相当丰富，多次发表论文，但是缺乏实践经验。另一个是积累了 15 年管理经验的实干家，拥有先进的管理观念和操作经验。最终，高级人才选择了那个刚出校门的研究生。

帕金森定律的影响表现在薪酬制度上。年功序列薪酬制是日本企业使用最为广泛的薪酬制度。年功序列薪酬制根据员工在该企业的工作年限和年龄，以及学历和经历等因素，企业确定薪酬。这种薪酬制度的设计思路是，在本企业工作年限越长、资历越丰富，那么其工作能力就越强，对企业的贡献也越大。这种薪酬制度，有助于培养员工的归属感和忠诚度，稳定员工队伍。缺点是可能导致企业论资排辈的风气盛行，影响员工的主动性。

而在发达国家广泛使用的薪酬制度是年薪制，主要作为高层管理人员使用的薪资方式。这种"完全责任制"薪资，能够有效激励员工提升绩效。对于高层管理人员来说，这种突破了薪资机构常规的薪酬制度，代表了自己的身份和地位，所以，年薪制能够促进人才的建设，同时提高年薪者的积极性。尤其是对于一些在大型国有企业普遍存在的"59岁现象"，年薪制在一定程度上有抑制作用。

不过，对于高级管理人员年薪的上限和下限，一般不存在客观标准。在发展中国家，不同地区经济发展水平差距很大，实行年薪制的合理标准不具备太大的参照性。推行年薪制的基本条件，是建立企业家职业市场和利益风险机制，其普遍推行需要企业内部和外部条件的配合。在企业家市场化条件下，形成合理的评判标准。

因此，企业薪酬制度的建立，必须遵循公平性原则，包括对内公平和对外公平。对内，员工工作的努力程度，对公司所作的贡献，必须取得对等的业绩和报酬；内部处于同一等级或能力相当的人员之间，实现报酬对等。对外，与整个行业、同一地区平均报酬公平。

9.3 管理者授权分析

授权是指上级或主管将处理人员调动、资金使用、业务办理、贸易方交涉、各方协调工作等决策权部分或全部移交给下级或部属，授予其完成某项工作所必须的权力。不过上级不会将完成该项工作的必要责任托付给下级或部署，这是授权的绝对原则性。

在一个部门或组织中，处于不同层级的人员有不同的职权，而在不同的层级之间，权限具有自上而下的流动性，这时就产生了授权的问题。授权是管理者必须承担的重要任务之一。管理者必须掌握合理而有效的授权方式，因为合理的授权会让企业中所有参与者都受惠。这是管理者应该掌握的一项管理技巧。

管理者的存在是为了提高企业经营绩效，效率的提高永远是管理的主题，而管理有两大原则：专门化与人性化。作为管理者，两个原则必须兼而顾之，奉行专门化原则之时，还要设法加入人性化技巧，从而得到满意的经营效率。授权的观念就是为了能够让管理者合理有效地通过决策，安排资源及协调工作的运用，达到专门化与人性化。

9.3.1 阿迪达斯集团复兴之路

德国运动用品制造商阿迪达斯，最初由阿道夫·阿迪·达斯勒和哥哥鲁道夫·达斯勒创办，主要生产鞋类产品，后来两兄弟分道扬镳，哥哥鲁道夫创办了另一运动品牌彪马。在阿道夫的经营下，阿迪达斯缓慢增长，最终，阿道夫决定将其出售，来自法国的罗伯特·德瑞福斯和克里斯汀·托瑞斯控制了阿迪达斯的业务。

罗伯特和克里斯汀接手了阿迪达斯的业务后，开始了大量而笨拙的领导，不仅直接插手各部门的工作，还自作主张扩张公司，将阿迪达斯分裂成许多非常混乱的品牌，包括 Pony、Le Coq Sport if 等，从领带到香水，阿迪达斯涉及的业务范围繁多而杂乱，渐渐失去了原来在轻型运动鞋市场的优势。再加上富于进取性和创新性的耐克公司的崛起，生产一种夹心饼干式鞋底，很快挤占阿迪达斯的跑鞋市场，阿迪达斯的市场份额降到了可怜的 4%。

从 82% 的田径获奖者都穿阿迪达斯的运动鞋，到如今的混乱衰落。很快，阿迪达斯的东家就意识到了危机，开始启动复苏计划。罗伯特和克里斯汀决定首先从品牌转型开始，主要经营运动装，然后砍掉不相关的产品，并且，最重要的是开始放权，遵循无为而治的管理原则。

罗伯特和克里斯汀从资本、消费和供应三块市场入手，逐渐放权，只对公司的战略目标、协同设计以及客户关系进行总体把控，至于具体的财务成本、供应链和人力资源等管理工作，都由各个部门自行掌控。

赫伯特·海纳接任阿迪达斯的 CEO 之后，阿迪达斯正式踏上集团复兴道路，斥资 30 亿欧元收购 Reebok 品牌成功转型为健身品牌，同时也实现销售额的暴涨，再次成功跻身为全球表现最强劲的运动品牌。赫伯特·海纳也成为阿迪达斯史上任职最久的 CEO。

9.3.2 授权的程序与类型

授权是完成目标管理的基础，保证责任者有效地实现目标。授权能够调动部属的工作积极性，激发人员的动机，在实现目标的过程中，权力是条件。通过授权，很大程度上能够提高部属的工作能力。目标管理主要通过实行自我控制和自我管理实现，所以下属要能有一定的自主权。进行一个全盘工作的总体规划，而不是只依赖上级指令行事，这样，有利于下属能力的发挥和不断提高。

现代的管理环境复杂多变，没有灵活性和应变能力根本不能长久生存，所以，管理组织系统必须有较强的适应性和应变能力。其中一个重要条件就是，各级管理者手中都要有自主权。

通过授权，可以明确组织中个成员之间的关系，将权力分级授予给下属，领导者就有更多时间处理其领导活动中其他的最重要的问题，有所为而有所不为，关系组织企业总体方向的问题就需要领导者来把关，而其他细节问题则可以交给下属，为他们提供一个培养和锻炼工作能力的机会，也为未来的领导人才建立了一个储备库。不仅提升企业组织成员的士气，也能提高决策效率（如图 9-3 所示）。

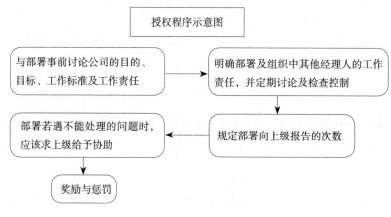

图 9-3 授权程序示意图

授权有四种类型，包括刚性授权和与之相对的柔性授权，以及出于被动的惰性授权和没有明确规定的模糊授权。授权必须要有授予的具体权限和以及权限授予的时间信号，并选择适当的授权人选，注意根据不同类型的授权人选采取相应的授权形式，同时要防止"反授权"，即下级把被授予的职权范围内的问题和矛盾推给上级，这样一来反而重复工作，拖慢管理和经营效率。

授予的权力大小必须根据被授予责任者的目标责任的大小来确定，遵循上级对下级直接授权，而不是越级授权，采取相近原则和授要原则，即授予的权力是对被授权者来说，完成其目标责任最需要而且比较重要的权力，也就是说授予的权力有助于被授权者解决实质性问题。

授权同时，要以明确下级的职责为前提，这样，权力的被授予者能够明确自己的权责范围，并且根据不同的环境条件和目标责任，以及随着时间的推移，上级适当调试授予的权力，采取单项授权、条件授权和定时授权等几种方式组合使用的方法。因时因地授予下级决策或处理某一问题的权力，并且到期收回权力。

虽然授权可以提高管理和经营效率，训练下属独当一面的工作能力，有利于形成竞争风气等，授权并不是没有缺点的。只有经过密集而耗资巨大的管理训练，授权才可能有实际意义。授权过程中，有大量复杂而精密的计划和报告程序，可能会造成组织成员工作负担。而一旦授予的权力难以收回，对上级的权力和影响力有不少负面影响，可能造成上级权力的削减，威信也大不如前。

9.4 结构化的三个阶段

授权是为了实现企业管理的结构化。在企业中处于不同层级的员工都能在自己的职位上运用自己的权力，为开展的工作负责。这时，通常会形成一个有组织、有结构的管理体系，实现情境的结构化。企业管理者体会授权的思想魅力，主要经过以下三个阶段。

首先是有为而妄为的阶段。就像一个民族的崛起、一个时代的开端，以及一个国家的建立，开始之初，都要经过努力的奋斗，所以一个企业的开端，必须进行疯狂的资本积累。

而随着资本越积越多，企业中的每一个人，都会出现狂妄和浮躁的急剧增加，相信人定胜天，相信没有做不到，只有想不到，这样，很容易出现肆意妄为。为什么那些暴发户挣了大钱后只顾花天酒地，想让他们捐钱做慈善难于登天，就是因为他们处在最低的层次，这也是有钱人和真正的贵族之间的区别。

思科集团的总裁约翰·钱伯斯解读思科做大做强的初衷，就是想让思科的几万名员工都能得到良好的生存与发展，而有这种想法的领导者，才是真正的企业家。

其次是有所为有所不为的阶段。在企业中有所作为需要技巧和能力，而要真正做到有所不为，就需要足够的胆量和智慧。如今的哈罗德公司董事会主席查尔斯就是无为而治的领导者，除了企业家的身份，他还是一名探险运动家，会在剑桥大学划赛艇，也会在哈佛熬夜苦读，也会在世界最高峰留下身影。

不过在最初，随着创立的哈罗德规模越来越大，查尔斯不得不授权给自己的总经理，此时查尔斯心里感到很不是滋味，突然产生了一种恐惧感，认为自己对公司的很多事都了解不到。后来与总经理沟通工作，查尔斯发现总经理的工作热情不如以前高昂。

多方分析之后，查尔斯发现，由于自己过多干涉总经理的工作，导致总经理不能放手去发挥，影响了工作积极性。这样一来，查尔斯下定决心，禅让权位，逐级授权，将权力逐渐下放，就这样经过一年时间，公司在各级主管的管理下井井有条，发展壮大，查尔斯开始过上了海阔天空的日子，在统领全局的基础上，追求学业和生活的满足。

不过，这一阶段需要一个过渡的过程，是管理模式的转变，要求管理者具备深刻的管理功底，以及一定的领导魅力，同时具备完善的管理基础和高超的领导艺术，其实有一定的难度。

构建一个完善的管理系统，美国的经济高度发达，代表了当今世界繁盛的最高峰，同时，美国社会是建立在一系列的法律法规基础之上，是一个法治国家。联邦政府，以及各州政府在当地企业中有很重要的规范作用，所以，美国的企业就是一个被各种规章制度管理起来的一个系统。

人的天性追求自由，不过自由不是绝对的自由。如果你走入一个没有丝毫规章制度的地区，那么就会马上意识到有规则和约束的好处。美国的政府就是通过制定各种规则，并将这些规则落实到具体实际中去，渐渐发展壮大。在美国，有一对华裔夫妇出售了一栋房子，不过一个月之后，房子的买主就把卖家告上了法庭，最终，法院判决卖家华裔夫妇赔偿 10 万美元，原因何在？因为当初卖房子时，华裔夫妇刻意隐瞒了房子的厨房里有蚂蚁的事实，造成房子的买主皮肤过敏。

管理是一门艺术，授权也是一门艺术，在授权过程中，要学会把握授权的节奏。因为权力会滋生腐败，所以授权不能一蹴而就，之后就放任不管。授权一定有一个"亦步亦趋"的过程。经过一年或者两年的磨合，渐渐地放松控制。授权的过程与放风筝一样，权力放给下属，风筝就是管理者的下属，而借助于风的外界环境，那么线就是权力。如果不敢放线，那么风筝是不可能飞得高的；如果外界的风太小，就要学会把线适当地紧一紧；如果风太大，那么线就要适当松一松。根据风的大小和方向，逐渐逐级地授权给自己的下属。

最后是无为而无所不为的阶段，这是管理的最高境界。就像推行休养生息政策一样，无为带来整个社会生产和经济的极大恢复和提高。

在企业管理中，最上等的管理者会让员工感觉不到他的存在，通过明确的目标管理和自我管理、自我激励，促使每个员工都将自己的个人价值与企业的价值有机结合，实现个人价值的同时，为企业创造价值。

一个具备高超管理艺术的管理者，首要就是能够平衡集权与授权的度，做到有为而不妄为，进而上升到有所为而有所不为，最终达到无为而无所不为。时势造英雄，而乱世出英雄，成就英雄的就是有为，不过，治世需要安定，主要靠无为。

在创业时，要靠有为，而守业时则更多靠无为。应用到企业中，就是管理要靠有为，而领导时则要靠无为。正确处理有为和无为之间的辨证关系，在不断的管理实践中，学会进行艺术化的处理，因为绝对没有一成不变的模式。

9.5　结构化判定：无作为的巧妙

一共获得超过 2.5 万项专利，8 项诺贝尔奖的美国贝尔实验室，现在平均每个工作日发明 3000 多项专利。在该所的负责人陈煜耀博士的办公室里，有一块写着"无为而治"的匾额。陈煜耀说："领导者的责任在于既要做到你在领导别人，又要做到别人并不认为你在干预他。"贝尔实验室的成功，就在于"无为而治"的管理思想。

贝尔实验室以大笔的科研经费、领先世界的实验设备的硬环境，以及绝佳的软环境，吸引世界最顶级的科技人才入驻。软环境的吸引力对于科研界的杰出人才而言更具有重要性，在这种氛围中，科研工作者的思想交流和智慧才会碰撞出更多的"火花"，随着创意、成果层出不穷。

对于科研工作者来说，只要能按照自己的兴趣和专长选择所要研究的课题，相互之间可以自由交流和探讨，就是生活在研究的乐园里。而在贝尔实验室，这些要求都能得到最充分的满足。

在贝尔实验室，科研人员主要的任务是阅读文献、制定实验计划、撰写论文，至于其他的事，可以自行选择是否参与。每个独立的研究单位都有自主决定其研究方向和方法的权力，各个研究单位的人员之间随时可以进出，展开交谈讨论。

因此，贝尔实验室的研究人员有充足的时间和自由从事自己的科研工作。而且这里有一部分替代人员，帮助研究人员从事其他的事情，如出席某些与研究不相关的会议等。

由于其发明型科研机构的性质，如果按照企业的管理模式，聘请一个职业经理人负责管理贝尔实验室，显然不适合其发展实际。因此，贝尔实验室采取专家治院的管理方式。按照企业惯例设置管理岗位，不过这个领导是由该领域的研究人员都认可的技术权威。

贝尔实验室的总裁，通常由该时期在主要研发方向上做出显著成就，而且具有组织管理能力的专家担任。从首任总裁尤厄特开始，其后的每位总裁都是产业界和学术界的泰斗级人物。

因此每一位贝尔实验室的总裁在担任管理职位之前，都已经在贝尔实验室大楼从事过几十年的研究工作。其中曾为贝尔实验室捧回诺贝尔物理学奖的也不在少数，或者曾在国家的科技机构、国防机构中担任要职。

虽然管理人员早已熟悉公务员系统、企业中的层级系统，不过回到贝尔实验室，上下级之间的隶属关系并不明显，所有人员都是平等的同事关系。甚至有些管理会被下级认为是对其研究工作的无知干涉，是限制其科技探索的科学精神的举动。在贝尔实验室，总裁的存在是为大家的研究工作提供支持，进而充分发挥大家的能动性。管理者的作用是为机构争取利益，同时排除来自外界的无端干扰。

什么是最高明的领导者，就是下属都不知道他的存在，因为谁都与他没有私交；比之略逊一筹的领导者，下属都亲近他，称赞他；再次一等的领导者，下属们都害怕他的威严；而最次的领导者就是那个连下属都看不起，处处遭人蔑视的领导。

企业生产规模和部门、人员的不断扩张，对领导者辨别轻重，分清主次的能力提出了全新的要求，一个高明的管理者，在企业中担当的角色是负责领导和指挥众人的"导演"，而不是扮演某个具体角色的"演员"。

法国科学管理专家亨利·法约尔提出，企业的上层领导者不能"在工作细节上耗费大量时间"，而在小事上却"总是忙忙碌碌"。法约尔说："一个企业，经理应始终设法保持对重大事情的研究、领导和检查的思维自由和必要的行动自由"。对于现代企业的管理者而言，更要注重管理策略的使用，善于"抓大事"而"舍小事"。

新加坡公司计划投资数千万美元开展欧洲相关业务的并购工作，以期打响公司跨国投资的重头炮。该公司的总裁意识到，在具体实施这项任务时，肯定压力不小，他并没有事无巨细，大包大揽，而是选择按照工作的性质和要求分配给策略投资部，具体由这个部门负责，而其他相关部门主要负责配合策略投资部的有关工作。

其中有几项关键性的问题和大局，包括财务顾问人选的选定、邀请的律师，以及融资银行的要求等问题，则由该公司的总裁定夺。经过总裁的全面把关和统筹部署，以及员工们的通力合作，最终收购工作顺利完成。

参与竞标时，该公司一度受到来自世界著名的石油公司、国际知名投资财团和金融机构的夹击，尽管当时该公司总裁为新加坡的公务缠身，仍然选择抛下手边一些并不紧急的事情，赶到西班牙，与并购的关键人物接洽联络，同时稳定公司并购代表团的军心，鼓舞员工的士气，同时为他们出谋划策。

一个高明的领导者，要从以下几方面进行努力：

首先要具备虚怀若谷、胸襟开阔的雅量，不仅要能容事，更要学会容人，气度和风范是领导者必须努力修炼的。同时，要锻炼识人、用人的能力，千里马常有，而伯乐不常有。企业管理者就要做寻千里马的伯乐，调动企业各级管理者和员工的主动性、创造性，而处处设限，事事干预，只会阻碍员工能力的发挥。

为人才创造一种相对宽松的环境，管理层对员工的日常具体工作不要直接横加干涉，可以通过设立风险管理委员会等指导、监督、控制员工的工作大方向。量才施用、任人唯贤既能减少人为的压力，又能为员工一展才华创造良好的工作环境，激发员工的工作热情和积极性。

建立合理的企业组织结构，各部门之间形成一种既相互协调，又相互制约的关系。同时，结合公司的发展规划，制定适宜的管理理念。授权和分权的目的，在于提高企业的工作效率，进行科学有效地管理。管理者有其具体的管理范围，在管理系统中占据一环，通过分级管理，管理者就能够集中精力抓大局和战略。

9.6 模块化设计：领导人的作用

世界上最大的航空公司，美国联合航空公司的前身，是总部位于得克萨斯州休斯敦市的美国大陆航空公司。联合航空公司曾经因领导层问题，一度到达申请破产保护的境地。不到10年，公司再次因经营不善，进入史上的第二次破产保护期。

在这期间，公司的CEO走马灯似地换个不停，先后出现了10个CEO。生死存亡的关键时刻，波音前高管戈登·贝修恩被被聘请担任公司总裁兼CEO。戈登正式开始了公司的复苏计划，力挽狂澜，实施大刀阔斧的改革，制定名为"前进计划"的发展战略，重塑企业文化，建立其"诚信、尊严、尊重"的文化氛围，给予员工充分的信任和尊重，极大调动其全公司的工作积极性，让大陆航空的面貌焕然一新。

从最初接手CEO这个职务，戈登就意识到，在未来不到两个月的时间里，公司的现金就将全部告罄，别说维持公司运转，就连给员工们发薪水都拿不出一分钱。资金链的断流，迫使戈登寻求快速而准确的公司施救计划。这份计划由4个部分组成，其内容如图9-4所示。

1.重新安排飞行时刻表

"为赢而飞"计划，公司停掉所有亏损的航线，重新安排飞行时刻表。同时增建枢纽站，扩展客户，改善公司和旅行代理、常飞旅客的关系。大陆航空还制定了发现未来计划和一个面向未来的财务计划，包括精简飞行编

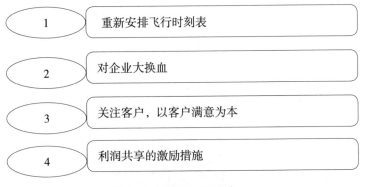

图 9-4　施救计划的内容

组，监督现金流过程，以及重新布局收支平衡表，根据市场规模设计飞机大小，同时缩减租赁飞机的数量，卖掉不具竞争优势的资产。

乘客选择航空公司，就是为了获得便捷高效的飞行体验，所以戈登领导大陆航空改良服务，保证行李不出差错，客户投诉得到妥善处理，增加电话和头等舱舱位，以及改善飞机餐品质和口味等，建立现实的可信度计划。很快，公司的现金问题就通过与股东的协商解决了。

2. 对企业大换血

裁汰组织机构、施救计划之后，大陆航空开始了企业大换血。从管理层到企业文化，再到客户计划，所有的一切都在短短几个月的时间里焕然一新。以戈登为中心的 20 人管理团队，彻底取代了原来的 61 人管理团队，管理成本大大压缩。

戈登对公司、对员工都信心满满，认为公司最终会迎来辉煌重现，公司里的每个人都能独当一面，这是让很多经理人都可望而不可及的。所以公司里的高管一被重用，就会充分甚至超常发挥其潜能，为公司带来物超所值的人力资源。后来，大陆航空缔造了很多个百万富翁，实现了企业和个人的双赢。

3. 关注客户，以客户满意为本

当初，为了削减成本，大陆航空鼓励飞行员节油，结果破坏了正常营运。低成本运作使大陆航空成为最不受旅客欢迎的航空公司，公司常常收到投诉，收入大减，入不敷出。不得不靠借贷维持公司运营，而乘客的流失使收入继续下降。这样的恶性循环，使大陆航空不堪重负。

戈登决定恢复客户满意度，为不同城市设置不同的高管，要求高管走访负责城市的客户，与客户亲近。同时，安排公司的副总裁们亲自致电那些投诉的客户，并且回复投诉信，赔礼道歉的同时解释原因，根据客户意见改进服务。

4. 利润共享的激励措施

大陆航空公司员工可以分享公司利润的 15%，前提是公司确实赢利。戈登承诺，只要公司走出负债经营，员工可以在每年情人节拿到占整个收入 7% 的利润分成。

公司有 650 个布告栏，发布日常信息和公司 24 小时内的运营业绩，同时更新。每个星期五，戈登都会向员工发一份电子邮件，内容就是报告公司这一周的状况；每一个月，戈登都会组织全员大会，面对面回答员工问题；每一个季度，会寄一份大陆航空的通讯季刊到员工住处；每半年，会寄一份公司的报章剪报。所有这些举措都是为了让员工有意识地参与公司的拯救活动，事实证明，这是一个非常明智的做法。

在管理中，能者居之。虽然个体之间要保持平衡，不可鹤立鸡群，但要做决定时，还是会认同有本事的人应该做主，由有才能的人独挑大梁，稳定大局，因为没有能力的人只会让事情越来越乱、火上浇油。

至于"能者"是谁，则由个体决定，而不管其职位高低。每个个体都在内心有一套自己对有本事的人的评定标准，如果认为某人有能力，就会对他心服口服，甘愿听从其命令，如果并不认同某人，即使这个人身居高位，还是会心存不服。

同时，没有绝对客观的选择、决定或者判断，所有涉及到人的事情都有其主观性，因为没有一个完全客观的人。如果自称客观，就会受到来自他人的批评，认为这个人主观到认为自己客观，这是自欺欺人。

在美国，几乎每个家庭都有车，人们习惯根据所开的车评判其所属的收入阶层，如果一个黑人开了一辆宝马，那么他就会引起人们的怀疑，如果这个人看起来不像篮球运动员，人们就会怀疑他是否贩毒，因为在美国人看来，买得起宝马的黑人不是篮球运动员，就是毒贩子，只有这两条路的黑人才能赚得到钱。

伦敦一家企业派遣一位员工到纽约开会，这名员工十分珍惜这次外出机会，就让妻子和儿子都请假，全家一起到纽约度个假。结果一家人玩得高兴，这名员工把开会的正事忘个一干二净。回国后，这名员工报销费用时有人认为他搞公费旅游，不打算给他报销。然而部门经理却说，该员工为公司辛苦了十几年，为公司创造的价值远远超过一次旅游，一定要给他如数报销。

所以，管理时，与其追究事件的真实性，还不如讲求问题处理的妥当性。因为问题的出现是为了让我们解决，而不是制造又一个问题和矛盾，既然能够妥当地解决，那么艺术性的圆融手法有何不可。

第10章

情境中的客户与团队

    麦肯锡咨询顾问，必须掌握一项核心技能，那就是：有团队协作和客户为先的意识，并使这项意识经受严酷的考验。因为对他们来说，管理工作的本质就是为客户做好服务。

    在企业管理的各种情境中，不仅需要领导人、管理者制定企业发展战略，还需要客户和整个团队的参与。因此，客户和企业普通员工也是情境中至关重要的环节。管理主要是对企业员工的安排，管理的最终目的是提升企业为客户服务的水平，因此，将客户和团队纳入考虑是管理必做的工作。

10.1　彼得原理

企业职务升迁的奥秘隐藏在哪里？美国学者劳伦斯·彼得揭示了答案。经过对组织中人员晋升的相关现象进行大量研究后，劳伦斯·彼得得出结论：在组织中，由于晋升提拔制度的惯性，员工总是倾向于被提升到与自身能力不符的岗位上。

10.1.1　占领彼得高地

在管理领域，员工一般从实习生、班长、副组长、组长，晋升为副主任、主任、副经理、经理，最终成为总监、总经理。在技术领域，员工一般从实习生、普通职员、初级技术员、中级技术员、高级技术员，晋升为助理工程师、工程师、高级工程师，发展为副总工程师、总工程师。似乎这些都是按部就班的，企业的晋升通道只是一条有步骤的爬升道路，员工只需要不疾不徐地向前走就可以了。

因此，彼得原理也可以被称为"向上爬"理论。员工的晋升只考虑工作年限的问题，而不考虑员工自身的能力是否与岗位相适应。这种现象在现实生活中无处不在：一名称职的数学教授被提升为研究院院长后无法胜任；一个优秀的运动员被提升为体育局官员后无所作为。

对任何一个组织而言，一旦有相当部分的工作岗位被不称职的员工占据，整个组织的效率将受到影响，平庸者的出人头地，将导致公司发展处于停滞状态。因为，将一名员工晋升到一个其无法很好发挥才能的岗位，不仅不是对本人的奖励，反而使其才能被埋没，给组织带来损失。

员工晋升到的岗位被称为彼得高地，每一个员工最终都将达到彼得高地，在该处，其提升商数（PQ）为零。一名员工到达彼得高地的主要方法有两种。一是上级的"拉动"，即依靠裙带关系和熟人等从上面拉；二是员工自我的"推动"，即依靠员工自我的训练和进步等实现晋升。然而前者是被普遍采用的。

彼得原理显示了企业管理者进行管理时，只看重对员工职位上的管理，而忽视了对员工进行相关考核和培训。可事实上，员工的工作成绩与更高级的职位之间并无必然的关系。一名出色的技术人员不一定适合做生产小组组长，一名优秀的销售人员不一定适合做销售区域总经理。因为更高级的职位不仅需要更强的能力，还需要员工拥有更大的胆识和更全面的素质，而不是在单一领域上的成就有多么高。

10.1.2　刘易斯升职的烦恼

刘易斯在硅谷一家 IT 公司从事技术开发工作。由于刘易斯本人工作努力，肯钻研，为人和气又乐于助人，颇受上司赏识和同事的好评。刘易斯的性格非常适合其岗位：可以试验各种创新，以工作为乐，与世无争。

不久后，刘易斯被公司提拔为项目主管。刘易斯非常感激上司对自己的知遇之恩，决心以更好的业绩来回报上司。于是，刘易斯更加埋头苦干，想更多的点子，下属有什么难处刘易斯总是采取一揽子全包策略。

但上任不久，刘易斯发现自己困难重重：一是自己在从事技术工作之余，必须要以更大的精力对整个项目小组进行管理，琐碎的事情把刘易斯忙得焦头烂额，根本无暇顾及更多技术方面的事。二是工作进程很不顺利，项目小组经常要加班到很晚还不能按时完成进度，同事怨言很大。三是小组中资历比自己老的很多技术人员对自己不服气，自己又不好意思说什么。结果，上司、同事、自己都很不满意，刘易斯从优秀的技术专家变成了不称职的项目主管。

然而彼得原理也具有两面性，员工被提升为组长后依然称职，组长被提升为主管后依然把项目打理得井井有条，类似的案例也有很多。因此，彼得原理并不是否认人才提拔形式本身，而是强调在提拔人才时，健全各方面的制度，例如进行考核与培训等。

作为全球最大的日用消费品公司之一，员工从迈进宝洁大门的那一天开始，培训项目会贯穿其职业发展的整个过程。每一个员工自身的长处和待改善的地方，都会相应有针对性地有一个培训项目，配合业务的需求来设计。宝洁也会综合考虑员工未来的职业兴趣，以及未来工作的需要。一般新员工进入宝洁2年后，公司会对其调动岗位，描绘新的学习曲线，并提供员工新的工作动力。

宝洁有独具特色的培训计划，目标主要在于尽快实现员工本地化，甚至计划在不远的将来，完全由当地员工取代外籍人员担任公司的中高级领导职位。宝洁公司是目前为数不多的采用内部提升制的企业之一，不仅有素质培训、管理技能培训，还为员工提供专业技能培训、语言培训以及电脑培训等。经常邀请宝洁其他分部的高级经理和外国机构的专家讲学，独创了"P&G学院"，由公司高层经理讲授课程，讲授管理策略和技术。

根据工作需要，宝洁会选派各部门工作表现优秀的年轻管理人员接受海外培训，使他们具备在不同国家地区和工作环境下工作的经验，获得更全面的发展。

英语是宝洁的工作语言，所以新员工会参加集中的短期英语岗前培训。新老员工建立起一种一对一的辅导与被辅导关系，实现良性互动。指导人制度与该指导人的绩效考核密切挂钩，下属培养是主管人员的考核评估要项之一。

宝洁公司这一制度又称为内部导师辅导制度，提供内部培养，实现内部提拔，尽量不用"空降兵"。宝洁所有的高级员工都是从内部提升的，而不是从外面招入一个人作上司。宝洁很少请猎头公司，首先，宝洁相信自己招聘的质量，也相信公司内部有大量人才；其次，宝洁希望自己的员工能看到在公司内的上升空间，对公司产生归属感。

如果企业并不重视员工考核与培训，那么员工也不会认真对待。最终，一切都将流于形式，失去应有的意义。当提拔人才没有相应的约束制度时，组织中不称职的员工会越来越多，从而导致机构臃肿、效率低下。

10.2 层级管理并不是万能的

企业维持流程运转需要进行组织结构建设，包括设置部门、规划职能部门等，其中最具代表性的组织结构形式包括中央集权、分权、直线以及矩阵式等。企业组织建设形成企业组织架构，实际上是通过各部门分工协作实现的一种决策权划分体系。

在经典管理理论中，企业组织形式依据"管理幅度"理论，认为管理者的精力、时间和知识，以及经验、能力等都是有限的，所以能够管理的下属的人数也是有限的。而一个企业不得不通过增加手下员工实现规模的扩大，这会导致一系列的包括人际关系、信息量在内的管理问题。

10.2.1 管理幅度的有限性

一旦管理的人数超过一定限度，管理者就不能实行有效的管理。通常，越高层的管理者，能够有效管理的下属人数越少。基层管理者能够有效管理的员工不能超过 20 人，中层管理者一般管理不超过 10 人，而高层的管理者有效管理的下属最多是 7 人，否则，就超过管理者的"管理幅度"。

管理者能够有效管理的下属人数是有限的，因此随着企业规模的扩大，管理层次必须增加，通过一级一级不断增加管理的层次，同时保证一定的管理幅度，维持企业的正常运营。一般而言，管理层次越多，管理的幅度越小，管理幅度与管理的层次呈反比。大多数企业都采用传统管理模式，尤其是大型跨国企业，员工通常几十万人，由于每一级管理者管理幅度都十分有限，就不得不逐步增加管理层次，最终形成一个庞大的层级关系网络。

在这种层级结构的组织中，各层级之间有着明确的界限，上级不被允许越级指挥，下级绝不可以越级请示汇报。作为传统的组织建设形式，层级结构组织形式之所以被奉为经典，自然是经过了一段时间的检验。事实上，层级结构被认为是适应于相对稳定的市场环境中，在相对稳定的外界条件下，层级结构能维持较高效率。

不过，企业实践发现，传统的层级结构越来越不能适应市场的发展变化。其中一个表现就是，随着企业组织规模越来越庞大，堪称"恐龙"的超级跨国公司越来越多，那种传达一个信息要越过 18 层管理者的现象，使得企业难以有效运作。

此外，正如英特尔公司董事长科洛夫所说，"现代社会，唯一不变的就是变化"，外部环境已经发生迅速变化。如果企业跟不上外部环境的快速变化，不具备极强的适应性和对变化的快速感应能力，无疑会被市场所淘汰。层级结构众多的管理层次，明显不利于企业应对市场环境的快速变化。

既然随着管理层次的增加管理效率会大打折扣，那么，企业可以通过减少管理层次，相对地增加管理幅度解决问题。此时，扁平化布局应运而生。将原先通过增加管理层次，形成的金字塔状组织形式进行"压缩"，产生了扁平状的组织形式。

10.2.2　长方形组织架构

运用扁平式结构的企业，组织架构编排呈长方形，纵向发展管理层次的形式，变成了管理幅度的横向扩展。横向阶层的增多，意味着企业的员工大多维持在同一层级水平，管理者不得不通过授权，使组织中的每一个成员相互沟通和指挥。因此成员们处于相对平行的地位，工作满足感得到提升。

扁平化组织不同于传统的科层制组织。科层制组织是以专业分工为划分各功能部门的依据，各部门之间存在明确的界限，绝对不能插手其他部门的管理工作。科层制组织与层级结构存在相同的缺陷，难以适应环境的快速变化。

而趋向于横向平等发展的扁平化组织，由于打破了各部门员工之间的部门界限，减少原来一级又一级的中间管理层次，每个成员不仅可以直接面向客户，还直接对公司总体目标负责。这是一种群体和协作优势的发挥，能够帮助企业赢得市场主导地位。

扁平化布局简化纵向的管理层次，带来中层管理者的人数和层级的削减，增大每一级管理者的管理幅度增大，企业指挥链条因此呈现最短状态。此时，企业的最高决策者与普通员工之间，往往只有两到三个层级的差距。

扁平化组织的成立，需要现代网络通讯手段的发展。企业内部上下级、各业务部门之间，不同企业之间，主要通过电子邮件、办公自动化系统和管理信息系统等进行沟通。这些网络信息化工具的使用，大大增加了企业的管理幅度与效率。

与传统组织结构相比，扁平化结构形式灵活、民主，各成员内部能够实现自由平等的沟通，大大削减官僚主义的可能性，有利于员工的创造性的发挥。同时，采用扁平化结构的企业能够对包括消费者需求在内的市场环境变化做出迅速反应，利于企业发展。

10.3　组织扁平化的影响因素

在企业中实行扁平化结构并没有想象中的那么简单。组织扁平化要求削减管理层级，每一级的管理幅度相应增加，管理难度呈直线上升。因此，企业能否成功实行扁平化结构，主要取决于四个因素，其内容如图 10-1 所示。

1. 决策权是否得到合理分散

企业进行扁平化布局之后，原先在上下级之间存在的权属关系已经彻底变化，需要重新分配决策权。通过权力边界的重新划分，明确组织中各成员的权力、上级的权力以及整个企业的权力。同时，员工需要把个人目标与企业目标融为一体，做到权责结合，才能实现有效的扁平化布局。

分散决策权之前，企业管理者必须明确哪些决策权应该由自己保留，哪

图 10-1　企业实施扁平化结构应取决的因素

些决策权应该下放，以及下放到哪些层级。其中任何一个问题得不到解决，都可能由于权限过于集中或者过于分散，出现专制或混乱的局面。

2. 中下层管理者是否有足够的管理能力

权力的分散和下放，意味着中下层级管理者需要面临更多决策，指导并监督更多的员工，相应会出现更多的问题。此时，如果中下层管理者的管理能力不足以担此重任，最终都可能将企业引向无序状态。

3. 员工素质的高低

在实行扁平化布局的企业中，即使是普通员工，都可能被赋予特定的决定权，因此要求员工具备高度的自觉性、主动性和创造性。这样一方面可以减轻中下层管理者的压力，也为员工发挥主观能动性提供了更广阔的空间。

4. 各成员之间沟通的顺畅与否

在扁平化结构的企业中，企业最高决策者能够真实而快速地了解到一线员工传达的信息，而不用通过层层上报，企业对外界市场环境变化的敏感度因此而大大提升。这是扁平化布局希望达到的最佳效果。

然而并没有证据表明，扁平化程度高的企业，信息传递更顺畅。因此企业实行扁平化布局，并不一定意味着信息传递效率的提高。实行了扁平化布局的企业，其最高决策者并没有表现出对自己掌控的企业了解得更加透彻的趋势。

因为扁平化布局只是通过管理层级的减少，而相应减少了信息传递的节点数目。然而，影响信息传递效率的因素，除了渠道节点数目的多少，还包括企业内部沟通的有效性。因为传递信息的主体是人，而人对于接收到的信息具有选择性和目的性。每个人都可以在不违反企业规章制度的条件下，自主决定传递或者不传递，以及怎样传递所掌握的信息。

实际情况是，面对上级时，很多员工选择报喜不报忧。在一些咨询公司，很多顾问也会在有意无意中向客户隐瞒部分消息。顾问专家埃里克·哈恩教授直言，在咨询行业里，大多数咨询顾问选择向顾客提出一个讨人欢心的建议，而不是富有挑战性的建议。

扁平化布局基于"三个臭皮匠，赛过一个诸葛亮"的理论假设。不过前提条件是，这三个"臭皮匠"之间能够进行有效的沟通和协作。然而扁平化组织并不能保证成员之间高效的沟通与协作。

企业员工之间的沟通和协作是否完全顺畅，对于扁平化布局的成功至关重要。而且，随着管理层级的减少，员工的升迁机会也相应减少，员工之间、各级管理人员之间，很有可能竞争加剧，也加大相互之间协调与合作的难度。此时，成员们的沟通更显重要。

然而在 21 世纪"公司人"演化成了具有高流动性的"网络人"。在戴尔公司，有一半的员工为戴尔工作的时间都没有超过 5 年，有 40% 的员工并不需要每天都到办公地点签到，他们是"移动的"。

在这种环境下，人与人之间的联系难免虚化、复杂化，不仅带来一系列沟通方面的问题，同时也意味着企业对员工的凝聚力有一定程度的弱化。在实行扁平化布局的企业，员工之间联系的虚化和复杂化，提高了进行有效沟通的难度。如果企业缺乏强大而富有活力的文化，即使是灵活性高的扁平化的组织，也有可能陷入僵化。

扁平化布局的灵活性主要表现在通过减少行政管理层次，裁减冗余人员，建立起一种紧凑、干练的组织结构。与传统的金字塔式垂直结构不同，扁平化布局可以有效避免在上情下达或下情上达中出现的决策输送和信息反馈的损耗，同时减少传递成本，增加传递速度。

在行业可预测性较高的市场环境中，实行严格定位和分级负责的组织管理模式是比较有效的。而扁平化布局更适应变化多端的现代化市场行情，具有灵活机动性。因为在传统企业组织里存在着一贯的"边界"，按照企业需求，将员工、业务流程和生产要素进行严格的区分，实现专攻、专注。但是，经济信息化和全球化的到来从根本上改变了经济发展的速度，和企业生存的内外环境。

从内到外，企业要求建立合作、协调、高效的机制，转变规模化生产为灵活性生产，将分工和等级变为合作，从而调动员工的积极性，与外部经营环境协调一致。这时，传统组织模式失效，全社会都在呼唤改革企业边界。

无边界原理由曾任通用电气总裁的杰克·韦尔奇提出。韦尔奇认为，一个企业，与一个完整的生物有机体相同，通过内部的各种隔膜，使之具有一定的外形，执行一定的功能。生物体具有足够强度的隔膜，不过并不妨碍体内的物质循环。

企业也是这样一个循环系统，各部门、上下级之间可以存在边界的"隔膜"，不过必须保证信息、资源及能量的顺利沟通。企业执行一个整体的功能，执行的结果是远远超过各个组成部分的功能。所以，边界是无边界原理的基础，不是否定所有边界，而是强调内部信息的在各边界之间易于渗透和扩散。

10.4 领导力的前提：集体优势

杰夫·贝索斯接手亚马逊时，这家网络零售先锋已经出现连续九年的亏损记录。不过，在贝索斯到来的第一年，亚马逊就实现了年度盈利。贝索斯的魔力在于，当他穿上四星级大厨的制服向客户推销亚马逊的厨房用具时，人们不会有丝毫违和感。

亚马逊的成功甚至引起了股神巴菲特的注意，巴菲特打破了自己不投资科技公司的惯例，购买了亚马逊 4.59 亿美元的债权，成为亚马逊最大的债权人。巴菲特说自己无法估算亚马逊的价值，"我不知道亚马逊会长到多大，但我知道它会一直成长。"

在亚马逊总部西雅图，贝索斯每周都会主持召开一次管理层例会，比起一般公司的例行会议，亚马逊管理层例会更像是一场博士论文答辩，或者一场历时 4 小时的马拉松。贝索斯偏爱数据，所以各经理主管必须逐个汇报新产品、技术、定价策略以及成本控制等各方面的数据。

然后，贝索斯会盘问所有的数据。甚至亚马逊的普通员工都必须准确回答每张订单平均接触的客户数量，接触的时长，电子邮件接触的数量必须和电话接触的数量进行详细比对，每一种方式的总成本必须清楚地标注出来。负责客服、配送、库存业务的负责人，每周必须分析约 300 张图表。贝索斯认为，任何结论都可以通过数学的方法得出，而且结果比任何主观判断和定性研究都要精确可靠。

不过，在贝索斯心中，亚马逊的员工比数据更可靠。一旦对主管们提供的答案不满意，贝索斯会来到普通员工中间，亲自了解具体业务情况。贝索斯说："我从未看到一位高效的管理者或者领导者不花一点时间亲临一线。集体的优势远远比我个人的优势更大。"

可见，贝索斯选择亚马逊员工的集体优势。贝索斯认为脱离了集体而做出的决策是脱离实际的，"整体思考和管理过程会变得抽象而不连贯。"同时，集体优势的发挥必须建立在领导者的个体优势基础之上。

所以，在亚马逊，普通员工以及中下层管理者，都不应该奢望有一丁点的自主权。贝索斯会发号施令，要求手下按照其要求执行。而且，为了尽快完成任务，贝索斯通常只会为手下留出原本需要时间的一半。

亚马逊的员工们说，每个人都知道，亚马逊是贝索斯的公司，人们可以在这儿获得丰厚的报酬，实现自己的事业梦想，也有足够的成长空间，不过不管成长得多快，升得多高，都不可能升到首席执行官的位置。

每个月，贝索斯都会与公司的高级科学家们一起，邀请包括来自麻省理工学院在内的世界顶级名校的教授，到亚马逊给员工演讲。这些演讲对于推动亚马逊网上售书业绩和电器的销售量没有丝毫帮助，但是，却可以开阔员工的思维和眼界。

与对创新的痴迷形成鲜明对比的是贝索斯对等级的漠视。在亚马逊有一个著名的内部激励机制——Just do it。听上去和耐克公司的口号一致，不过，对于亚马逊，这不是一句口号。这个奖项只会授予那些未经上报就做出一些有利于公司发展的事情的员工，在决定这样做之前，员工必须进行慎重的考虑，而且无论最终的结果是否成功，都不是主要考量标准。

贝索斯重视集体优势的发挥，即使在人才竞争十分激烈的时间段，亚马逊都坚持查看应聘者的大学成绩单，并将其作为录用标准，这在求职者之间激起了较强烈的不满，人们向外界抱怨，有谁会在乎一个客服是否读过安托贝·艾柯的学术小说？

然而贝索斯在乎。贝索斯的根本看法是，亚马逊之所以成功，关键在于集体优势的发挥，而员工的创新能力关乎企业的命运。最聪明的人，无论从事的是什么工作，一定是最具有创新精神的人。在由贝索斯亲自面试的环节，贝索斯通常会问面试者一些脑筋急转弯，诸如"纽约中央公园有多少棵树？""旧金山有多少扇窗？"

在为公司挑选人才方面，贝索斯从不刚愎自用。早在公司创建之初，贝索斯就为应聘者的推荐人设计了23道题，例如"在什么情况下你不会聘用这个人？"有时候，推荐人的回答比面试过程本身还重要，这与很多公司把推荐人意见作为最末尾考虑因素的做法大相径庭。

不过，个体的优势只有置于集体中才能发挥出来。在企业组织结构中，集体是企业内部主动合作、有效沟通和群策群力的弹性单位主体，也是其中最具备文化特质的部分，是企业文化与组织的有机结合，能发挥最大效用。

据调查，一个有集体观念的企业，也许每个个体的智商平均为100，不过，加在一起，会把企业智商推向150甚至更高。而没有集体意识的企业，即使个体的平均智商达到120，组合到一起，企业的智商也只有60～70。

集体的优势在于"众人拾柴火焰高"。个体为实现企业的利益和目标而相互协作，每个人都为集体尽心尽力，团结，奉献，凝聚成具有集体观念的企业文化。无论是把个体放在首位，还是把集体放在首位，只要将个人目标与企业目标相结合，形成一个确定的共同目标，个体的优势和集体的优势都能得到最大发挥。

通过个体特定的分工协作，形成完整的体系和结构链条，并存在于一定的环境和信息网络中，集体成为一个社会实体。集体的特点在于，拥有共同目标、利益和活动的个体，彼此之间密切联系，完成鲜明的组织任务。因此，个体不仅要认识到集体活动中个人和本集体的利益，而且还要认识到该集体对组织和整个社会的意义。

集体的优势是企业的战斗力，是个体竞争力、凝聚力和认同感的总和。在集体中，受到其他人的影响，个体往往能发挥超出原本的能力，这不是简单的上下级关系能够代替的。个体超常规的发挥，使得企业发挥出整体优势，变得更加优秀。

10.5　企业内的透明化管理

为什么有些企业内部存在管理者为员工积极性、协作性、忠诚度担忧，员工对管理者抱怨、不认同、整天得过且过的情形？根源在于企业管理的不透明。如果一家企业不能将自身置于员工的监督之下，就不可能实现高速发展，增强核心竞争力。

为此，企业需要推行透明化管理。如果员工能够对整个企业的运营有清楚的认识，那么不仅工作起来感觉可靠，而且会不知不觉将个人目标与企业目标结合，在实现自身价值的同时，促进企业价值的实现。各项规章制度和工作的透明度直接影响员工对企业的认识，将领导者的行为置于员工的监督之下，既可以有效防止领导者滥用权力，也可以强化领导者的自我约束机制。

10.5.1 埃克森美孚的雷霆战士

埃克森美孚是全球第一家市值超过 4000 亿美元的公司，在埃克森美孚总部德克萨斯州欧文市，李·雷蒙德被誉为公司的雷霆战士，不仅仅是因为其速战速决、注重实效、绝不拖延的性格，还有雷蒙德对员工的绝对信任。与其他高高在上的最高决策者不同，雷蒙德心甘情愿将自身置于员工的监督之下。

如果员工指出上级的过错和失误，雷蒙德绝不会当和事佬，相反会发挥雷霆战士的威力，直截了当地提出改正措施。雷蒙德要求全公司员工保持极强的自信心，即使表现出咄咄逼人也能被接受，只要对于公司的发展有利。而且，这样做更利于监督上级。对于监督的成果，整个公司都必须重视，因为"发现就是美元"。有时候，发现一个问题，比发明几十种新技术对公司更重要。

对于公司的大事小事，每一个员工都要无所不知，既要掌握事情的来龙去脉，又要对事情的进展明察秋毫。而且，不能因为怕麻烦，而对公司的管理问题睁一只眼闭一只眼。雷蒙德要求全体员工都能为了提高公司的管理而不留情面，冷酷无情。

为了兼顾员工个人发展和公司业务发展，埃克森美孚坚持从内部选拔人才，而且，这样更利于员工对管理者的监督。因为，在上任之前，管理者的相关工作经历和处事熟悉程度已经为员工掌握，员工也可以更自信地监督上级的工作。

对于不同的人才，埃克森美孚有不同的个性化培训，其中就涉及到员工的监督权，尤其是那些高潜质员工，他们的监督意见极其受到领导者的重视，公司为他们安排了专门的训练计划，集中培训监督重点。

员工的薪酬福利和晋升机会，除了与工作表现相关，也与监督权的发挥挂钩，以人为本理念的建立在极高的透明度基础之上。每个员工都要填写监督反馈意见，对本部门上级管理者的管理措施作出正负评级。

根据企业所处环境的变化，埃克森美孚也相应地优化调整了组织结构，使得组织结构与企业的内外部经营环境以及整体发展战略保持一致。包括精简机构，拆分众多子公司，同时，为了提高企业效率，实行贴近市场的扁平化结构。埃克森美孚海外的6家公司合并为一家分公司——埃克森国际公司。

这样精简、扁平化的组织结构，也有利于透明化管理的开展，随着现代信息技术的迅猛发展许多原来的区域性多业务组织变成了业务型全球化的事业部，还包括一个全球服务公司。在事业部内，除了各部门的经理，以及手下各部门的管理者，其他员工之间基本属于平行关系，而且，员工随时对上级管理者负有监督责任，可以行使其对上级和整个企业的监督权。

10.5.2　把企业置于员工监督之下

把企业自身置于员工的监督之下，实行透明化管理，可以有效促进企业内部之间的相互监督，避免出现拖拉、不作为等不良现象。同时，能够推动优化企业管理流程的进程，使企业管理制度呈现规范化、系统化和制度化，管理改进工作步入正轨，企业竞争力得到提高。

实行透明化管理的企业，能够树立良好的企业形象。

透明化管理不仅是一个管理技巧，更是一种管理思想和管理理念，需要完成一系列的系统化工程（如图 10-2 所示）。企业推行透明化管理，需要从以下几方面着手。

1	进一步提高企业信息的透明化
2	加大管理体系的执行力度
3	推行薪酬体系的透明化
4	保证企业文化体系的透明化

图 10-2　透明化管理

1.进一步提高企业信息的透明化

进一步提高企业信息的透明化是透明化管理的前提。管理者可以通过多种渠道，扩展企业信息的内部宣传和发布，除了会议、企业宣传栏等，还包括 OA 系统、管理者的汇报工作，确保自身置于员工的监督之下。如果员工都能够知道企业的一切和管理者的一切，就会更加关注企业、关心企业。

2.加大管理体系的执行力度

管理体系有助于规范企业管理、完善企业管理制度，同时提升企业的协同度和透明化。体系能否发挥作用，关键在于执行，透明化管理就是提高企业执行力的有效途径。

3.推行薪酬体系的透明化

管理者应保证分配的公开和公平，就要推行薪酬体系的透明化，发挥薪酬的杠杆作用和激励作用。公司吸引人才、培养人才和留住人才，需要透明化的薪酬分配体系，引进内部竞争机制，鼓励员工监督企业，推行绩效考核管理，这是前提和基础。

4.保证企业文化体系的透明化

管理者要让公司的每一个人都清楚公司的发展愿景、核心的价值理念，知道自己该做什么、不该做什么，知道管理者有权做什么、无权做什么，这样，不仅员工自己能够自觉主动承担责任义务，也能够通过监督上级，促进管理者自我提高。

企业要坚持全心全意依靠员工办企业的原则，保证员工的民主管理监督权，通过企业员工代表大会和厂务公开，坚持把民主管理、透明化管理作为工会工作重点。把民主管理、透明化管理贯穿于企业的各个环节中，充分发挥员工的主体作用，顺应时代发展的要求。这样，才是真正把自身置于员工的监督之下。

10.6　每个员工都有自己的地位

为了保障企业这台大机器的良性运行，不同人需要发挥不同的作用，如果说管理者是机器的发动机，决定企业的方向性问题，那么普通员工则是一颗颗螺丝钉和一个个齿轮，一环扣一环，保证企业的正常运转。

在企业大机器的运行中，每一个零部件都有其作用。普通员工也有自己的地位，员工是企业的基础。人是生产要素中最活跃的部分，而员工是企业人力资源的全部，因此人力资本是企业最重要的资本。企业只有通过人力资本与企业的物质资源的有机结合，才能有效地创造财富，产生经济效益和社会效益。

10.6.1　联邦快递让员工满意

在国际性速递集团联邦快递公司，每一名员工都有自己的地位和价值，弗雷德·史密斯认为，只有让员工满意，才能让客户满意。对于旗下的员工和承包商，联邦快递一直都高度关注其安全的问题。联邦快递集团的管理层认为，如果一个企业连自己内部的员工都不能令其满意，那么又怎么能够提供出满意的服务对顾客呢？

为此，联邦快递还专门进行了一次调查。调查结果显示：当员工的满意度到达 85% 时，公司的外部顾客满意度就能达到 95%。因而，联邦快递一直都严格按照只有让员工满意，才能让顾客满意的理念进行管理，最大程度地满足客户和社会的需求，也因此，联邦快递屡次被评为全球最受尊敬和最可信赖的雇主。

员工需要在企业找到存在感，一个名义上的地位，足以让其发挥自己的价值，死心塌地地为企业工作。如何打造一家 10 亿美元级的企业？首先可以确定的是，这绝对不是一个线性过程。在一家名为 Sales force 的公司里，最开始办公室里只有 10 个人。

但是，这家小公司绝对有着世界 500 强企业的人员配备，1 名总裁，2 名副总裁，3 名业务部执行长，4 名经理，每一个人都有其职务，每一个人也确实发挥了其职务相应的作用。为了成功，这家公司的 10 个领导，同时也是员工，绝大部分时间都在埋首工作，使得公司缓慢攀升，而且中途几次转向。

10.6.2　把公司做大后

随着公司的转向，所有人都进入新的成长阶段，从本质上改头换面。总裁理查德·达蒙说："在这个阶段帮助你取得成功的因素，到了下一个阶段就有可能成为你迈向成功的障碍。"所以，进入新阶段后，公司的一切都必须改弦更张，放弃之前的那些金科玉律。于是，随着新人的不断加入，区分出了领导者，领导者不可能很多，只有一个；管理层，可以有几个、十几个，甚至几十个，但是，不可能成百上千；剩下的，都是普通员工了。

对于有志于创业的人来说，人才的优势更能成为公司的竞争优势。也许如果你告诉老板，自己想当CEO，他可能会从椅子上掉下来。没有人觉得一个普通的办公职员应该奢望坐上专为金牌销售预留的位置。

不过既然做出决定，就要为实现这一目标而付出大量的精心规划、专注和决心。就连经验丰富的管理者也有不足，经常需要别人提供的指导，尤其是在其专业领域以外。对于年轻的领导者来说，求助于他人才是避免犯下重大错误的关键。缺乏经验有可能带来非常严重的后果，其中最严重的是识人不当，付出金钱的代价，陷入合同陷阱，甚至可能违反法律，陷于等待境地。

Facebook的创始人马克·扎克伯格决定产品的方向，谢莉·桑德伯格更有生意头脑。这样技能互补，共同为创建一家成功企业而协同作战。谷歌联合创始人拉里·佩奇和谢尔盖·布林也是共同创业，不过后来两人还请来了更有经验的埃里克·施密特，保证管理的深度，之后发挥各自的特长，把谷歌做大做强。

在组建团队时，管理者应该尽量减少雇佣那些与自己性格十分相像的员工，因为这样的员工并不能让管理者在思考问题时变得更全面。一般而言，管理者会在与自己想法不同的员工的质疑声中获得成长。

当然，无论是与管理者具有相同特质的员工，还是不断质疑管理者的员工，所有人都可以为公司的发展而贡献自己的一份力量，管理者需要为这些人提供其应得的位置和归属。在保持谦逊的同时，管理者不能忘记现代社会的基本规则：胜者为王。

第11章

解决理想型问题

麦肯锡咨询公司经过大量的实践，得出这样的结论："企业的理想型问题主要基于企业管理者的个人因素、员工的个人因素。"对于此，对人性的了解必不可少。因此，根据一定的人性理论，研究团队工作效率的影响因素，例如需求的层次、管理双因素等，对于企业制定管理措施有十分重要的意义。

11.1 人性假设的 X-Y 理论

解决企业的管理问题，需要从理想型问题的解决入手。由于管理的客体归根结底是人，所以，了解人的工作动机之外，弄清人是如何看待工作的，成为管理的理想型问题。人性假设既是关于理想型问题的理论。

关于人的性质以及人的行为的假设，人际关系学派最具有影响力的思想家道格拉斯·麦克雷戈提出了 X-Y 理论。根据人的工作心理，探讨管理人员的工作方式，这种方法可以最大程度上调动人的工作热情，发挥人的主观能动性，提高工作效率、满足感与归属感，从而为企业带来实实在在的效益。

为了最大限度地组织、控制和激励员工，有必要探讨关于人的性质的假设，以此为依据，提高员工的工作效率和发挥能动性。在此基础上，道格拉斯·麦格雷戈提出了有关人性的两种迥然相异的观点：一种是消极的 X 理论，认为人性本恶；另一种是基本上积极的 Y 理论，认为人性本善（如表11-1 所示）。

表 11-1 XY 管理理论

管理理论	人性设定	对待工作的态度	管理方式	管理模式	与马斯洛需要层次的关联
X 理论	人性本恶	厌恶、逃避、得过且过、只看眼前利益	独裁式-监督式：胡萝卜加大棒	金钱收买与刺激，监督、惩罚	假设较低层次的需要支配着个人的行为
Y 理论	人性本善	责任感、自我管理、自我控制	参与式-社团式：目标的一体化	给予更多的自主权，权力共享	假设较高层次的需要支配着个人的行为

　　X 理论假设人对于工作的基本评价是负面的，即人都是不喜欢工作的，只是追求享乐，一味逃避工作和责任。然而这种建立在错误的因果观念基础之上的传统研究方法，在人们的物质水平不够丰裕的时候是有效的。但是，当人们到达了较高的生活水平时，这种管理方法就无效了。这时候，单纯的生理需要、安全需要就要让位于更高级的需要了。

　　随着现代社会的来临，人们的生活水平普遍提高，最基本的生理需要和安全的需求都得到了相当的满足。这时，X 理论对于社交、尊重和自我实现这三种较高层次的需要无法给予满足。于是，Y 理论应运而生。Y 理论对于人性假设是基本正面的，管理者在管理过程中扮演的就是一个辅助者的角色，辅助员工发挥其工作潜能，实现工作目标的同时也能实现个人目标。

　　以往的管理方式倾向于把人看作是装配线上等待检验的一件产品，然而包括通用公司、安瑟化学公司等，逐渐采用一种新的管理办法，重视发挥员工的工作积极性。通过个人的目标实现推动公司目标的实现，由每一个员工自己确定目标，并每隔半年或一年对实际实现的目标绩效作出自我评价。

　　实际上，世界 500 强的许多大公司和企业都倾向于基于 Y 理论制定管理策略，无论是在人才招聘、培训、选拔方案，还是在内部的激励制度、晋升渠道上，他们都相信人是愿意负责任的，每个人都具有创造性和进取心，因此员工应当受到尊重并值得信任。事实证明，这些采用 Y 理论的人性假设确定管理方式的企业和公司，在实践中都获得了巨大的成功。

　　不过，在现实生活中，运用 X 理论而卓有成效的管理者也不乏其人。例如，丰田公司美国市场运营部副主席鲍勃·麦克里就是 X 理论的追随者，他鼓励竞争，激励员工拼命工作，实施"鞭策"式体制，使丰田产品，特别是克莱斯勒在当时竞争激烈的环境中，市场占有率大幅提升。

　　从改善管人的方式和效果而言，Y 理论的确比 X 理论的层次更高。然而在实际运用中，运用 Y 理论进行管理还是会存在一些问题。因为的确存在一些员工不珍惜被赋予的责任和权力，这些人视管理者为无能之辈，当面谦恭有礼，唯唯诺诺，转过身来却飞扬跋扈，做起事来马马虎虎，应付了事。

　　因此，无论是采用单纯的 X 理论还是单纯的 Y 理论，都会在实践中出现一些问题，两种模式的假定都过于片面和武断，特别是在如今这个复杂多变的社会，忽略了人类的可塑性与多样性。

因此，领导者必须视实际情况综合运用两种理论模式，找出一种比较折衷的方案。因为管理是一项复杂的工作，管理就是对人的管理，而人绝不是千篇一律的，各有其性格特点和才能特色。人的本性是最难把握的，如何合理地进行激励，如何才能让组织的效率最高，这些问题的答案需要随着对人的认识的不断深入，而逐渐深化，

管理者必须在管理的过程中不断地摸索和实践，根据实际的情况对采用何种管理方式以期最大程度地发挥员工的工作积极性作出准确的判断。这是管理者决定选取何种管理方式时，应该思考的理想型问题。

11.2 从一杯咖啡入手的需求层次

美国心理学家亚伯拉罕·马斯洛将人类需求按照从低到高的阶梯顺序分为5种，分别是：生理需求、安全需求、社交需求、尊重需求和自我实现需求（如图11-1所示）。通俗地理解，如果一个人同时缺乏食物、安全、爱和尊重，那么此时对于食物的需求则是最强烈的，而其他的需求反而显得不那么重要。因为所思所想几乎全被饥饿占据，只想吃一顿饱饭，这种情况下，人生的全部意义就是吃。

然而，当一个人从生理需求（吃饱、穿暖、有地方遮风避雨）的控制下解放出来后，就会展现出对更高级的、社会化程度更高的需求，如对人身安全、健康保护的需求，对归属意识、友谊、爱情等社交的需求，对自尊、获得承认和地位的需求，以及自我发展和实现的需求。

苹果公司在世界范围内拥有一大批果粉，推出的一系列产品一向叫好

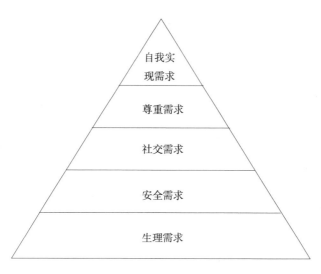

图 11-1　马斯洛需求层次理论

又叫座，iPhone6 自上市开始就在世界各地掀起抢购潮，3 天内就售出超过
1000 万台，创造了有史以来的最高记录。还有 iPad、iPod、iWatch、iMac
等，几乎开发每一个产品都能赢得消费者的青睐。所以，苹果公司在全世界
疯狂招人也是理所应当的，毕竟供给量要跟得上去，才能满足日益庞大的需
求市场。不过在众多的招聘岗位中，有一个岗位似乎与众不同，苹果想找一
个 iCup 技术员。

11.2.1　怎样成为苹果的咖啡师

招聘职位：iCup 技术员

工作职责：为全体苹果员工提供新鲜煮咖啡。

关键技能：有咖啡工作相关经历；完美的客户服务技巧；较强的时间管
理和组织技巧；能同时胜任多重任务；能向员工、同事、监督者、客人、客
户清晰地表达意见并准确无误地听取意见……

职责描述：定期将咖啡装满咖啡机；实地待命，包括现场维修、咖啡配
送等；定期配送牛奶；公司内自助餐厅相关服务，如提供饮食及服务，参加
董事会议等；联系破损咖啡机的维修工作；清洁、重组咖啡机。

苹果公司有专门的咖啡团队，负责为全体职员冲泡浓咖啡，而且无论是在

哪一个部门，都可以随时享用新鲜咖啡，iCup 服务可以在营业期间随叫随到。

作为世界上最赚钱的公司之一，苹果公司的十分注重自己的人才资源。而且，苹果的人力资源部有一个古怪而有趣的规定：苹果员工可以离开公司，在离开的两年内享受休假或者尝试其他工作，在这期间如果改变想法了，那么可以再回到公司，而且回来后不会失去之前的资历以及享受的待遇。因此，苹果员工可以辞职，不过如果在辞职不超过两年的情况下选择重返公司，那么这些人就像从来没有离开过一样，并不会丧失在公司的地位。

苹果深知要想留住人才，必须留住员工的心，让员工产生归属感，所以，不仅给出诱人的薪资，其提供的工作环境更是让其他所有 8 小时工作制上班族艳羡不已。苹果直属体系中最基层的员工是零售店店员，这个群体有自己的名称"Mac Geniuses"——"天才吧"，这些一线员工对于消费者的购物体验至关重要。而苹果的工程设计师平均薪酬最高，达到了 17.4 万美元。

史蒂夫·乔布斯曾不止一次在公开场合说过，苹果是一家处于设计与科技交叉口的公司。所以苹果的核心竞争优势中有一种创新能力，这也是别的公司，诸如谷歌等都无法企及的价值。创新性的发挥在于人才。

11.2.2　看苹果如何抓住员工的心

"想要抓住员工的心，先要抓住员工的胃！"苹果公司在加州库比蒂诺总部有专门的自助餐厅 Caffè Macs，还有多家小型自助餐厅，供应的食物足以让任何一个挑剔的食客都垂涎三尺。而且这些食物很便宜，员工花 4 美元就可以享受丰富的早餐选择，还可以免费获得新鲜苹果。

同时照顾到不同人的口味，Caffè Macs 提供经典的日本寿司菜式、越南河粉、印度菜，以及清淡的健康配料。每日推出一款特色披萨，搭配天天都有的玉米饼，以及 1 美元一只的牡蛎。照顾到素食员工的喜好，餐厅也供应健康新鲜的素食。

不过，这里称得上是肉食者的天下，红酒烩鸡、西班牙海鲜虾饭、金枪鱼饭、黑鳕鱼菜……在 Caffè Macs，无论员工的口味是清淡还是浓烈，来自欧美还是亚非国家，都能如鱼得水，享受种类繁多的的精致美食。

　　苹果公司对于所有员工而言，就是一个大家庭，任何一个加入到这个大家庭的人都是苹果的一分子，在自己的岗位上发挥自己的作用和价值。苹果公司最不愿看到员工的离开，因为对于每一个人都有着家人般的感情。如果有人离开，留给剩下的家人的感觉只有被抛弃和倍感受伤。

　　正因为每一个苹果家人的努力，才最终"养育"出这样一个大的苹果家族，任何一个人的离开都使得这个任务变得更加艰难。当然，如果有人离开，苹果也会尊重这个决定，就像自己的孩子一样，就算员工离开而去为竞争对手工作，苹果也不会把他当作敌人或者叛徒。

　　至于如何安抚那些一直忠诚的员工，苹果认为这从来就不是值得探讨的问题，因为没有任何一个家庭成员会不接纳迷途知返的家人，何况这还是一个对他们而言十分有用，会给他们带去更多动力的家人，接下来的事，就是所有人一起努力朝着共同的目标迈进——改变世界。

　　马斯洛需求层次理论对于管理方式的启发是，根据从高到低的人类需求层次，符合员工心理，以人为本，不断提升管理的科学性、人性化。最基本的是要满足员工的食宿，保证员工的人身安全，在此基础之上，还要注重对员工心理健康，获得尊重理解以及归属感和爱的体验，激励员工不断发展自己，实现自我价值。

11.3　双因素与员工哲学

　　在马斯洛需要层次理论的基础之上，赫茨伯格通过调查询问美国部分工程师和会计人员，确定了两类引起人们工作动机的因素：激励因素和保健因素（如表11-2所示）。在激励行为中，这两种因素起着截然不同的作用。

表 11-2　双因素工作动机

对比项	保健因素	激励因素
有名	非本质因素或情境因素	本质因素或内容因素
含义	除工作本身之外能够影响员工的因素	工作本身的各个利益面
范围	公司政策、与上下级和同事的关系、工作条件、薪酬、地位和安全保障等	成就、认可、工作的挑战性、责任、进步和成长等

如果保健因素不能得到满足，员工就会产生不满情绪，消极怠工，甚至采取罢工等对抗行为。不过，就算保健因素得到满足，员工也不一定会满意。例如，如果一直有发年终福利的惯例，员工在工作上也不一定会有多积极的反应，但如果某一年取消福利政策，那么势必导致员工的不满。

激励因素的存在能够使员工感到满意，激励员工的行为。不过即使管理层不给予激励因素的满意满足，往往也不会引起员工的不满意。例如，公司可以将办公环境布置得像家一样温馨自在，这样可以增强员工对公司的忠诚度，不过，就算把公司设置成冰冷的办公大楼，也不见得员工就会因此而不满意。

11.3.1　"以人为本"的人力资源战略

全球化程度最高、最成功的金融服务集团花旗银行，内部也有淳厚的企业文化，核心在于人才的培养和利用。从创始之初，花旗银行就确立了"以人为本"的人力资源战略，为员工创造了一个"事业留人、待遇留人、感情留人"的家庭化企业氛围，实现员工与企业的同步成长，不仅让员工在花旗有"成就感"，更让员工有"家园感"。

现在，花旗银行内部有各种各样的员工组织，涉及不同领域，包括女性组织、工作父母组织等，还有其他关注不同方向的各种团体。为了指导并支持这些组织团体，花旗银行专门为之成立了一个全球多样化办公室，只要得到办公室的认可，就可以在花旗银行健康茁壮地发展。这些组织团体共同组成一个员工网络团体，促进花旗的网络建设和教育认知，为公司的招聘和市场营销等方面做出一些创新与发展。

创立于纽约的自豪花旗组织（Citigroup Pride），是花旗银行的首个员工网络组织，主要目标是在花旗银行内部培育一种包容开放、相互尊重的整体氛围，所以自豪花旗组织向所有花旗员工开放，无论其性别、性倾向或者性表达方式是否不同，该组织力图让每一个花旗员工感到舒适自在。

还有一个专为花旗银行女性员工提供工作支持的 C- 女人（C-Women）组织，采用网络化平台，通过领导力技巧论坛，解决员工的工作灵活性和多种职业需要。许多花旗银行成功的职业女性都会借助这个平台，成为 C- 女人的发言人，分享她们的职业生涯经历。

为了感谢内部各种不同组织取得的成就，花旗银行专门抽出几个月定为传统月（Heritage Months），在这些月份里，花旗银行的业务包括制定一些计划庆祝员工的多样化传统，还包括教育、在员工中建立信念等。其中有一个在每年 9 月 15 日开始，10 月 15 日结束的"拥抱西班牙人"传统月，通过提供西班牙式的烹调方法，举办女性编队有游行，为地方提供西班牙式咖啡等，庆祝传统月活动。

11.3.2　花旗银行的员工哲学

有没有自己的员工哲学，是判断一个企业和组织人力资源管理是否成熟的根本性准则。所谓员工哲学，就是指员工如何看待自己，如何看待自己在企业、组织中所处的地位、承担的职责，以及体现的重要性。员工哲学是其他员工管理政策和措施的出发点（如图 11-2 所示）。

图 11-2　企业与员工哲学

花旗银行把员工的快乐程度与满意程度挂钩，认为如果员工的满意程度不高，那么就无法提供令客户满意的服务。只有通过把员工看成上帝，才会得到员工把顾客看作上帝的结果。所以，花旗银行所有的人力资源管理活动都围绕这个员工哲学展开，从根本上实践"以人为本"的理念。

每一年的年度报告中，第一页就有专为员工设置的一个版块，叫做"花旗所看重的员工"，花旗看重的员工包含以下品质：工作严谨认真，以公司为自己的事业；团结合作，互相关心；坚持不懈为客户和股东提供卓越服务和价值；承担个人责任，认可他人的成功；勇于创新，保持紧迫感，敢于竞争；力争上游，能力超群。

为了吸引并留住精英人才，花旗银行努力为员工提供最浓厚的企业文化氛围，最高的工作满意度，以及最丰厚的福利和提升机会，尊重个人，打击官僚主义。花旗银行认为，只有员工把自己的个人利益和银行利益结合起来，像企业主一样思考和行动时，企业才会取得最大的效益。因此，花旗银行让每一个员工直接持有银行 4.5 亿股普通股。同时，每位员工每年有不少于 5 天的培训计划，而且培训所耗不菲。

如果是一个本科刚毕业的大学生，在花旗银行工作 3 年后，就有机会被提升为各职能部门的副经理。如果是一个硕士研究生，那么在花旗工作满一年就有晋升为副经理的机会，工资是同行业同等职级的几倍甚至几十倍。花旗银行 CEO 森迪威尔更是以年薪 1.52 亿美元领先全美 CEO。

花旗银行对每一个员工都十分看重，无论其职责大小，担任的职位高低，花旗银行都一视同仁。在给全美造成极大伤害的 9.11 恐怖袭击事件中，花旗银行不幸牺牲了 6 名员工。事后，花旗银行极力安慰这 6 名员工的家属，还把 2002 年的年度报告制作成这 6 名员工的纪念专刊，银行主席在年报致辞中专门对这 6 名员工进行悼念，在年报的封面，列出这些员工的姓名以示纪念。

通过不断学习新知识，公正高效的激励机制，花旗银行创造出一种以创新精神为核心的企业文化，为人才的稳定、发展和才智的发挥提供保障和机会。花旗银行对那些忠诚度高的员工提供频繁的培训以及良好的晋升渠道，为他们安排海外发展的机会，全方位提升员工的综合能力。花旗银行的员工感受到的不是严谨而复杂的人力资源管理制度，而是被关怀与被尊重的工作感觉。

11.4 制造时钟，而不是报时

曾任职于麦肯锡管理咨询公司的詹姆斯·柯林斯指出，"伟大的企业的创始人都是制造时钟的人，而不是报时的人。"这些创始人并不只是找对时机，以一款全新的产品打入市场，也不只是拥有杰出的领袖人格特质，还能够为企业构建一种高瞻远瞩的组织建设特质。因此，这些创始人才能创造出伟大的公司。

11.4.1 海盗王乔布斯

苹果教父史蒂夫·乔布斯曾率领麦金塔计算机（Macintosh）小组举行了一次静修大会，他本人信仰佛教。在离苹果总部 100 多英里的帕哈罗沙丘城，活动开始后，乔布斯在黑板上写下一句话："当海盗比当正规海军有意思多了，让我们一起当海盗吧！"通过海盗寓意，乔布斯步入正题，写下："热爱你的工作，一周奋斗 90 小时吧！"

每一个苹果员工参与的工作都意义非凡，所以，每一个人都应当而且可以发挥出最大的热情，投入到工作中去。如果说每一个苹果员工都是一个特立独行的海盗，那么毫无疑问，乔布斯就是引领这些海盗同行的精神领袖——"海盗王"。因为，乔布斯像变魔术一样，拿出一件印有醒目的"海盗"字样的 T 恤衫，套在自己的身上。

接下来，每一位参与大会的成员都得到了这样一件 T 恤衫，不过，并不是所有的 T 恤衫都完全一样，只有少数几件 T 恤衫在左边印有一行小字——"麦金塔骨干"。很明显，这是一种差别待遇，乔布斯正是利用了有些员工自命不凡的心理，刺激他们从擦甲板的普通海盗，晋升为陪同船长用餐的高级海盗。

当时，是为了按计划推出一台震惊世人的麦金塔计算机，所以乔布斯煞费苦心。尽管已经完成了大部分的核心工作，但仍存在着许多亟待解决的棘手问题。为了激励大家奋力冲刺，乔布斯想出了这个"海盗"的主题，彰显麦金塔计算机及其研发团队的与众不同。甚至有人在麦金塔大楼里树起了一面带有骷髅头像的海盗旗，以此表明海盗团队的独树一帜。

麦塔金计算机研发小组就这样被命名为海盗团队，乔布斯就是这个海盗团队的头目，他在苹果公司内部四处游走，说服最优秀的人才加入到自己的海盗团队中来，为海盗队员们创造了一个几乎与世隔绝的工作环境，使其工作效率远远高于世界上其他任何一家计算机公司，甚至令整个计算机行业汗颜。

短短两年时间，麦金塔计算机研发小组就成功推出当时世界上最出色的电脑。此后，海盗精神成了凝聚苹果团队的强力粘合剂，也成为苹果公司的灵魂。每一个苹果家族的成员都知道自己为何而战，并且确信自己正在从事的是一项意义不凡的工作。

11.4.2　如何成为苹果那样伟大的公司

神秘的苹果行动指南：

1. 倡导"内部企业家精神"，发挥员工的创造性和能动性，鼓励员工做自己喜欢的事，实现员工的自我价值和梦想。

2. 管理者要管理好团队，必须得到员工的认同感和归属感，让大家爱上你这个人，爱上自己所属的公司，爱上公司提供的服务。同时，用一个无法抗拒的梦想捕捉员工的心，与员工并肩同行。

3. 激励员工朝着一个共同的目标而奋斗，把每一个员工都凝聚在一起，将公司的理想内化为每一个员工自身的理想。

4. 管理者员工重视激情文化对员工的作用，充满激情，并全身心地投入到工作中去，这是一个公司最不可或缺的资产之一。同时倡导敢于以下犯上的个人文化，适当制造紧迫感。

5. 善于通过细节发现员工的心理诉求，关注细节意味着长远回报。管理者要富有远见和影响力，保证每个员工努力的方向与公司的战略大方向一致。

要成立一个公司、组建一个团队，这往往不是什么难事，只要有资金、人力、土地，一幢公司大楼很快就可以鲜活起来。不过，在里面工作的人员是否团结一心，是否勇于承担责任，是否愿意而且能够发挥出自己最大的潜能，这在很大程度上要看管理者能否建立起良性的机制。

单枪匹马、事必躬亲，或者大而化之、大包大揽，这些都是难以把团队带向成功。只有把团队成员凝聚在一起，让员工们为了一个共同的目标而努力、而奋斗，才有可能创建一个出色的团队。伟大的事业必须要有一群忠诚于共同理想的人，所有人团结一心，将公司的目标内化为自己的个人目标，朝着一个方向和同一个理想而奋斗。

正如乔布斯所说："就像你想把许多东西搬上山一样，你自己一个人是干不了的。"苹果公司的员工都是一群自诩为天才的自命不凡且毫无纪律的人，为什么仅凭一个乔布斯就可以把他们聚拢起来，共同开创伟大的事业？

除了乔布斯本人的技术之外，还有一个重要的原因，就是他善于根据人的需求，用一种文化和精神凝聚整个团队，让每一个成员都从内而外愿意为苹果改变世界的梦想而努力，他们共同的身份认同是——苹果家族。这种软实力其实是一种硬实力。

制造时钟是建立一种全新的机制，机制的运行能够保证企业在市场中生存与发展，而不是必须依赖于某个人、某个产品或时机等偶然的东西。随着市场的进一步完善与规范，企业对良性机制的需求越来越大，组织结构、评价考核体系、战略管理等因素决定企业成败的关键。

11.5　利润之上的追求

利润是企业生存的必要条件，而且是实现更重要目标的手段。利润之于企业，犹如氧气、食物、水之于人类。这些东西虽然保证生命的存在，但并不是生命存在的目的。但是，没有这些东西，生命也将不复存在。

没有任何一家企业敢说自己不追求利润，但并不是每一家企业都能跻身世界 500 强，原因在于伟大的企业通常拥有"利润之上的追求"，包括企业理念、社会责任、企业文化、企业理想等。也许，所有伟大的企业都是"务实的理想主义者"。

11.5.1 可持续发展的联合利华

2015 年，消费品行业巨头联合利华挤进全球最受欢迎雇主榜单前三（前两位是谷歌和苹果），一时间风头无两。从创立之初，联合利华就有伟大的企业理念，创始人威廉·利华提出"减轻家务负担，让使用者生活更美好"。

现在，联合利华已经成为全球最大的日用消费品公司之一，在全球拥有超过 17.2 万名员工，《财富》杂志 2015 年营业收入 642 亿美元。每天，全球各地共有 20 亿消费者选择联合利华的产品，57% 的公司业务来自于新兴市场。

联合利华共同的价值观和商业目标是，致力于为提高世界各地消费者的日常生活质量做贡献，通过独特的品牌、实用的产品，点燃人们的想象力，使人们神采焕发。同时，以最高的道德准则真诚对待消费者、员工、供应商、竞争者、股东、当地社团，甚至是自然环境，也给予同等的照顾和尊重。

联合利华要求公司里的每一个人理解这些价值和标准，同时，在日常工作中坚持运用这些价值和标准。为了保证在营运过程中，这些准则得到彻底的贯彻和执行，联合利华设立了准则委员会，并开通了保密的"道德规范"热线，接听准则被打破时的通报。

联合利华成立的最初愿景是"使洁净成为寻常之事"，此后，公司一直以这项历史使命为奋斗目标。联合利华坚信，成功的企业必须必须以负责任的态度向社会贡献积极的力量，与社会共同创造财富、分享财富，支持当地经济发展，为社会培养人才，并积极担负企业社会责任。仅 2009 年，联合利华在世界公益事业上的投资额就达到了 8900 万欧元。

联合利华还制定了一个要在 2020 年达成的三个目标：（1）帮助提高世

界超过 10 亿人口的健康和幸福水平;(2)降低公司产品对环境的负面影响至目前水平的一半;(3)保证农业原材料 100% 的可持续性,同时,提高供应链上工人的生活水平。而且,公司业务规模要实现翻番,达到 1000 亿美元。

为了解决"卫生危机",联合利华新近成立了卫生间董事会联盟,各部门合作组织,寻找可扩展并且基于市场的方法,帮助缺乏安全洁净卫生间的人口(据统计全球有 25 亿人),杀灭卫生间细菌。同样地,为了解决食品安全问题,联合利华推出全新的家乐肉汁清汤,利用抗菌品牌卫宝向全世界的消费者宣传良好的个人卫生习惯。

联合利华以建立成功的可持续的企业为目标,将全球面临的包括气候问题在内的挑战深深植根于公司的根本理念和全球愿景中,一直在与短期主义做激烈的斗争。

11.5.2 苹果公司的俱乐部文化

苹果公司的员工罗巴尔说:"我们公司就像一个俱乐部,常常在国家公园开会,晚上到酒吧跳舞,每个人都玩得十分尽兴。不过,其实公司对我们的要求也很高,我们必须时刻为 24 小时不眠不休的工作而准备着,而且我们每一个人都有着强烈的使命感并志向高远,每一个人都在齐心协力将我们所梦想的一切变成现实。"

苹果公司文化备忘录:

让世界上每一个人都拥有自己的个人计算机,这是我们的梦想,并且正在为此而积极努力着。我们齐心协力,奋斗不懈;我们制造一流的产品;我们生产与众不同的东西,并从中获利;我们手连手、心连心,不是赢就是输;我们充满激情,富有创意,共同开创公司的康庄大道。我们所有员工都踏上了这趟冒险的旅程,我们所作所为与公司的命运息息相关,我们要为公司创造一片美好前景。

苹果家族的每一个成员都被赋予一种公司使命感,都有着雄心壮志,致力于改变世界,同时相信自己能够将梦想变成现实,而不是谨小慎微,这样是无法让人热血沸腾的。乔布斯从一开始就向所有成员传递改变世界的梦想，同时为大家勾勒出一幅辉煌壮丽的苹果蓝图。

"让我们一起在这个世界上留下点儿印记吧。"乔布斯说："苹果骨子里有着非常强烈的信念，就是要将最尖端的科技变得为世界上更多人所用。"所以，苹果的员工相信，除了赢利，公司还有着更深和更高层次的追求，即生产提高人们生活品质的产品，从而改变世界。

每一个苹果员工都真心地相信，通过自己的付出，一点一滴的工作最终将改变整个世界。对待工作，犹如对待信仰的宗教般虔诚，上升到奉献的高度。崇高的目标将唤起奉献的精神，所以，苹果的管理者必须把自己变成一个传递梦想的大师。

不管这个人之前是做什么的，不管他之前的方向位置如何，只要进入苹果，他的生活和事业的目标，就是为改变世界而奋斗。这种通过用宏大的目标赋予员工价值感的管理方法，实际上是在描绘一幅让任何人都无法抗拒的美妙图景，鼓舞着每一个苹果成员创造出一个个奇迹。

对于很多企业来说，所谓的"企业社会责任"，不过停留在几句空洞口号，以及在账上拨点钱用于慈善，或者给员工组织一天公益活动，在公司内建立一个永远无法对重大决策施加实质性影响的社会责任部门。

而且，"利润之上的追求"概念并不明确，也不具体，所以没有衡量的标准，更没有行动参照的依据。大部分的企业没有意识到企业文化、社会责任的重要作用，也不重视共同的价值观，这是很多企业成为伟大公司的最大挑战。

11.6　盖茨 VS 乔布斯

2015 年 10 月 28 日，比尔·盖茨庆祝了他的 60 岁生日，当世界各地衷心为比尔·盖茨送上祝福，称赞他是人生大赢家的时候，苹果教父史蒂夫·

乔布斯的名字再一次被提起。两人的恩怨情仇已随风而逝，外界想起更多的是两个同样伟大的传奇。

如果说比尔·盖茨是创造家，史蒂夫·乔布斯则是梦想家。如果说比尔·盖茨是给这世界开了无数扇窗的人，史蒂夫·乔布斯则是打破无数扇窗的人。如果说比尔·盖茨是严谨而务实的技术分析师，史蒂夫·乔布斯则是天马行空的艺术家。与乔布斯的完美主义者身份认同比起来，比尔·盖茨似乎不那么完美。简单而言，两人的种种恩怨情仇，似乎可以归结为两种思维模式的碰撞——逻辑与直觉，理性与感性。

11.6.1　让每个人都能用上 PC

除了令人艳羡的世界首富的身份，比尔·盖茨的传奇一生都来源于软件巨人创造的价值。十三岁，比尔·盖茨便独立编出了第一个电脑程序，一款可以在电脑屏幕上玩月球软着陆的游戏。19 岁时，比尔·盖茨的梦想是让每个家庭都能用上个人计算机。当时他说："现在世界上还没有 60 亿台电脑，但我们已极大地接近了这个梦想。今天计算机数量已超过 10 亿台，虽然现在它们不像预期的那样强大、方便，但在今后 10 年我们将完全实现我们的梦想。"

当时的报纸也不再用"PC 走进书房"来报道个人计算机的市场扩张，而是引用了前美国总统赫伯特·胡佛的名言（让每一位美国公民都吃穿不愁，而且出门以车代步）来形容比尔·盖茨的所作所为，说他"让每一位美国公民都有自己的 PC"。

1995 年，Windows 95 取得了令人惊讶的市场份额（高峰期 95％），让微软迎来全盛时期，比尔·盖茨一跃成为世界首富，从此他与世界首富的名号再也没有分开。"世界首富"曾多次易主，但每一次都能乖乖回到比尔·盖茨的手中。

为了转向真正热爱的领域计算机科学和数学，比尔·盖茨毅然从哈佛大学法学专业退学，和中学同学保罗·艾伦搬到新墨西哥州，创建了一个只有 11 人的软件公司。当时是 1977 年，比尔·盖茨还曾因为无证驾驶被抓进了监狱。

后来，微软开始了一往无前的发展势头。1985 年，Windows 操作系统发布。1986 年，微软上市。1987 年，31 岁的比尔·盖茨成为亿万富翁，还遇到了相伴一生的妻子梅琳达。1995 年，40 岁的比尔·盖茨成为世界首富。

可是，微软的发展也不能避免负面新闻。随着捆绑 IE 浏览器，以及一系列反垄断的指控袭来，比尔·盖茨在众人口中从"电脑金童"变成了"寡头资本家""垄断推手"。比尔·盖茨在外界的形象也变得复杂多面，强硬、傲慢、不屑、狡黠，每一个标签都被贴在这位年轻的世界首富身上。那些被他打压的竞争对手指责道——他是一个枭雄。

2000 年，当史蒂夫·乔布斯重回苹果在科技界掀起一阵旋风的时候。比尔·盖茨急流勇退，辞去了微软 CEO 职务，专注于慈善事业。与担任微软 CEO 时期的咄咄逼人不同，退休后的比尔·盖茨运营慈善基金，捐款改善美国的教育事业，成为最具代表性的慈善家。正如他在接受采访时说的那样，"治疗疟疾远比推动互联网进程更重要。"

11.6.2 逻辑与直觉的握手言和

在两人竞争的第一回合，即微软和苹果竞争的前 20 年，盖茨稳稳占据上风。微软的 Windows 操作系统，已经成为全球默认的计算机操作系统。在 1997 年时，苹果面临生死存亡的关键，盖茨还为苹果投资了 1.5 亿美元。尽管在宣布这场交易的 Macworld 大会上，盖茨的出现引发了现场观众的一片嘘声。

不过，后来局势发生了显著的变化，在乔布斯离世之前的 15 年里，苹果扭转了颓势，在个人计算机之外的市场占据主导地位，包括音乐播放器、智能手机、平板电脑等。之后，苹果一直所向披靡，还用 iTunes 击垮了索尼，用 iPhone 击垮了诺基亚。

而且，这些领域都是微软曾不惜投入巨资却基本无功而返的项目。有趣的一个细节是，也许是因为不堪这一事实的打击，盖茨的妻子梅琳达要求孩子们在家中不能使用 iPod、苹果笔记本 iMac 和 iPhone 手机。

在这场竞争中，两人也曾数次正面交锋，毫不掩饰对对方的不满，经常不忘相互指责。乔布斯认为，微软需要解决的核心问题是没有品位。而应邀评价乔布斯最伟大的成就 iPad 时，盖茨只说了简单的一个词："还不错。"

这对年龄上仅相差 7 个月的竞争对手，却在乔布斯因癌症去世之前的几年里，从长时间的冤家对头发展成为友好的伙伴。盖茨曾用 1.5 亿美元购买苹果公司的非投票股票，拯救了危在旦夕的苹果。苹果的回报是，放弃之前控告微软侵犯版权，并且，在每一部麦金塔计算机上内置 Internet Explorer 浏览器和 Office 办公软件。

做了那么长时间的冤家对头之后，面对如今的局面，两人相视而笑。也许，盖茨早就忘记了他曾经最爱说的那句话，"亲近你的朋友，但更要亲近你的敌人"。而乔布斯也说，两个人后来每隔几星期就会通一次电话。比起曾经的水火不容，他们比任何人都更清楚对方所取得的成就。

与史蒂夫·乔布斯激励创意的做法不同，比尔·盖茨更重视从逻辑的角度出发进行管理，他认为自己最重要的职责是倾听坏消息。如果下属停止向上级提供坏消息，那将是末日的开始。如果说在史蒂夫·乔布斯领导下的苹果公司更重视艺术家的创意，比尔·盖茨管理微软则更多的是运用企业家精神。

第12章
如何提高决策质量

　　《麦肯锡季刊》是麦肯锡公司主办的工商管理战略咨询期刊。该刊旨在为私营公司、上市公司和非营利机构提供工商管理新思路，以帮助企业家以更高效、更有竞争力和更富创新精神的方式去经营管理企业。

　　在 2010 年 4 月份的《麦肯锡季刊》中，探讨了一个问题："战略决策：你什么时候可以信赖自己的直觉？"诺贝尔奖得主 Daniel Kahneman 和心理学家 Gary Klein 认为领导人无法阻止直觉本能影响他们的判断。他们能够做的是，确定可能会产生偏见的条件，进而改进决策流程，以减小由此产生的风险。

　　对于上述情况，提高决策者的决策质量就显得很重要。企业管理者的决策质量如何，什么样的决策才是正确的决策，什么样的决策是错误的决策，这是企业管理者应该关心的问题。企业对决策导致的结果进行复查，就可以区别决策是正确还是错误。

12.1　直觉导向的决策者

企业决策是决定企业成败最直接的因素，经营管理者面对瞬息万变的市场经济环境，应对越来越快的信息更新速度，如何提高决策质量成为考虑的必要因素。凡是管理者都必须做出决策，而且主要是企业的经营决策。经营决策是现代企业管理者的首要职能。

据美国管理行业的调查，80% 的企业经营管理者都把最多的时间和精力花在做决策上。因此，企业经营管理者的第一职责和任务是经营决策。企业管理者不得不认真思考提高决策质量的问题。

典型的决策过程是一系列复杂的心理和行为活动的综合作用，包括发现问题、确定目标、选择方案、评估选优、实施完善等一系列步骤，这是一个彼此衔接的环节，相互之间构成了完善而程序化的动态过程。

高质量的决策必须建立在科学合理的决策程序和决策方法基础之上。因此，保证决策质量的关键因素包括决策程序的科学性。决策程序一般包括确定课题，提出决策目标；发现、寻找和拟订可实现目标的各种备选方案；对备选方案评估优化，选择比较满意的方案；对所选方案实施反馈，进行修正完善（如图 12-1 所示）。

决策过程的第一步是确定问题、提出决策目标，确定问题时，管理者需要清楚问题产生、进行界定的原因。对于提出的决策目标，要求具有可行性、可量化性、可分解性和目标的整体性。

第二步是拟订备选方案，此时，管理者应该开展广泛而深入的调查研究，掌握尽可能多的客观情况和现实材料。同时，管理者需要对掌握的信息资料进行充分的研究，做好科学预测，不断充实完善设计方案的具体内容。

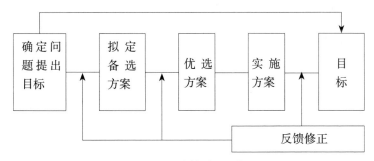

图 12-1 决策过程示意图

并且，管理者需要针对各方案认真分析利弊，论证方案的可行性，使方案更加具有可操作性。

第三步是评估并选择方案，管理者可以使用经验判断法、数量分析法、模拟实验法等其中之一或者结合使用。不过，无论采用哪种方法，选择出来的方案都必须满足以下 6 个标准：①不超过当时当地的政策法规规定；②保证决策目标的实现；③实施方案的成本尽可能小；④可靠性尽可能大而风险尽可能小；⑤副作用尽可能小；⑥实施后带来的效益最佳。

方案的反馈修正是最末的一个环节，是对决策方案的补充与完善。在决策过程中，管理者需要善于发现问题，及时发现问题，尽可能克服原方案的不足，将损失降到最小。尤其要考虑社会环境和客观条件的变化因素，不断对方案提出新要求，使其不断修正完善。

决策的过程其实是让主观与客观相互统一的过程，两者通过不断的实践决策和执行实现。认识的规律揭示，人对客观事物的认识总是由简单到复杂、由浅入深、由表及里。管理者的决策过程，也是一个不断深化认识的过程，只有通过不断地总结，不断地完善，才能使决策更加科学、合理和可行。

管理者有效决策的能力不仅是实现个人发展必备的素质，更是支撑企业运转的根基。然而，尽管人类历史已然进入大数据时代，以数据为决策导向的决策方式已经成为主流，然而在事实上，关于数据在决策过程中的作用大小这个问题值得引起人们的关注。

据经济学人智库的调查，虽然自认为是数据导向型决策者的管理者很多，但真正依据数据做决策的人却非常少。在所有被调查对象中，超过40%的管理者表示自己属于数据导向型，比例超过其他任何选项。而只有10%的管理者认为自己属于直觉导向型，比例较其他所有选项为最少。但是，只有10%的被调查对象表示，如果数据与自己的直觉出现矛盾时，会"根据数据分析结果采取行动"。

因为直觉是一种本能反应，所以卓越的决策者通常不愿意承认进行决策时会受到直觉的控制。尽管事实上运用直觉调整自己的判断贯穿决策过程的始终，但是决策者更倾向于根据专业知识对其加以解释，而没有正式认可直觉的作用。

73%的被调查对象选择在进行决策时信赖自己的直觉。即使在认为自己是数据导向型的决策者中，也有68%的人同意这种说法。而且有超过60%的人明确表示："在做没有数据支持的决定时，直觉仍受到信赖"，可见公司里的同事和上司对决策者的直觉通常抱持某种程度的信任。

除了直觉因素影响决策正确性，决策时缺乏普遍的问责也是一个问题。超过一半的被调查对象表示，自己所在的企业进行决策时会考虑少数利益相关方的意见。只有不到30%的人表示所在企业的决策者会在决策时考虑大部分利益相关方的意见。可见，现实中的决策过程并非总是合作的结果，闭门决策反而是更普遍的现象。

关于如何提升决策质量，近一半的被调查对象表示需要决策者承担更大的责任，拥有更良好的数据分析能力。不过，在收集更多数据方面，被调查对象并没有投入过多的注意力，只有不到25%的人认为此种做法有助于提升决策质量。可见，关键不在于收集的数据数量，而在于对已经取得的数据进行深入的分析，同时结合各种不同数据源进行决策。

同时，企业如果能够让管理者开展小规模而严谨的商业实验，不仅可以避免因错误而付出高昂的代价，还会激发出更多的奇思妙想。这个方法可以用在营销推广、商店或分支机构选址分析，以及企业的网站设计中。

12.2　找出关键驱动点

在影响企业的诸多因素中，总是有关键的驱动因素。决策者要做的工作是，找到关键的驱动因素。所谓关键驱动因素是指，对决策成败起决定性作用的因素。掌握了关键驱动因素，决策者能收到事半功倍的效果。

个人时间和精力的有限性决定了决策时不可能面面俱到，通常的情况是，当一个人把所有因素都考虑周详时，反而不可能做出决策，因为考虑所有因素几乎是一个不可能完成的任务。此时，抓住影响工作的重要因素，而忽略其他次要因素是人们必然的选择。

12.2.1　Facebook 的黑客文化

全球最大的社交网络 Facebook 在发展过程中，也曾经遇到过因为缺乏文化、制度混乱等而陷入困境的难题。Facebook 前任工程总监莫莉·格雷厄姆于 2008 年加入 Facebook 时，整个公司显得相当杂乱，仅有 400 名员工，却要为 8000 万用户提供服务。而且，所有人都忙着"除旧立新，超越 Amazon，赶上 Google"。整个企业必须迎接一场全面的整顿。这也正是莫莉·格雷厄姆的工作，她不仅要向世人讲述一个关于 Facebook 的津津乐道的故事，还要在公司内部为员工们树立一个共同的美好愿景。

为此，莫莉·格雷厄姆向 Facebook 内部提出了两个重要问题："在做大做强之后，我们要成为一家怎样的公司？""我们如何告诉外界在 Facebook 工作是怎样的一番体验？"从此开始，Facebook 内部就这两个问题展开了广泛的讨论。最终，Facebook 决定用"黑客"作为自己的标签，Facebook 因"黑客"而显得卓尔不群。"黑客"标志着 Facebook 始终拥有最先进的生产力，并通过不断的创新和实验拉进与世界的距离。

同时，黑客文化也意味着 Facebook 极其重视速度，提倡"Move fast and break things（快速突破，除旧立新）"。因此，Facebook 将公司内的餐厅、健身房、会议室等安排得十分紧凑，从吃饭到健身，员工只需几分钟的走路时间，想要约人谈事情，随便就能找到个小会议室。

12.2.2　如何实现价值增值

麦肯锡管理咨询顾问人强调关键驱动因素的发掘。因此在自己的项目中，麦肯锡团队首先会找出能够产生"价值增值"的"关键驱动因素"。虽然工作中每一个问题的解决都由众多因素影响，但是其中必然有一个或几个比其他因素更重要的因素。

尤其是面对时间和资源有限的情况，管理者不可能详尽地单独检验每一个因素，而只能找到那些影响问题的关键因素，这样才能抓住问题的本质，深入问题的核心，并为之付出精力。

找出关键驱动因素是科学的研究方法，为此而忽略不重要因素的案例更是比比皆是。例如天文学家研究行星的运行轨迹时，并不是考虑一个行星受到的所有重力，否则这项工作将无从开展，因为所有星体都会对这个行星产生重力影响。这时，科学家们不仅不可能计算这个行星受到的所有重力，也没有必要计算所有的重力。考虑最关键的影响因素无疑是最佳选择。

在解决问题时，希望考虑到所有因素的想法并不实际。在工作中，最重要的不是占有尽可能多的信息，而是提高获取最重要的信息的效率。尽管人们总是希望解决每一件事情，但没有必要为此而去调查每一件事。如果想高效地完成任务，必须找出问题的关键所在。

例如人们创业的目标是获取利润，无论市场经济好坏，能够为经营者带来利润的行业都有很多。然而，很多创业者并没有抓住创业的关键所在。关键不是可以进入的行业的数量多少，而是创业者自身的优势是什么，能够为创业提供的资源有哪些，最想做到的是什么。

创业的成败固然要看市场，但创业者自身却是最重要的关键驱动因素。

例如，目前的市场最需要金融方面的人才，从事金融工作的人员待遇相当高。但是，如果一个对金融没有丝毫兴趣和积累的人，贸然能进入金融行业，成为成功者的概率也不会高。

发现关键驱动因素要求一定的能力，不同的人拥有程度不同的能力，而且这个能力是可以在实际的训练中得到提高和加强的。为了解决某一个问题，收集资料时应该尽可能全面，以求最接近事情的真相，掌握最多的客观事实。然而在具体的分析阶段，往纵深方向思考才可能找出关键的驱动因素，并对此进行深入的挖掘。

12.3　质量与速度的权衡

所有企业都在强调决策的正确性，却很少有人注意到一个极为重要的因素——决策速度。尤其是处在互联网时代，决策速度对企业决策成败的影响不亚于决策的质量，甚至更重要。

由于信息更新的速度日益加快，决策速度的重要性更为凸显。由于信息量激增、传播速度加快，以及信息传播方式和渠道增多等因素，企业面临的竞争更加激烈，产品更新换代更频繁，客户的个性化需求也更强。管理者每天都面临更多的决策和机会。

12.3.1　奢侈的假设

传统的科学决策过程为：积累原始数据，过滤并分析原始数据，确定决策的目标和约束条件，创建决策优化模型并求解，根据所得结果支持决策。然而这个决策机制建立在企业拥有足够的应对时间的前提下，在现实中，这个假设往往极为奢侈。

为了保证决策的质量，企业不得不进行大量的分析和讨论以得出最优的决策，然而，如果发现决策执行时已经错过了时机，那么这种高质量的决策并没有多少实际意义。例如一个航班被取消时，本来可以有多种方案解决，包括调换飞机、修改航班、将乘客分配到其他航班去，等等。这时需要综合考虑乘客满意度、成本等因素，如果决策缓慢则很多机会都会消失，例如那些本来可以调换飞机的乘客，因为被拖延了太长时间错过了到达某个目的地的航班。

为此，美国很多大型航空公司采用了提高决策速度的服务系统，简化决策过程，根据大量的数据进行预处理和预案，用近似的方法求解解决方案，将决策时间控制在几十秒内。这种决策并不要求最优方案，而是提供多种方案进行比较。

在电子商务行业，虽然并不要求实时决策，但时间的紧迫感仍然是决策时应该重点考虑的因素，甚至很多关于战略的决策也有时间上的要求。因为有效的商务模式很快会被复制，而一个有系统开发能力和基本商业模块的企业的想法很快就会社会化。所以大型企业必须对此做出迅速的决策，包括是否开发新的项目，如何改进现有项目等。

12.3.2　初创企业成功的关键

艾奇逊是澳大利亚易思隆电商平台广告部创意总监，当时，为了让易思隆在市场上打响知名度，艾奇逊与团队面临巨大压力。一次，艾奇逊在开车上班的路上看到一则报道美国商务模式的新闻，通过每天推出一个深度折扣商品，提升电商平台曝光度。到达办公室，艾奇逊立马召集团队做出决策，集合相关部门开会，迅速开发、组货，完成市场推广方案的设计和推出，于当晚上线了"每日一款"板块，这个版块至今都是易思隆的招牌。

网站发展了一年之后，已经在澳大利亚本土小有名气，不过艾奇逊知道，网站的目标远远没有达到。艾奇逊仍然不断寻找新创意来源。2015年12月，艾奇逊在Facebook上发现了零售商乐购在韩国地铁站推出的虚拟商店，这个创意还获得了戛纳广告节大奖。

第二天，艾奇逊组织团队一起讨论，大家一致认同这个创意十分契合易思隆网上超市的概念，第二天便展开了正式行动。首先，团队需要开发系统识别二维码。为了提高立体感和清晰度，所有商品的照片都要求重新拍摄，并从中选出代表性商品进行定价，还需要制作广告并与媒体商谈广告位档期。

一系列工作至少需要几个月的时间准备，然而艾奇逊的团队知道，决策速度在此时至关重要，最终，易思隆虚拟商店在 3 个星期后准时推出。虚拟商店上线后，易思隆的媒体关注度提升了 5 倍，品牌关注度提高近 4 倍，网上订单量也提高了 3 倍多。

决策的质量固然重要，但是如果没有决策速度做保证，决策的制定永远只能停留在字面意义上，更谈不上决策的执行。从这个层面上来说，决策的速度比决策的质量更显重要，因为没有速度的决策没有实际意义。

保证决策速度需要对市场的变化保持灵敏的反应，这样不仅能及时处理企业面临的危机和问题，也更容易抓住商机。不过，强调决策速度的同时，为了做出正确的决策，往往对企业管理者的个人素质要求较高，因为一旦决策错误，很可能会让整个企业雪上加霜，最终满盘皆输。

对于一些初创型企业，保证较快的决策速度是必不可少的，因为此时企业的战略制定关系企业的成败。而且此时企业管理者必须学会很快地适应市场，管理者适应市场的时间长短决定了企业能够走得多远。

对于创业型企业，决策速度有一定的存在基础。同时，一些具有前瞻性眼光的企业管理者会在创业初期十分重视进行市场调研并完善决策机制。于是，一套系统性的战略管理流程得以运作，企业也在灵活与原则的平衡中取得快速的发展。

这是一个制定战略的过程，也是一个找路的过程。因为战略的制定需要大量的实践经验，此时需要保证决策的质量，而小心求证、深思熟虑的决策能够保证企业走上对的道路。然而当企业制定了正确的战略时，决策速度的重要性日益凸显，只有快速的决策才能保证战略的执行，让市场认识企业。

因此，在企业的战略分析和制定上，必须同时保证决策速度与决策质量。当战略制定后，实施战略时则更强调决策的速度。在对战略的监控与调整环节，决策质量保证方向性问题的解决，而决策速度保证方向性问题的快速执行。

12.4 由下而上法

当企业把大部分决策权下放给中下层时，企业遵循的是由下而上的管理方法。在由下而上的企业中，高层领导只负责制定企业的长远战略方向与关系企业长远利益的重大事情。如果各部门之间发生分歧、争执，主要由各部门人员自己协调解决。

企业高层不仅把决策权交给各部门，还把资源的配置、自主使用权，以及部门之间的协调工作下放给各部门。与之相对的是自上而下法，企业高层掌握大部分决策权，由企业高层负责资源的配置，协调各部门之间的矛盾。

在一次考察中，丰田公司社长奥田硕对日本国内一家著名家电厂商说："我由衷赞叹贵公司的管理模式，已经建立起了自上而下的执行体系，而且非常细腻、到位、有特色。"这时，奥田硕突然话锋一转："不过从知识时代的发展趋势来看，还是应该尝试由下而上的管理理念、方法和模式。"奥田硕说的这段话十分耐人寻味。

的确，每个员工不仅要保证指令的执行，还可以主动提出问题、解决问题；员工不仅是企业思想的使用者，还可以为企业创造出全新的思想。传统的管理观念认为，企业中普通的员工就像机器上的一颗颗小螺丝钉和齿轮一样，应该为企业的发展做出默默无闻的贡献。然而现在，员工的角色可以转变为企业这个大型机器的发动机，通过主动决策、主动承担，带动企业实现良性运转。

12.4.1　惠普另类管理之道

惠普的管理一直是硅谷的一个另类。惠普有自己的一套独特经营管理之道，认为一个卓越的企业必须在追求健康的财务状况和企业绩效的同时，注重其不断成长性，同时要以创新的思维点保持产业领导者的地位。因此，惠普有自己独有的经营理念，其价值观、宗旨，以及企业规划和具体措施等，都代表了硅谷，乃至整个 TMT 产业的创新点。

在惠普，一个普通的工程师都可以提出自己的想法和创意，只要得到初步验证，惠普就会全力为他提供所需的资源，帮助工程师建立自己的创业团队。这样，惠普的每一个员工都可以在公司内找到自己的价值和重要性，并且都为公司的发展而尽心尽力。这样，惠普的竞争力就不是一般的信息科技公司能够比拟的。后来，惠普发展成为一个全球化的大公司，分公司在 130 多个国家建立，吸引 8 万名员工为之工作；形成打印机、服务器、云产品、PC 四条独立的业务线和 87 个职能部门，下设各自的人力资源部、信息科技部、财务部、营销部和市场部。

惠普的公司文化强调的是员工在工作和生活、个人爱好之间保持平衡，工作生活两不误，从不鼓励员工加班加点。所以，惠普每天下午 4 点半基本上人去楼空，保证不加班。如果出现加班的情况，就会得到质疑，质疑为什么会出现工作效率的问题。只有遇到重大的活动、重要会议，才有可能出现加班的情况，平均一年下来也只有几天时间。

同时，惠普为员工提供海量的培训费用，十分注重对员工的工作能力提升，每年各个部门的年度预算中必须包括员工培训费用，有时花在员工培训上的费用甚至比员工工资还高，用于员工培训的网站就有 1500 多个。

每一条惠普生产线都有不同职能部门负责，在自己的经营范围内为自己的经营业绩而努力，最后把惠普的各种资源整合在一起。

为了让每一个员工都在一个公平的起点竞争，惠普的管理层人员都是从内部一步一步摸爬滚打升上来的，也就是说，从不在外面招聘空降兵。所有人进入惠普都是从头开始，这样所有人都有通过努力得到晋升的机会，工作也十分有积极性。

惠普把财务管理的责任权力下放到最基层的部门经理手中，各级管理者都得到充分的授权，把责权利统一起来，负责自己部门的资源、彩礼、物力分配，成为真正意义上的管理者。

在每年的惠普年终大会上，都设置特别的奖励环节，根据员工工龄提供各种礼品。工龄满 5 年可以得到一个带有惠普标识的礼品，并且可以根据样本自己选择；工龄满 10 年会得到一个更高价值的礼品，工龄满 20 年得到的礼品价值更高；如果为惠普工作满 30 年，员工可以得到一个价值不菲的带有惠普标识的钻戒。这些礼品非常有纪念意义，吸引和鼓励员工对惠普长期的服务和贡献。

12.4.2 员工的自我管理

在由下而上的管理理念中，领导就是服务，管理就是员工的自我管理、自我约束、自我协调和自我发展。在传统的工业时代，大批量生产要求员工只能执行，不能有个人意见的参与，否则会影响产品的质量。然而现在是以知识取胜的时代，每个员工不仅是知识的接收者，更是知识的创造者。

此时，如果一个员工有了创新的想法，管理者应该重视这一想法的独创性，并调查这一想法的可行性，然后为员工提供相关的资源和条件，同时赋予员工执行该想法的一定的权力，为员工实现这一想法创造尽可能便利的条件。

企业采取自上而下法进行管理需要注意以下（如图 12-2 所示）几个方面。

1.落实员工责任

一个充满活力的企业必然需要每个员工积极认真地工作，这就要求企业把权力和责任落实到各部门每个员工的手上，尤其是最基层的员工，而不是由个人集中所有权力于一身。

图12-2　自上而下管理应注意内容

权力下放的同时必须兼顾责任的落实，管理者应该信任员工，员工才不会辜负管理者的信任。西门子公司实行授权管理制，同时在员工中间实行"微型组织"管理，由各业务集团自行解决实际问题。为了检验各组织项目进展情况，西门子制定了红绿灯制度。

按照这项制度的规定，西门子每个季度财报发布后，最高管理团队成员必须评判不同业务集团的在该季度的表现，其中，利润率是最重要的评判依据，此外兼顾其他评判标准。达到预定目标的集团，被放入绿灯行列。对于这部分集团的要求是，保持目前的增长速度，按部就班地开展业务。

对于亮黄灯的集团，主要借鉴归入绿灯集团的管理、业务开展模式方法，这些集团的领导者必须考虑如何快速而有效地改善本集团的经营状况。而情况非常紧急的部门，则要亮起红灯，采取非常的措施和手段整改部门管理、业务，甚至包括战略和结构的调整，这是对各集团最高领导人的考验。

2. 倡导内部企业家精神

每个员工都是有思想、有创造力的人，有能力主动改变企业的各个方面。来自第一线的员工才是真正能够推动生产力发展的集体。一个员工思想僵化的企业，必然失去潜在的发展可能性。

因此，现代企业的任务之一，是激活员工的思维，培育员工的内部企业家精神，让员工成为思想的实践者和创造者。苹果就是这样，倡导内部企业家精神，通过成立一个个小规模的精英团队，鼓励员工按照自己喜欢的方向做自己喜欢的事，并从中发现创新的想法。这是一种倡导在大公司内部培育中小企业的创业精神，使大公司维持积极向上的属性，保持灵活性、适应性和创新性等。所以，苹果的管理者希望员工在大公司的环境中也能保持创业者的作风，热爱工作，大胆想象，敢于冒险，不懈创新，为实现自己的梦想而奋斗。

苹果相信，计算机是为人类服务的，总有一天，全人类都会成为最高端的科学家，计算机就是人类的秘书。所以，在苹果，没有任何人来管理员工，每一个人的激情和想象力都发挥到了极致，下了班谁都不愿意回家，而是沉浸在自己的研究里，希望尽快在各自的领域取得突破。在每个员工的心中，苹果永远都是最棒的，苹果将永远是那个"苹果乐园"。

3. 鼓励协作，分享所有权

在传统的管理模式下，权威和控制力备受推崇，而现代的管理理念却要求管理者与员工、员工与员工之间相互协作，分享权力。通用电气在禁锢式管理模式下发展后劲不足，陷于停顿状态。直到杰克·韦尔奇带来管理上的变革，推行由下而上的管理模式，鼓励员工在相互协作的企业文化中分享各自的见解，并赋予一线员工更多的职责和更大的权力，鼓励实现思想和成果的自由交流。杰克·韦尔奇总结："你必须给他们自由，使每个人都成为参与者。"

为了培育普通员工的大局意识，有能力参与到企业的管理中，有条件的公司可以设置一些独特的管理制度，例如"一日厂长"。选取一周中的某一天让普通员工担任厂长职务。任职时，这名员工可以听取各部门的简单汇报。然后，根据各主管部门汇报反映的问题和真正的厂长做出的提议，针对当天遇到的较重大问题提出处理意见。或者通过给予员工适当股权，实现企业所有权的分享，让员工产生与企业同命运的感觉。

12.5　自家长成的经理人

根据詹姆斯·柯林斯的研究，"18 家伟大的公司在总共长达 1700 年的历史中，只有 4 位 CEO 来自于外部"。可见，伟大的公司更倾向于使用自家长成的经理人，这些经理人熟悉了解企业制度、业务，也更容易带领企业进行变革。相反，"空降兵"即外部经理人的晋升则要面临很多问题。

企业着重全力培养新人，通过代价高昂的培训把新手培养成能够独当一面的人才，自然不愿意让人才流失。而且内部经理已经对公司产生了归属感，愿意为之付出。企业高层也没有必要付出更多代价吸纳外部经理人管理公司。

但是，使用自家长成的经理人时，企业高层不得不应对一些问题。最具代表性的问题是晕轮效应。如果员工在某方面做得出色，企业高层就想当然将其优点放大，甚至延伸到与其原本优点不相关的方面。例如，某一个员工业绩出色、勤勤恳恳，高层就认为该员工在管理方面也能力出众。这就是典型的晕轮效应。

如果上级仅仅是因为对某个下属持有好感就将其招至麾下，将其提拔到管理岗位，显然这是欠考虑的。企业可以遵循内部晋升制度，但是，与之相应的，需要制定一些配套措施保障其可靠性。

12.5.1　从毕业生开始培养

西门子公司遵循内部晋升制度，出现职位空缺时，首先在公司内部张贴广告，挖掘内部人才潜力，如果没有合适人选，则通过报纸、人才招聘会、猎头公司等渠道招聘人才，不过首选仍然是内部招聘。

因为，西门子公司的员工一般是从刚刚踏入社会的毕业生开始培养。西门子公司对应届毕业生的重视程度在大型跨国公司中都不多见。按照人事主管布里比拉博士的看法，招聘大学毕业生不仅立足于当下看，更着眼于长远，是公司中长期战略的重要部分。虽然从短期来看，招聘成熟并富有经验的人才更迫切，尤其是在公司业务快速发展阶段。不过从长远来看，大学毕业生才是公司未来骨干力量的源泉。

为了网罗一大批优秀人才，西门子公司从 1995 年开始，成立了"西门子国际学生圈"。接触和了解目标群体学生，为双方提供一个良好的交流沟通渠道和平台。成为"国际学生圈"的一员后，就有更大的机会加入西门子。

考虑到应届毕业生并没有多少经验，西门子的招聘环节直接略过了笔试环节，采用多元化的面试，面试过程中，学生的经历、成绩等，都可以得到很好的展示，是考察应届毕业生的主要方式。一位毕业生要成为西门子的一员，需要通过数轮面试，每一轮面试都有不同的面试官从不同方面的能力和素质考察应聘者。按照不同岗位需求，面试官会考察一些重要的软性指标，如团队合作精神、创造力，以及学习能力等。

12.5.2　CPD 圆桌会议制度

为了保证内部晋升制度的科学性，西门子公司制定了 CPD 圆桌会议制度。每年，西门子公司的管理人员、中高层经理和人力资源管理顾问都会参加这个特殊的会议。会议的主要任务是评估并预测公司团队和重点发展员工的潜力和职业前景，并总结上一年度的业绩，提出改进后的与业绩挂钩的薪酬体系，制定管理本地化和全球化融合的有效措施。

结合圆桌会议的讨论结果，西门子公司为员工提供相应的发展渠道和预测潜能的培育计划，包括青年管理项目、技术培训项目、管理培训项目，以及与之相协调的工作轮调、项目任命和薪酬调整等。

无论是外派人员还是公司本土员工，不同级别阶层的员工，都适用于圆桌会议的一整套方案，采取同一套标准体系，覆盖系统内的所有员工。所有有关员工职业发展的方方面面，包括潜能、薪酬、培训管理和学习等，都在圆桌会议上作出明确的决定和计划，不分国籍、级别和部门，都保持一致性的沟通。

12.5.3　EFA 谈话

西门子公司另一项颇具创新精神的管理制度名为 EFA 谈话，主题是"发展、促进、赞许"，来自于德文缩写，由普通员工、上级管理者和主持人参加，以谈心的方式，由主持人牵线搭桥，让员工和管理者相互沟通。

管理者是谈话的主角，以教练身份出现，处于主动地位，主要从心理上拉近与员工的距离，设身处地为员工分析自身的优势和劣势，帮助员工实现更好的发展。在谈话中，员工需要主动客观地分析自己的现状，找到自己的优点和缺点、强项和弱项，并表达希望得到改进的意愿；同时，根据自己的兴趣、现状、爱好、潜力等，设计并调整职业生涯规划，实现自我关心、拓展职能、确定目标的目的。

为了保证谈话效果，谈话正式开始之前的准备工作必不可少。主持人必须收集谈话对象完成任务的情况、能力状况、个人要求等相关资料，可以采用问卷调查等形式事先了解情况。此外，还必须了解公司能为员工提供什么样的可能性，员工的能力、优劣势以及目前所处的状况、职位等，主持人需要收集相关评价意见。

从众多企业的实践经验来看，内部经理人更容易接班，企业面临的问题不是内部晋升制度本身是去是留，而是应该如何提高其科学性、可靠性，为此，企业必须在人员的培养等方面投入更多的精力，使得"自家的经理人能成长起来"。

12.6 星巴克公司的国际传播原则

成为国际品牌的意义是，企业的产品能够在全球各个角落立足，与此同时，全世界的消费者都能够在自己的国家享受到与他国消费者同样的产品组成、类型。这时，人们难免会问，星巴克咖啡称得上是一个真正的国际品牌吗？

其实，虽然在全球各国星巴克咖啡的品牌相同，标签上的图案也可能相同，但是毋庸置疑，星巴克这样的大型咖啡连锁店产品的类型、实际的组成成分和口味在各国甚至同一个国家的不同地区都是不同的。为了适应当地市场，星巴克咖啡的口味必须根据各国消费者的口味而改变，这使得跨国者往往很难识别产品。因此，或许把星巴克咖啡作为一种国际概念，比把它作为一个国际品牌更为恰当，因为所有基本元素的标准都还是一样的。

12.6.1 遵循"顾客体验式"原则

在食品消费领域，通常适应当地消费者的口味和偏好进行生产的策略能够成功，遵循统一的国际标准策略却不一定可行。星巴克咖啡就是一个最具说服力的例子。如同星巴克公司的经营理念所体现的，其在市场策略上遵循"顾客体验式"原则。

这家总部位于西雅图的咖啡公司最重要的市场策略之一就是通过向顾客提供独特的体验，获得消费者的信任。不同于其他的竞争对手，星巴克为顾客提供高质量的咖啡、雅致的内部装修、舒适的休闲桌椅和悦耳的音乐，强烈吸引了都市小资青年，让青年们将西方的咖啡文化视为现代生活方式的象征。

人们去星巴克并不仅仅是为了喝一杯星冰乐，而是希望感受那种让自己觉得很酷很潮的"星巴克体验"。于是，星巴克成功将自己打造为值得消费者信赖的品牌，能够卖出高档价位。即使因为原料的成本增加而涨价，也丝毫不会影响星巴克店面外顾客们排队的热情。

星巴克认为，在服务业，最重要的行销渠道是每个分店本身，而不是广告。星巴克不愿花费庞大的资金做广告与促销，因为即使顾客被广告吸引进入店中消费，如果面对的是不合格的服务，营销的效果也将大打折扣。星巴克要求每一位员工都拥有最专业的知识和服务热忱。"我们的员工犹如咖啡迷一般，可以对顾客详细解说每一种咖啡产品的特性。透过一对一的方式，赢得信任与口碑。这是既经济又实惠的做法，也是星巴克的独到之处！"

在产品层面上，刚刚开辟一个市场时，星巴克并不会把时令的新品带去当地，而是先推出几款最经典的饮品，包括拿铁、卡布奇诺、焦糖玛奇朵、美式、摩卡和星冰乐等基本款。一方面是顾客容易接受，另一方面也方便员工的信息传递。比如店内现在主推拿铁，顾客尝过之后，到了第二年就可以引进法式香草拿铁，顾客也会有惊喜感。其实，这是星巴克的品牌策略，在成熟的一线城市以推出更多的新品吸引顾客，而在二三线城市则着力于门店扩张。

12.6.2　坚持"市场头脑"理念

星巴克的服务风格是："以顾客为本：认真对待每一位顾客，一次只烹调顾客那一杯咖啡。"星巴克认为，顾客到店中消费的不仅是咖啡，而是咖啡店的体验。因此，星巴克的每一个服务员都要接受为期5个月到1年的系列培训，包括基本销售技巧、咖啡基本知识、咖啡的制作技巧等。同时，星巴克也要求每一位服务员都能够预感顾客的需求。而且，星巴克更擅长咖啡之外的"体验"，包括气氛管理、个性化的店内设计、暖色灯光、柔和音乐等。

这是因为星巴克公司坚持"市场头脑"的理念，认为企业的想法必须与市场实况结合起来，采取合乎当地需求的行动和手段。然而，要成为市场的品牌领导者，企业需要将自己设定为"低成本制造商"的形象。

因此，星巴克公司坚持在营销和广告上的成本节省，通过实际店面的体验，使产品与消费者之间信息沟通的方式更为一致和简化。"我们的店就是最好的广告"，星巴克公司几乎从未在大众媒体上花过1分钱的广告费。

公司根据欧洲市场一体化格局的加深，制定了一种新策略：在保持新产品的一致性前提下，突出品牌在各地呈现的细微差异性。近几年，星巴克公司已采取了大量的措施，反映在公司制定的长期计划中。

各国分公司的主管有权根据各国的要求，自行决定产品的种类、价格等。不过在保持全面分散经营方针的前提下，也要追求更大的一致性，为了达到这样的双重目的，两者之间必然要求保持一种微妙的平衡。

这是品牌国际化与经营地域化之间的平衡，也是国际传播与当地国家传播之间的平衡。如果缺乏基本方针、统一的目标，没有考虑到与之相关的各种因素，那么，这种平衡很容易被打破。

最重要的是企业的品牌化战略，包括产品营销原则、市场营销背景、战略品牌的主要特性，以及相关的一些细节。这些主要特性包括：品牌风格和个性、期望的品牌形象、与品牌联系的公司，以及品牌使用的开发。